阿里创业军团

创业路上遇到的问题，答案都在这里

陈慧娟 著

中国友谊出版公司

图书在版编目（CIP）数据

阿里创业军团 / 陈慧娟著. -- 北京：中国友谊出版公司, 2016.5（2019.1 重印）

ISBN 978-7-5057-3713-6

Ⅰ.①阿… Ⅱ.①陈… Ⅲ.①电子商务 - 商业经营 Ⅳ.①F713.36

中国版本图书馆CIP数据核字（2016）第082523号

书名	阿里创业军团
作者	陈慧娟
出版	中国友谊出版公司
发行	中国友谊出版公司
经销	北京时代华语图书股份有限公司　010-83670231
印刷	北京中科印刷有限公司
规格	690×980毫米　16开 23.5印张　　260千字
版次	2016年5月第1版
印次	2019年1月第4次印刷
书号	ISBN 978-7-5057-3713-6
定价	60.00元
地址	北京市朝阳区西坝河南里17-1号楼
邮编	100028
电话	（010）64668676

目录
CONTENTS

卫哲：阿里系创业帮的成功绝非偶然 _ 05

吴炯：以梦为马，随处可栖 _ 07

01　创业要看准行业时差 _ 001

02　在"变"与"守"中找到平衡 _ 011

03　管理：把最好的都给员工 _ 023

04　公司做到最后核心是品牌 _ 035

05　互联网行业唯快不破 _ 047

06　商业模式不断升级才能生存 _ 057

07　二手车市场："慢就是快" _ 067

08　寻找"对味"的投资人 _ 081

09　盈利只是梦想的附加值 _ 091

10　放低身段，度过融资危机 _ 101

11　修行人的创业思维 _ 113

12　要创业先找准机会再出手 _ 121

13　"零利息"抢占市场 _ 131

14　找到差异化空间与巨头共舞 _ 141

15　站在风口才能起飞 _ 151

16　"扁平化"才是管理的王道 _ 163

17　自主风控，以服务取胜 _ 177

18　把最擅长的事做到极致 _ 187

19　顺"势"而为的创业转型 _ 195

20　创业需要魄力，做自己想做的 _ 205

21　了解你的"上帝"，才能找到"天堂" _ 215

22　差异化竞争，以小博大 _ 227

23　服务中产阶层，践行"三杯茶"理论 _ 237

24　互联网 + 二次元，玩的是开心 _ 247

25　1000 个客户，1000 次面谈 _ 259

26 免费是最锐利的"武器" _ 271

27 用流动的智慧打造自己的DNA _ 283

28 没有清晰的盈利模式就是耍流氓 _ 295

29 "私人订制"的代运营业务 _ 305

30 创业者的自我修养 _ 317

31 降低产品成本,击破创业壁垒 _ 329

32 从"技术人才"到"企业领导"的创业之路 _ 339

33 你的才华可以套现 _ 350

后记:心存美好,一路向前 _ 360

阿里系创业帮的成功绝非偶然

卫 哲

（原阿里巴巴 CEO）

大约 10 年前，马云在一次内部会议上说："终有一天，阿里系的交易额会超过沃尔玛，未来中国 500 强的企业中，有 100 个 CEO 来自于阿里巴巴。"

我当时听了心想，实现第一个目标尚有可能，但是，实现第二个目标无异于天方夜谭。因为，纵观世界各大企业的发展历程，从没有哪一家公司能为国家的前 500 强企业贡献 100 位 CEO。更何况当时的阿里巴巴，大多是年轻员工，为人处世上都不够老练，连处理自己的本职工作都略显稚嫩，我实在想象不到他们会成为中国未来企业的领军人物。

实践是检验真理的唯一标准。

10 年后，在无数企业家论坛上，都能看到阿里巴巴当年那帮年轻人的身影。他们早已成为中国各大企业的领军人物，创下估值过亿、十亿甚至百亿的大企业无数。

历史上也曾有过比阿里巴巴市值更大、品牌更牛、影响力更强的公司，但都没能锻造出如此庞大且精干的创业队伍，究竟是什么造就了阿里系创业帮的辉煌？深刻分析之后，我归结出以下三个原因：

1. 盈利只是使命的附加值。使命驱动，是阿里巴巴的显著特色。一句"让天下没有难做的生意"，鼓舞了无数阿里巴巴人扎根电子商务领域，为帮助中小企业挣脱困境而努力。每个从阿里巴巴出来的人，身上都有浓浓的"阿里巴巴味"。在创业的过程中，他们从不一门心思只关注赚钱、盈利、融资、上市，他们更多的是在为改变一群人、一个行业，解决一个社会难题而奋战。

2. 既能"搭班子"，又能"带队伍"。"搭班子、带队伍、定战略"是中国企业界泰斗柳传志造就联想传奇的三字诀。其中，前两个词均涉及做人之道。自始至终注重领导力塑造的阿里巴巴，早已在潜移默化中把领导基因根植于阿里巴巴人的身心里。

3. 用销售的思维经营人生。在阿里系创业帮中，最成功的一个群体，是来自阿里巴巴中国供应商铁军（简称中供铁军）。在这支精干的队伍中，没有哪一个人不是从销售主管以及区域经理一路打拼过来的。他们的奋斗史证明了这样一个命题：人生无处不销售。销售分为不同的层级。最简单的销售，是学会把产品卖给客户，让公司盈利；更高一层级，是学会卖公司，卖股份，找融资，为公司寻求更大的发展空间；再高一级的销售，是向团队、客户、社会销售梦想。在阿里巴巴，从普通的销售员工到销售主管、区域经理，都能站在台上侃侃而谈。懂销售、有理想、带队伍是阿里系创业帮的显著特质。

观阿里系，谈创业帮，我相信10年前马云的预言或许能够成真。今天，阿里系创业帮所取得的成绩并不是简单的"成功"二字便能概括。属于他们的最好时代，还正在路上。

以梦为马，随处可栖

吴 炯

（原阿里巴巴CTO）

有的人，是天生的梦想家。

可是对于我们绝大多数人而言，梦想只是业余爱好，创业绝不是我们的优先选择。这也事出有因。大多数年轻人都面临着谋生的压力，肩负着长辈的期许，都必须面对现实。我上大学的时候，我的父母对我的期望是我能够获得高学位，这样至少能在IBM、微软这样的跨国大企业求得一份高薪且稳定的工作。

像我们这样的普通人，最后走上了创业的道路，这中间需要一个启蒙的过程。这个启蒙的过程可以是今天的不少大学开设的创业引导课程，也可能是你和某个良师益友的一次促膝长谈。但是，最好的启蒙过程，是你目击了一次成功的创业历程，是你真切看到了别人怎样化梦想为现实。榜样的激励是最好的启蒙，榜样的力量是无穷的。

我在美国Oracle工作期间，我的一个稍微年长的同事，在他受到提拔担任公司高管之后，却悄然离职。随后我在一个偶然的场合遇见他，他才告诉我自己去开公司创业了，因为他拿到了风投给予的资金。关于创业，这是我的第一个榜样，第一次启蒙。1999年，我作为马云的朋友和阿里巴巴的技术顾问，目击了他的创业历程。2000年，我加入阿里巴巴成为CTO，同时也成为阿里巴巴美国分公司的创始人。

在阿里巴巴工作过的每一个人，都熟知马云和十八罗汉的创业故事。阿里巴巴的这些创始人都是我们身边朝夕相处的同事。他们都是和我们一样的普普通通的人，他们创业的成功激励着身边的许多人。他们成了榜样，给了其他阿里巴巴人创业的启蒙。

每一位从阿里巴巴走出来的创业者，在阿里巴巴都学到了创业的三个要素：创意、团队和资本。从马云的创业灵感到阿里巴巴的使命和愿景，从最初的十八罗汉到今天的数万名阿里巴巴人，从80万元的起点资本到阿里巴巴集团纽约上市的2000亿美元估值，他们许多人都是亲身经历者。

阿里系创业者的第一个特质，在于他们亲身获得过关于创业的直接而独特的启蒙。他们学会了如何从普通人成为梦想家。

阿里系创业者的第二个特质，是他们经历了阿里巴巴企业文化的多年熏陶。

在整个互联网产业里，阿里巴巴以具有强势的企业文化而著称。阿里巴巴价值观，所谓的"六脉神剑"，已经被大家耳熟能详。阿里巴巴文化强调做人要"诚信"、"敬业"、富有"激情"，做事要"拥抱变化"、"团队合作"、强调"客户第一"。这些对大部分创业公司，尤其是对互联网创业公司，实际上都是具有普遍意义的。

在阿里巴巴工作了多年的人，往往脚踏实地，是特别优秀的团队领导者，具有特别好的执行力。这种特质对于那些需要线上线下互相配合的运营模式的创业公司尤其有益。美团和滴滴这样的独角兽公司，都体现着阿里巴巴人带去的企业文化的深深烙印。

很多当过兵的人，言谈举止间都显现出一种军人的气质。在阿里巴巴工作了多年的人，他们的言行也会彰显出一种阿里巴巴特质。很多阿里巴巴出来的创业者尤其如此。

阿里系创业者的第三个特质，我认为是他们创业的格局。

阿里巴巴集团在美国上市，公司的股票总价值超过了2000亿美元。凡是2005年前加入公司的员工，或者是职位在中层或以上的管理人员，他们自身的股票期权应该都让他们有数千万以上的收益。用一个时尚的词表述，他们达到了所谓的"财富自由"。

"财富自由"的定义是，你可以依靠投资理财的被动收入，来维持你现在的物质生活水平并可以终其一生。

这意味着你如果选择继续工作，物质收入已经不是目的。自由意味着你可以选择做任何事情，比如常态的旅游。

其实，在这群实现了财富自由的阿里巴巴校友里，最常态的选择不是周游世界。最时尚的选择竟然是——再创业。

这又一次印证了美国心理学家马斯洛的理论：人的最高层次的需求是自身价值的最大实现。创业的确是在现在的社会里，我们能体现自身价值的最好途径。

已经达成了财富自由的人再去创业，他们的格局一定不会小。他们不可能满足于做个小生意，以此来养家度日。既然要再去折腾，再熬艰辛，他们就一定要做大。改造世界的梦想必须是他们的起点。

这样的创业格局，恰恰是风险投资家们追寻的。

2016年初阿里巴巴校友会的年度酒会，几百位阿里系创业者齐聚一堂。许多大牌的风险投资人希望能混进场，可入场券却一票难求。

他们的启蒙，他们的文化熏陶，他们的创业格局，使得从阿里巴巴走出来的创业者成了这个时代最受人瞩目的创业者。让我们祝福这些有梦想的人，早日让梦想开花结果吧！

阿里创业军团

01
创业要看准行业时差

敢挑战才能找到更大的发展空间

　　供职阿里巴巴（简称阿里，下同），创建工作室，成立壹康复——8年，三份职业，每次选择，都是项兰岚对追逐更好自我的蜕变。"敢挑战，才能有更大的成长空间"是项兰岚对待职业一贯的原则。

　　2007年，带着对大平台的憧憬与浑身的奋战热情，项兰岚进入了阿里，负责B2B内网"奶牛之家"的开发。在这四个月开发的过程中，项兰岚每天需要跟不同部门的负责人对接，不停地沟通确认需求并最终完成开发，这也让项兰岚通过跟人的沟通获得非常大的成长。因此在完成平台的开发后，项兰岚选择转岗人力资源培训。

　　两年时间，项兰岚以部门最小年龄、最优秀的业绩实现三级跳，两年晋升三级，这在阿里是极为少见的，这也与她做任何事都拼尽全力、力求完美有关。除新员工培训外，当时的培训部是没有在岗员工和管理层培训的，很多项目的"第一次"都是项兰岚负责，均取得非常大的成功，包括阿里十周年的中供教师节晚会。两年多的人力资源培训生涯，项兰岚的管理能力、项目组织策划协调能力得到了很好的沉淀，这也都运用在后续的工作中。

2010年，在岗位再也感受不到快速成长的项兰岚选择从0开始，不做熟悉或相近的业务，而是到自己陌生的领域去开阔自己的眼界，基于这个目的，项兰岚选择转岗天猫，甚至没有一点犹豫地放弃了在B2B时所有未行权的股票。她认为，成长是最重要的事情，人不应该被钱束缚。

新鲜的工作内容一下子就激发了项兰岚的热情和斗志，刚进入天猫半年，她就在公司的考核中拿到了4分，成为公司"271"中的"2"——超额完成目标，这完全超出了公司对她的期望。

业绩虽风光，但在这背后，项兰岚承受了巨大的压力。全新而陌生的业务，但公司不会因为你没经验而减少要求。在天猫往往一个团队几个人就要负担起几十亿元甚至上百亿元的销售额，每年的业绩指标至少都是4倍的增长。不懂运营，在刻苦学习的过程中，项兰岚发现了一条捷径，这也是被很多同事忽略的事，那就是"搞定人"，通过人来解决问题，完成业绩，这是她最擅长的事情。任何事情都是人做出来的，天猫的业绩是靠每一个品牌商共同完成的。当时天猫刚起步，大部分品牌商的电商团队刚组建，存在非常多的问题，以至于不能很好地完成业绩指标。为了更快地提升业绩，项兰岚做了很多运营"小二"以外的工作，如教企业老总如何打造和管理互联网团队，如何激发和调动年轻人的激情，还专门帮助行业商家成立电商协会，帮助他们推送消息，建立起倒逼机制。团队的能力上来了，市场的机制建好了，大家有了交流分享的平台，那么业绩的提升就很轻松了。在工作上，项兰岚从不设限，更不会定义"岗位职责"，在她看来，任何工作都需要对结果负责，所有能促进目标达成的方法都是应该做的。

压力虽大,事务虽多,但是在这一过程中,项兰岚的识人能力得到了很大的提升。在开展工作的过程中,她只要稍微和对方接触,聊上几句,她就能准确地判断出对方的性格特征和能力水平,并迅速找到和对方打交道的最佳方式。此外,在不断的磨合中,项兰岚的运营思路也得到了进一步拓宽。对于如何以结果为导向去调动资源融合方面,项兰岚早已得心应手。

但这时候,项兰岚又开始"坐不住"了,她意识到成长的瓶颈又来了!思来想去,项兰岚决定出去创业,寻找更大的发展空间。

创业要看准行业时差

从阿里离职之后,经朋友的介绍,项兰岚成立了自己的工作室。

在经历过短暂的创业之后,项兰岚决定,既然要干,那就干脆干自己喜欢的事!

凭借多年的工作经验,项兰岚断定未来有发展的无非文化教育、金融、健康这三个行业。

教育?不感兴趣!做起来没激情。

金融?不太懂!做大了自己也玩不起。

那就健康吧。

做完排除法之后,项兰岚再仔细一分析市场——家庭医生在国外已经十分普遍,但中国却还是一片"蓝海"。另外,中国人除了"医"还有"养"的概念。目前医院运行的模式都较重,但相对来说,医院的"一前一后"却较轻——做预防以及手术后出院的康复治疗都十分适合在家里完成。此外，结合中国目前的社会大环境来看，中国的老龄化现象已经越来越严重。一旦步入老龄阶段，就都会有理疗健康的需求。

于是，项兰岚决定，借着"互联网+"的力量，创建一家O2O模式的健康医疗服务公司。

但是，在做出这一决定的同时项兰岚也在为巨大的行业压力捏把汗。一定要找到核心竞争力，才能从中脱颖而出！因此，壹康复前期以上门推拿理疗为切入点，逐步构建多元化健康产业生态系统。

项兰岚结合市场情况分析发现，健康行业的难点在服务，它既是一个"重"的模式，但也是最难被替代的。如果商家和客户之间能依靠优质的服务建立起信任体系，让客户习惯并依赖上这种服务，那就在这个领域里具有了无法被取代的优势。

如何做好健康服务？项兰岚把第一步放在了质量上——严把质量关！

健康行业特殊在决不允许出现一丝一毫的失误。把好服务人员的质量关，十分重要。为了做好这一点，项兰岚在壹康复设立了严格的理疗师管理机制。每位理疗师在进入壹康复以后，都必须先接受一个月的培训。培训之后进行笔试和技术的考核，根据综合表现给每一位理疗师划定不同的层级。层级合格的理疗师将被"摆上架"，供客户选择。每位理疗师的工资水平和层级高低直接挂钩。

在被"摆上架"经市场检验一个月之后，所有理疗师会被召回来进行"回炉"重造——每位理疗师将接受第二轮的考核，考核结果将直接决定未来是否开放理疗项目，之后将他们的基本情况，包括性格、技术成熟能力和标准对比，对比后还会有一轮7~14天的培训，再进行考试，合格之后才会把他放到 APP 上提供市面服务。即便是"上架"后，考核依旧。在理疗师日常工作的时候也会被抽查，客户也会给理疗师打分，在总分 20 分的情况下，低于 16 分，哪怕有一项没达标，那么这项理疗项目也可能会被下架。相对于其他平台，壹康复垂直的模式把技师的质量提高了。

对于行业技术要求更高的是理疗，在行业中曾经出现过理疗过程中技师把客户的脖子弄伤的情况，因此，壹康复在理疗这条线上请了很多专家，其中包括曾经在中南海工作过的理疗师、国家队的随行队医。在壹康复的康护师都是原先在医院工作的专业人员，每一条产品线都有行业专家。为了保证后期发展，壹康复还选择和一些师资力量很强的中医药大学进行联合对接，保证了后续的服务力量。

因为拥有高质量的服务，所以项兰岚一点都不怕有竞争对手，如何防御，她早已做好了规划。她开设了壹康复健康馆，有齐全的设施设备和完备的康复理疗机构；成立壹康复中医门诊部，拥有医疗资质，满足医疗服务需求；成立培训学校，满足平台日益增大的健康服务人员的需求，并与全国各大医学院建立良好的合作关系，保证人才的输送与供给。夯实基础，不争一时风光，关注用户体验和服务质量，慢，即是快。

"纽扣系错了就要尽早去换"

短短 8 个月的时间里，壹康复的团队就从 20 多人壮大到了 250 多人，在用人方面，项兰岚有自己独特的眼光。她深信，找合伙人最重要的是要对味。合伙人可以在工作领域有所区分，做技术的可能更偏理性，做运营的思路可能更加灵活，在不同专业领域的要求一定是不同的，但是价值观一定要高度一致，心境要相投。

阿里的工作经验练就了项兰岚一双火眼金睛，在阿里工作时，项兰岚经常要跟一些大卖家沟通，并为他们提供运营建议。在这个过程中，项兰岚的很多想法和建议得到了实践的验证。凭着这个"识人"的本事，项兰岚总能找到"中意"的理疗师。理疗师本身是一个离职率很高的职业，但是壹康复整个公司员工的离职率只有3%，离职的员工仅是个位数。

"薪资高"、"氛围好"、"成长快"，是项兰岚能留住员工的"诀窍"。

及时了解员工对企业的愿景，并竭力去满足，是项兰岚一贯的原则。

为了满足员工在薪资方面的需求，壹康复给出了高于同行业平均水平的工资——在推拿理疗行业，八千元是薪资的平均水平，而壹康复的"出价"却是九千至一万元。另外，"让每个员工都忙起来"是项兰岚力保公司氛围的最佳方式。她始终坚信，当每个人都能自发去做好各自的事情时，每个人的注意力就都会集中在事情本身，在专注的同时，也就不会再去纠结工作之外的摩擦了。除此之外，壹康复还保证给予每位员工足够的成长空间。在壹康复每位员工都会以薪资水平为动力，自发地给自己制定目标。项兰岚始终相信，只有让员工看到未来的发展空间，他才会有动力去主动拥抱成长。当然，在给足员工成长空间的同时，对于"裁人"项兰岚从不心软。从普通职员，到管理层、合作伙伴，一经出现工作能力与工作职责不匹配的，项兰岚一定会在第一时间亮出"红牌"。

她始终坚信，作为企业的CEO，必须从公司的角度出发，要是"纽扣系错了就要尽早去换"。

强大的"营销"团队，推拿理疗师也疯狂

现在，壹康复的用户量已经突破 10 万人，庞大的用户数成了壹康复盈利的保证。为了吸引并留住用户，项兰岚有着自己独到的方式。

目前，壹康复市场端主要有三支团队——运营团队、BD 团队和地推团队。运营团队负责互联网营销，BD 团队负责拓展和组织合作项目，地推团队则负责寻找客户。三支团队分工明确，相互配合。只是，令项兰岚意外的是，理疗师自发地成立了一支地推团队，并把地推的力量发挥到了极致。

在壹康复，每个月都会举行誓师大会，在会上，每个部门在汇报上个月工作完成进度的同时，还要接受新任务，并宣布下个月的目标。项兰岚对目标极为看重，因为她始终相信，只要有了目标，就能有方向和动力，效率也会提高很多。目标的制定，使公司的战略也逐渐清晰起来。当公司战略和员工目标一致时，公司就有了稳步向前的力量。而项兰岚一直倡导的是，目标一旦确定，就要想尽各种办法去达成。令她欣慰的是，每次的目标各团队都能按质按量地完成。

为了调动理疗师们的积极性，2015 年 9 月，项兰岚组织壹康复所有的市场和理疗师团队举行了一次"大竞赛"，比赛一开始，每位理疗师就开始自行规划，确定每天的行程安排，寻找能签下订单的地方。那个时候，每位理疗师自发地一早七点便出发，满杭州跑——为了完成任务，每个理疗师都像"打了鸡血"一样去"拼杀"。

结果，100 多位理疗师竟然在短短一星期内完成了 9000 多单。每位理疗师都成了疯狂的"营销员"。

经过这样的疯狂"锤炼"之后,每次的活动,不需要在前期做宣传推广,凭借着理疗师的力量,就能轻松拿下很多订单。在接下来的规划中,项兰岚要把所有表现优秀的理疗师都培养成店长,把员工的价值发挥到最大。

"客户第一"、"团队共赢"、"自我完善"是壹康复的核心价值观。在这样的价值观驱使下,每位员工都在拼命往前跑。在工作过程中,一旦遇上中途"掉队"或是"味道不一致"对公司大环境造成影响的人,项兰岚会给出6个月的试用期,3个月的保护期以及3个月的查看期,要是6个月后员工仍没有任何起色,项兰岚便会做出"辞退"的决定。

做员工的"大哥",时刻关注他们的动态

创业本来就是一件很艰难的事情,压力无处不在,但项兰岚却是"压力不外放"的人。因为她确信作为CEO,要做的是自己扛住压力,并给予团队成员尽可能多的信心。

在创业的早期,公司也曾遇上危机。即使身处巨大的压力之下,项兰岚也选择自己一个人去"扛",她几乎不会找人"倒苦水"。在她看来,与其把时间浪费在担忧和焦虑上,不如集中精力去想如何把事情完成,让公司尽快渡过这道难关。

在项兰岚看来"聊八卦"是件无趣的事,在阿里奋战多年的她,从未参与过八卦的讨论。但是,自从创建壹康复之后,项兰岚就一改当初"八卦绝缘体"的状态,主动加入到八卦的阵营里,和大家一起聊天。她这样做,为的是更贴近员工,拉近彼此间的距离。

在壹康复，大家习惯称她为"大哥"。这位柔情与刚烈并融的"大哥"，总喜欢在工作的空闲时间，到每个人座位上去转悠，找员工聊天。于是，在慢慢接触的过程中，项兰岚和员工都熟络起来——哪位员工最近发生了什么事情，什么时候结婚，最近换了什么眼镜，买了什么新衣服，换了什么新发型，她都一清二楚。这些贴近生活的琐碎关注，让项兰岚和员工的心贴得更近了。

作为一名女老板，项兰岚内心有女性细腻的一面，但是作为一位公司的 CEO 在做决策的时候，就需要果断干脆了。项兰岚在工作中体现出的强势的性格，只有几位核心的 leader "见识过"。大多时候，项兰岚都是随性柔和的，员工们都觉得喜欢跟她一起共事，撇开公事，公司里的员工甚至喜欢拿她作为减压的"秘密武器"——项兰岚的头像是员工们 PS 练手和开玩笑的对象。

对于员工这种"特殊"的减压方式，项兰岚也是乐在其中，对此她从不介意，反而鼓励大家去这样做，因为她坚信，员工的压力若是能通过她得以释放，那对其他人释放的负面情绪就会少很多，这样一来工作的氛围反而会变好。

目前，壹康复已经获得 5000 万元的融资金额。项兰岚正在建设三大配套产业——中医门诊部、养生产品研发中心、健康职业培训学校，打造一个健康行业的新生态！壹康复也会持之以恒地为企业初心——"让健康更简单"而全力以赴！

阿里创业军团

02

在"变"与"守"中找到平衡

阿里创业军团

理清商业模式再创业

2009年，赖杰进入阿里工作。从淘宝商户平台到卖家中心再到营销数据，赖杰的工作内容"变了又变"，但身处其中的赖杰却发现这些业务的核心都是一致的——满足商家和消费者需求。在走访过很多线下卖家之后赖杰发现，2010年之前的淘宝商家大都是一些"姐妹店"或者"夫妻店"，这些店在淘宝开放和相对公平的环境之下，凭借着自己的创意和努力，获得了不错的发展。

但是，步入2012年之后，消费市场迎来大变革——消费者对消费品质发出更高的要求，消费升级已是大势所趋。主打品牌的天猫正是借着这样的势头实现了快速发展，随后，电商资源逐渐倾斜，"草根"开店变得越来越困难。

奋战阿里四年，赖杰对淘宝的运作模式和商业逻辑早已烂熟于心。在预感到时机成熟之后，2012年，赖杰决定离开阿里，拉上华璐坷、易有权几个小伙伴自己创业。

02 在"变"与"守"中找到平衡

在对市场进行分析时，赖杰发现，线上市场已经被以阿里为首的电商巨头瓜分得所剩无几，但线下市场却是一片未被开发的"处女地"。

赖杰认为，淘宝商家是中国商人里面接触和应用互联网最早的一群人，他们在电子商务平台激烈竞争的创业过程中快速成长，对于互联网的理解和商业应用能力都远远领先于其他领域。但是，反观中国线下商家，会发现跟三千年前几乎一样，无非把算盘变成计算器，把两张纸变成表格，经营模式和技术能力几乎没有本质上的变化，而获取和运用数据能力的缺失是他们最明显的短板。

在和线下商家接触的过程中，赖杰惊讶地发现，他们不仅没有获取数据的工具，也没有运用数据的能力——在线上商家都把"流量"视为生命之时，线下商家却连每天有多少用户光顾都无法计数。习惯了线上商家的那套"跟着数据走"的运营思路，赖杰觉得，客户数据对线下商家同样十分重要。只有拥有了数据，线下商家才能了解每天光顾商店的客户人数是多少，经常到店光顾的客户有哪些，他们到店的频率是多大，购买喜好是什么。只有在掌握了这些一手资料之后，商家才能实现精细化运营，提高效率和降低成本，把生意做得更好。

赖杰转念一想，如果把线上店铺的数据产品和营销工具应用到线下，那将是怎样的一个市场量级？于是，赖杰将创业方向锁定为为线下商家提供与之相关的服务。

互联网的浪潮下，要"抓住"大数据

最初的产品从研发到上线，赖杰只用了一个月的时间，而且整个部分全都由赖杰一人"包办"——这也是迫于公司刚起步没有资金支持之下的无奈选择。在创业之初，处于资金紧缺窘境下的赖杰不敢迈太大的步子，凡事都是想尽办法以最低的成本来检验产品的市场反应。一开始，赖杰把能够实现简单功能的产品先放到线下几个店铺里面做测试。这些产品能实现的功能是，客户一连上 Wi-Fi 之后，手机页面上就能展示卖家的信息。与此同时，客户通过手机号码登录就会留下一条信息，这些数据通过后台的处理直接储存到云端。产品推广测试没多久，赖杰发现产品的市场反应不错，有着巨大的空间。在有了底气之后，赖杰开始真正地组建技术团队，开始了他的"线下商业大数据"生意。

一、数据的用处：精准营销

赖杰选择把 Wi-Fi 作为线上线下的连接手段。商家为消费者提供免费的无线网络，对于消费者来说这是一种贴心的服务，但对商家来说获得的却是消费者数据。消费者通过类似于身份认证的方式获得 Wi-Fi 使用权，不同的认证方式留下不同的信息，有的是手机号，有的是微信、微博号，还有的是支付宝账号。这些信息都是消费者消费的真实数据，树熊在后台对这些数据进行更深度的处理，转化为行为描述，再把数据放到云端。后台根据位置和行为数据分析判断消费者的活动区域和行为偏好，帮助商家制定更加精准高效的营销策略。赖杰认为根据数据提供更个性和更友好的消费者服务是未来营销的趋势，传统的营销方式仍然喜欢狂轰滥炸，而在大数据的支撑下，营销变得"友好"和高效。

二、数据并不是越多越好

2013年，O2O开始热起来。离开阿里不到一年的时间，赖杰又和它撞到了一起——阿里开始切入线下市场，淘点点和支付宝变成了线下的主力军。在双方都看到了线下的市场情况下，赖杰选择接受阿里的投资，树熊希望借助阿里强大的电商平台数据作为自己的支撑。

支付宝的数据无疑对树熊的后台数据起到巨大的补充作用。但是数据并不是越多越好，树熊前期要做的就是储备。这就需要先将传统行业的大数据"抓"过来。前期做数据就跟学知识一样，多数学习者并不知道学的东西有什么用，只是机械地为学而学，但是在商业中学习要为用而学，要真正掌握的是对于商业应用有价值的东西，这对看重实用性的数据尤为重要。

在有了一定的数据资源积累的情况下，如果没有发展出真正的数据处理技术能力作为支撑，或者没有拿出能够解决客户问题的数据产品和应用，再多的数据也只是一堆无用的符号。数据好比一种能源，就像煤炭一样大家可能觉得越多越好，但是一堆煤放在家里你却不能用或者用不完，那它除了占空间就没有任何价值。真正懂得用煤烧饭或者把煤进行深加工提炼成油的人，才能发挥它的价值。如果作为创业小公司，没有想清楚要做什么，只是盲目地去生产数据，无疑就是在自己家里堆煤。

三、真正有用的数据不会涉及隐私

创业者在获取和运用数据时也要"取之有道，用之有度"，要有克制。从微观个人数据到宏观经济数据之间有很多刻度，每个刻度的数据分别有不同的应用，并不是越细越好，个人隐私数据其实没有什么商用价值，真正想把数据用好的公司不会违背商业道德，更加不会挑战法律界线。对于某些商家来说，希望知道得越多越好，就像填写会员表一样，哪些东西是有用的商家本人也搞不清楚，所以就会让顾客全部填写，但是想清楚用途的人不会让顾客填写这么多，因为没人喜欢把个人的信息分享给陌生人。数据运用的核心是，不要贪大求全，不要逾越边界。

赖杰把树熊的业务比喻成经营一个"池塘"。池塘里种藕养鱼，池塘的价值就是通过里面的藕和鱼体现出来的，而藕和鱼又是由池塘的广度和深度来决定的。目前树熊的用户约有一亿人，相当于中国智能手机用户的五分之一，这个用户规模就是树熊"池塘"的广度，深度则表现为有效的数据价值。当两者都越来越好时，作为藕和鱼的商业产品和服务就能生长得更好。

团队融合是创业最先要解决的问题

在创业过程中，团队管理是创业者绕不开的话题。在创业团队还是几十个人的时候，创业者的管理方法是次要的，因为这个时候沟通较为简单，管理者更多的是需要以身作则，用自己的激情去感染大家，跟大家一起去奋斗，不需要太多的管理方法和机制。当团队人数增多的时候，统一的制度就显得尤为重要。

阿里出身的赖杰，在创业团队里聚集了一大批同样有着阿里背景的人。创业初期，因为公司里大都是阿里的"战友"，所以沟通的矛盾没有特别突出。但是，随着公司的发展，树熊所涉及的业务不仅仅停留在互联网层面，还会深入涉及通信、硬件等领域，这时候团队结构变得多样，

02 在"变"与"守"中找到平衡

公司的矛盾也就凸显出来。不少人时常拿出阿里的经验:"我们以前在阿里就是这样做的。"对于阿里的老员工来说觉得这很正常,但是其他的员工就觉得不服气。树熊还有不少员工之前在国企、华为工作过,大家之前的价值观理念有很多差异,如果让他们觉得自己与公司另外一群人格格不入,那团队就很难融合和协作。

创业公司团队必须经历一个磨合的过程。在这个过程中,公司要形成自己的价值观,如果大家的思想没有达成一致,就不会心往一处想,劲儿往一处使。公司自己的价值观显得尤为重要,但是一个不被认同的价值观,即使强行灌输下去也是没用的。比如把阿里成功的价值观搬过来,在树熊就不一定成功。所有企业的成长都是从零开始的,人不一样,业务不一样,时代不一样,每个企业就需要发展出自己的一套核心价值观来作为业务和管理的"黏合剂"。

经过一段时间的磨合,赖杰在团队管理上找到了自己的"门道"。2013年,树熊团队里做了一个名为PDP的性格测试。PDP依据个性特质的不同,将人分为5大族群:老虎型、孔雀型、考拉型、猫头鹰型及综合各种特质的变色龙型。当时测试的结果很多样性。但是2015年公司再次测试的时候,团队里很多员工的测试结果都变成了老虎。在经历两年的创业过程之后,大家的属性都变了。这样的结果让赖杰很感慨,因为这从另一方面证明了整个团队融合的效果。

树熊融合团队的方法很简单,就是找大家的共同点——创业者一起创业追求的是什么,为什么要来树熊。大家的共同目标都是为了参与一个伟大公司的创建,改变自己的人生,获得物质和精神上的极大满足。树熊不是根据自己的需要去照搬别人的价值观,而是把我们共同的信念融合成自己的精神气质。

独立自主是树熊的精神气质之一。赖杰希望每个人都有更多自己的发挥和创造的空间，自己为自己负责。这也是赖杰自己的人生理念。创业企业像一个小婴儿，创业者就是父母亲，婴儿思想性格就是父母言传身教的结果。作为领导者，赖杰觉得首先自己要做到真诚，所有的东西才会变得简单，在团队中，"要么不说话，要么说真话"是他一向奉行的原则。在经历产品和项目失败，或者公司遇到困难和危机时，赖杰都会坦诚告诉大家，绝对不会隐瞒和回避，并且让大家都参与到解决问题的过程中来，团队共同经历困难，又共同去克服困难，彼此坦诚相待，自然而然就会发展出一套从心底认同的价值观，团队的融合自然而然就会完成。

创业要在"变"与"守"中找到平衡

提到创业，创业者提及最多的就是坚持。但是创业不是在做科研，没有太多时间去得出一个肯定靠谱的结论，而且不是每件事情都能判断得很清楚，更多的时候创业者是在尝试做一些充满不确定性的事情，就是所谓的试错。所以转型在创业路上是必不可少的。这样看来，坚持和变化似乎变得矛盾了。

赖杰认为坚持和转变并不矛盾，关键是看怎么去定义坚持。创业者坚持的是梦想还是事情，是要把公司做下去还是对业务的执着，这就是两者的根本的差异所在。

树熊在建立之初，赖杰的想法很简单。在中国线下的实体商店商铺

02 在"变"与"守"中找到平衡

可以查得出名字的就有一千万家左右,他想做的就是让这一千万家商户能够用互联网产品和技术武装起来,实现网络化、数据化、智能化。所以一开始他做的包括Wi-Fi、市场营销、解决方案等事情都在为商家提供这种服务。在这个过程中,树熊的产品也经历了三个阶段的迭代。

第一代产品集中解决Wi-Fi的问题,包括商用Wi-Fi硬件的标准、云端平台、后期的维护,建立起一整套的机制。第二代产品则是强化用户体系,持续沉淀消费者数据。这个阶段商家可以看到具体的数据,了解消费者的消费属性,产品提供用户画像。现在的第三代产品可以把数据转化为可以操作的行为,可以直接发出行为去影响消费者,达到智能推送,并且为智能推送制定规则。同时产品可以掌握消费路径,根据用户行为推送信息,提高每一条的转化率。

在不同阶段,树熊提供的产品所表现出的价值是有差异的,但是公司发展始终沿着一条主线。树熊认为服务商家最终还是要服务消费者,只有把消费者服务好了对商家才有价值,如果脱离消费者去谈商家服务就没有任何价值。树熊在最初的业务体系中缺少这一环,除了提供更好的Wi-Fi体验外,还没有为消费者产生更大的附加价值。树熊会继续努力,结合自身的技术能力和数据优势,为消费者提供更有价值的服务。

树熊在收费模式上也做过很多改变,在尝试过很多收费模式之后他发现大家认知里面还是花钱买设备。开始时赖杰免费为商家提供硬件设备,收取软件服务费,但是商家比较难理解。对于虚拟的产品,大家不容易理解其价值,比如大家愿意花几千元买手机,却不愿意花几元钱在应用市场里买软件,这是消费理念问题,所以赖杰改变方法,以硬件为载体销售软件,让客户看得见摸得着,消除了很多客户的疑问。

在变化和坚持中，创业者创造的企业本身就是一个生命，不应该因为今天没钱买"奶粉"就饿死或者说是因为上学考了个零分就退学。赖杰身边有很多人项目失败了就要放弃。赖杰坚信创业是一件非常严肃的事情，以轻浮或者浮躁的心态去做这件事情，肯定会失败。做项目有成功也有失败，不管在哪个公司失败都是占多数的。创业者坚持的是做一个公司，做的是真正的事业，最重要的还是创业者的决心。当企业做到一定程度，有的人就累了，想要放下担子，比如转了卖了。就像炒股，今天看到手里这支股票涨了，到底是趁机卖掉还是愿意像巴菲特一样用50年的时间去投资这只股票？两种选择完全不同。两个选项选哪个都没有绝对的对错，但是一旦选择就要用一生的担当去承受这些东西。只有这样的责任感和担当，才有可能创造出一家能够持续发展下去的公司。

融资并不是创业成功的标榜

融资对于企业是一个什么属性的事情，到底意味着什么？对多数企业来讲，融资意味着成功。但赖杰更觉得融资只是获得了一个帮助，创业者可以对此表示感谢，但却不能引以为傲。如果把融资金额作为成功的一种标榜，那将会出现巨大的问题。融资额、估值是很多人判断一个公司成功与否的最直接的方法，媒体和观众也喜欢这样的成功故事。但是创业公司在还没有学会飞的时候被外界的风吹起来飘在空中其实是很危险的。如果创业者想走一段很长远的路，不管是风停了还是风来了，都要学会宠辱不惊。如果真正想做成一件事情，就需要看看自己有没有强大的内心，这是最重要的。外在的东西会影响到创业者的情绪，但是

02 在"变"与"守"中找到平衡

如果一直盯着脚下,就会忘记自己真正要去的那座"山"。

阿里在2013年主动找到赖杰进行投资,这在外行人看来是一件极风光的事情。但是树熊和阿里关系十分明确,树熊的服务对象不是阿里,阿里也没有把树熊看做子公司。很多人觉得阿里就像个黑洞,与它合作之后会迅速被吸进去,但现在的阿里更像是一个生态系统,虽然树熊从体量上还是小蚂蚁,但是和其他大大小小的动物植物共同成长、互相促进,密不可分。

拿到阿里的投资之后,树熊和很多第一次拿到融资的企业一样想要迅速扩大规模。这是追求发展的典型表现,但这很容易忽略风险隐患。树熊也有过头脑"发烧"的时候,但扩张的烧钱速度远远超过赖杰的想象。他发现势头不对马上收手,避免给公司造成更大的损失。如果不知道市场格局和市场变化,就会在牛角尖里走到死。不是每件事情都能在判断清楚的情况下进行,更多的时候是试错。融资之后,机会和诱惑很多,应该怎样去掌握平衡关系,这很重要。

创业三年,赖杰始终坚信,自己不会比一些将小店开了10年、20年的人更懂商业。他自己掌握的是一种工具,是一种思维,他要做的是帮助线下商户做得更好。作为创业者,他最大的收获就是经过一系列的痛苦之后,虽然外在没有什么太大变化,但是心胸却变得不一样了。或许这就是创业的魅力所在。

阿里创业军团

03

管理：把最好的都给员工

编程，非科班出身却玩得炉火纯青

"不会写代码的金融科班生不是好老板"——这句看似绕口的话，是对黑羽职业生涯的最佳注释。

2002年，金融学专业毕业的黑羽选择继续深造，他以优异的成绩考取了浙江大学金融系。按照常规"活法"，黑羽将在研究生毕业之后，顺利拿到各大金融公司的offer，围绕投行事业平稳而有尊严地走下去。但是，生性喜欢挑战的他在浙大学习期间，却迷上了写代码——对着电脑这十几英寸的显示屏，敲下一堆"奇怪"的字符，然后一个程序就此产生。这在黑羽看来，实在是件有魔力的事。于是，他把自己课余所有的时间都"泡"在了多媒体编程和互动式设计里。兴趣在，自驱力就强，学得就快，钻研得就深。大学期间，黑羽凭借着自己无师自通的本事，拿下了多项高校竞赛大奖。

原本黑羽也没想到写代码会成为自己的主业，在参与的一个项目获得教育部国家二等奖后，该项目的老师邀请参与的同学一起就这个方向

03 管理：把最好的都给员工

来创业。

2005 年，在带队老师的说服下，黑羽放弃在基金公司的工作机会，一心跟着老师，开始了自己的第一段创业之路。

在创业过程中，黑羽一边忙着"吭哧吭哧"写代码，一边利用闲暇时间写书——他要把自己这"半路出家"还能玩得炉火纯青的写代码技术编成书，让更多像自己一样对写代码"情有独钟"的人借鉴。他的努力没有白费，他很快就收到了中国有名的出版 IT 行业类书籍的电子工业出版社的出版邀约。《Flash Action Script3 殿堂之路》刚一面世，迅速成了当时 flash 界最出名的畅销书，截至今年连续加印 17 次，持续多年成为该行业领域内销量最高的工具书。

黑羽怎么也没想到书火了，自己也被"盯"上了——阿里淘宝发现了他。

那时的淘宝，正走在发展的快车道上。

当时，同为浙大校友的陈琪（现在的蘑菇街 CEO）早前就和黑羽在校内 Flash 论坛熟识，主动找他约谈了好几次。陈琪有一句话打动了他："来淘宝吧，现在淘宝的会员已经过亿了，你看你现在这个公司的服务客户才多少，这压根不是一个数量级的。来吧，淘宝的平台更大，舞台更大！"这确实很有吸引力。于是，抱着试试看的心态，黑羽参加了淘宝的面试。当时的淘宝副总裁用两个小时的时间，详细描绘了淘宝的远大宏图。整个面试流程结束，黑羽便彻底被说服了，一番考虑之后，黑羽决定：那就去淘宝吧，去更大的平台看看。

很多时候，你觉得自己做的事情已经做得够大，够厉害，那是因为你没抽身出来向四周看看，也许身边有更多东西是你闻所未闻的。

阿里创业军团

2008年，黑羽正式加入阿里，担任淘宝前端 Flash leader。初入阿里，黑羽满怀激情，一心想着做一些不错的产品出来。但是，让他始料未及的是，代码才刚写了两个月，他就"被变化"了——当时，整个淘宝只有十几位产品经理，为了扩展业务，淘宝在全公司内物色产品经理的合适人选。而彼时，陈琪和黑羽恰好是他们的目标人选。于是，黑羽接受这个挑战，又成了产品经理。从代码到产品，两个不同的领域，毫无经验的黑羽从确定性代码领域，转到了面对众多的不确定的需求研发面前。

刚一上任，黑羽就被巨大的压力折磨得"够呛"，两侧头发白了不少，还好在后来适应了后头发又变黑了。当时的淘宝尚且年轻，各项业务都还处在探索阶段，黑羽有幸参与了不少淘宝重大的项目。在经历过各种让黑羽一听脑袋就变大的项目之后，黑羽在淘宝干了一件大事。

2009年4月,黑羽把淘宝开放平台"倒腾"出来,成了创始产品经理。淘宝平台上线的第一天，淘宝的负责人铁木真专门写了一封邮件发送给整个阿里，他与大家分享这一标志着大淘宝开放式生态战略的喜讯。黑羽在阿里奋战了两年之久，这种发送给整个集团的邮件还是头一次见到。被认可的成就感，一时间让黑羽备受鼓舞。

在淘宝开放平台上线之后，优衣库一类的大品牌开始陆续接入淘宝商城。

有些人天生内在是不安分的。越是做得顺手，越想逃离。尽管一切都顺风顺水，但出于对更大发展空间的向往和淘宝开放平台上不断出现的创业成功的案例的激励，一年多后，黑羽从淘宝离职，准备开启自己的第二段创业之路。

03　管理：把最好的都给员工

创业，找准方向就坚定地走下去

职业生涯最大的惊喜，莫过于串点成线，由线及面。黑羽就是这样。

和编程打了多年交道的黑羽，十分了解开发者对整个互联网的发展有着巨大的价值，而开发者在平台、APP等产品的诞生方面扮演着至关重要的角色。就在黑羽寻思着怎么去汇聚这样一批开发者的时候，他陡然想起了多年前自己创作的那本编程畅销书——既然有那么多人喜欢看，那为什么不创建一个社区，让这批读者能够聚在一起，共同讨论，相互切磋？

用实力将情怀落地——9RIA.COM，"天地会"社区由此而生。

在创建"天地会"之初，黑羽没有依靠任何投资就在短时间内实现了盈亏平衡。在这之后，"天地会"持续发力，一举成了中国最大的前端开发者社区。就在这时，研发Photoshop的Adobe公司也"嗅觉灵敏"地找上了门。Adobe在监测的过程中发现"天地会"已经成了全球最大的平台开发社区，于是将"社区冠军"的皇冠授予了"天地会"。此消息一出，"天地会"瞬间声名大噪，腾讯、盛大等知名大公司也纷纷争着找"天地会"帮其做宣传、展会和各项业务。

名声有了，客户有了，但让黑羽无论如何也想不到的是，居然没有一家投资公司愿意投资。当时在为项目融资时，黑羽几乎找遍了国内他能接触到的所有投资人，但大家甩给他的说法都是："以你们开发者的数量，社区仅有几十万的注册用户，投资开发者社区的意义在哪里？"黑羽一听就郁闷了——全球的JAVA开发者也就200万人，"天地会"能有几十万前端开发人员，已经占了很大的份额。况且，做开发的程序员价值怎么能单纯地用 UV 去衡量。

面对创业路上的第一道坎,黑羽内心极度委屈,满满的挫败感让他备受煎熬。

即使现实很残酷,但黑羽的理想依旧很丰满,他始终坚信开发者有着巨大的价值,"天地会"正在做的事情是正确的。

只有撑得住黑暗时的巨大煎熬,才配得上柳暗花明的精彩——被所有投资人"嫌弃"的"天地会",居然成了好几家想要进行战略投资的公司争抢的"香饽饽"。当时盛大、搜狐、腾讯等一系列大的互联网公司都需要开发者去帮助它们研发前端布局。在平衡了价格和条款后,黑羽选择了搜狐。

当这件事结束后,一切逐渐趋于明朗和稳定,黑羽却又"坐不住"了。因为在做成一件事情之后,就有了要做更大事情的底气和雄心。

黑羽的太太清水,对美有着独到的感知力和鉴赏力,买衣服是她日常的爱好之一。有着天然电商基因的黑羽突然有了创业灵感。在淘宝扎根多年的他这样分析市场——淘宝以爆款和低价为主打,但是那只是每个女生在初入社会时,出于财力限制的选择。随着社会阅历的增加以及收入水平的提升,她们在淘宝上"抢购"服装的频次会随之降低,并逐渐树立起品牌意识,向消费升级靠拢。因此,品牌消费将会成为主流。于是,他俩决定,创建一个以图片和品牌为主的导购网站。

2011 年,黑羽和太太清水共同创办品牌推荐平台"爱图购"。

客户优质、客单价高是"爱图购"的主要特点。但是基于这样的特点,黑羽在创业没多久就遇上了流量的门槛——高品质的客户积累速度十分缓慢,短时间内效益无法实现量级的增长。在"温水煮青蛙"的煎

03 管理：把最好的都给员工

熬下，团队成员开始提出质疑，紧接着导购市场的两次寒冬也接踵而至，"爱图购"命悬一线。为了填补资金短板，黑羽只好把自己的房产抵押，把拿到的资金全部投入到公司的日常运营上。一边鼓舞团队士气，一边想办法去找资金来源。那段时间，黑羽回忆起来觉得压力巨大但受益良多，还好公司的危机顺利度过。从那之后，"爱图购"越走越顺。

2013年9月，在创新中国2013总决赛互联网组，"爱图购"一举夺冠。让黑羽始料未及的是，此次获奖让原本低调的"爱图购"一时间被推到了大众视线面前，大家惊觉"闷不吭声"的"爱图购"原来已经做得这么大，盈利竟如此可观。紧接着，2014年2月，阿里给"爱图购"颁发了一个大奖项——"阿里2014年度十大合作伙伴金牌奖"。此奖一颁发，"爱图购"的名气再一次大涨。正和岛年会力邀黑羽出席，兴致勃勃地要听黑羽分享创业经验。黑羽不曾料想的是，一次简单的分享，居然让爱图购"摊上了大麻烦"。

in，用户量呈火箭速度增长

黑羽分享结束之后，很多传统品牌都找上了门，争着要和"爱图购"合作。无奈的是，这些找上门的品牌里，大多数不是没有线下门店就是没有在线上开店，要么就是在做简单的代运营，"爱图购"根本无法帮助它们实现电商引流。在商谈的过程中，黑羽发现，这些渴望和"爱图购"合作的多是品牌部门，而非销售部门。它们看中的是"爱图购"庞大的女性用户群体，需要的是品牌传播力和影响力，而不是销量和流量。黑羽再仔细研究这些品牌，发现它们不但实力雄厚，而且品牌的用户群体和"爱图购"正好一致。于是黑羽和团队认真地展开了讨论，拿出了三个实现路径：图片杂志、图片社区和图片社交。在三选一的关键时刻，黑羽凭着直觉选择了图片社交，决定赌上一把。

一开始，黑羽只是在微博和微信公众号上尝试着打了几次品牌宣传战，没想到都收到了不错的战绩。随后，越来越多的品牌商开始找"爱图购"谈合作。这时候黑羽突然意识到，有必要专门为品牌商在"爱图购"用户中传播找一个方法了。经过仔细推敲，黑羽把目光锁定在女性图片社交上，他分析爱美、爱自拍是每个女生的天性，如果能提供这样一个供她们"秀出美丽"的社交平台，一定会受到女生的追捧。

于是2014年，黑羽从公司专门抽出8个人来全力做女性图片社交这一项目。在尝试了instagram式的传播方式和标签形式，以及品酷、nice、show等各种玩法之后，in终于横空出世。

2014年6月6日，in作为爱图购的内部孵化项目正式上线。

上线第一天，in的产品经理就激动地跑到黑羽面前说："老大，上线了，我们去庆祝一下吧！"

黑羽一听，抿了抿嘴巴："庆祝要有个目标才行，等哪天in达到一万日活了再说。"

结果，上线没几天，产品经理又跑过来，兴奋地跟黑羽说："老大，快到一万日活了！"

黑羽当时一听，吃了一惊——上线没几天就一万日活，怎么可能？！

上线一周左右，产品经理又跑过来跟黑羽说："老大，今天新增了一万！"

2014年7月初，in的注册用户突破100万人。在得知这一消息的一

03 管理：把最好的都给员工

瞬间，黑羽整个人都是懵的——短短20多天的时间，居然能获取这么多用户。到8月份的时候，in每天上传的图片在几百万张以上。这时，黑羽再也坐不住了，他跑到in上仔细翻看用户上传的照片，发现图片的丰富度完全超出了他的预想。一开始，in创建的初衷是让女生拍完照片以后，配合品牌的标签来进行宣传。但随着用户量的急剧增加，上传的图片已经不再局限于服装了，美食、宠物、旅行等照片占了更大的体量。黑羽这才意识到，in已经不再是人们逛品牌商品的平台，而是一个记录生活的地方了。

感受到这一变化之后，黑羽立即决定，马上召开董事会。

董事会上，黑羽首先表示，in的用户有着极高的价值，且对"爱图购"的导流有着直接的帮助。黑羽征询董事会的意见，看要不要加大力度去给予in更多的支持。结果，董事会全票通过，大家一致决定："搞！"

随后，黑羽把之前的研发团队迅速扩充到50人，带着大家没日没夜地研究了一整个月。之后，in推出了具有里程碑意义的产品——0.5版正式上线，一瞬间in的品牌马上被树立起来。

2014年12月10日，in的注册用户突破1000万人。2015年2月，注册用户突破2000万人。2015年11月，注册用户突破6000万人。

图片社交，玩的是谁更懂人心

in的注册用户数量呈火箭级速度增长，这其中自有它的奥秘。

研究透彻女生拍照的心理是in能迅速俘获无数"少女心"的关键。在研发in的过程中，黑羽把女生拍照的情境、照片之下要传达的"小心思"都摸得一清二楚。例如，每个女生在做完美甲之后，一定会拍照并在第一时间上传到社交平台；一句文艺的语句，往往是为了能附上一张美美的自拍；喊着"要减肥"的话，其实是想得到更多的点赞和认同……在研究透彻女生拍照心理之后，黑羽希望通过 in 能实现一种温暖、柔软、触动人心的图片社交。

2015 年 11 月，微博相机突然问世。在上线初期几乎没有做过宣传，各路大牌明星都来助阵。黑羽一听这消息立马就慌了，他一想，微博如此活跃，明星吸引力又如此强大，in 该如何应对这强劲的对手？但是，当黑羽打开微博相机一看，心里立马踏实了——它们没抓住用户心理，对 in 构不成威胁。

在 in 上，黑羽想要传达的是一种美好而向上的力量，任何低俗的照片都是被禁止的。此外，in 对人性的关怀还体现在对明星私人生活的保护上。在对 in 的用户进行行为分析的过程中，黑羽发现某一线大牌明星居然是 in 的早期忠实用户。在 in 上，她经常会发布在其他任何平台都不会公布的私人生活照片。2015 年 11 月，她在 in 上秀出了和女儿的照片，并配上文字。团队成员发现这一照片后，立马提议可以借此做宣传——明星都在用 in，这可是对 in 大好的宣传机会。但是，黑羽经过认真考量之后，否定了这个提议。他认为，既然该明星会在 in 上独家发布自己的生活照，那说明内心当中，她把 in 和其他社交媒体区别开来，in 是她的一个私人化空间，在这里她需要的是一个普通人该有的"平凡特权"。于是，黑羽决定，所有明星在 in 上独家发布的照片，in 都选择保护，而不是借此大做宣传。因为，黑羽始终坚持，他们首先是用户，其次才是明星。

如今，女生版 in 已经发展到了极致。在这个时候，黑羽考虑，也应

03 管理：把最好的都给员工

该给男生们一些福利，正式打造男生版 in。

男人来自火星，女人来自金星。男女大不同，男生版 in 自然也有区别于女生版 in 的地方。

作为一名男性，黑羽对男性的看图心理也有着深刻的见解。每个男生都有不被女生所知的"阴暗面"。黑羽希望在 in 上，让女生成为地球，男生成为月球，月球围绕着地球公转，但是每次面向地球的时候，都是光亮面。通过 in，黑羽希望帮助每个男生都展现出自己最美好的一面。因此，in 对男生有着社交史上最严格的管控——男生对女生的照片可以点赞，但是要评论就必须验证手机号。黑羽希望通过这样的方式，警醒男生要对自己的言论负责，否则将存在被封号的风险。

管理，把最好的都给员工

布施、爱语、同事是黑羽坚持的管理之道，也是管理大师稻盛和夫管理思想的精髓。

布施——把最好的给员工，让他们感受到诚意。

in 的团队流失率在业界是极低的，因为黑羽始终坚持要把最好的都给员工。2015 年，黑羽带着全公司 100 多人远赴巴厘岛度假旅游，所有费用均由公司承担。黑羽不但带着员工去住巴厘岛最好的酒店，还带着他们乘坐了潜艇夜游巴厘岛。黑羽始终坚信，只有用心对待员工，大家的力量才会聚在一起。

in 的工作氛围是简单而轻松的。刚加入 in 的员工在初入公司之时，时常会跑过来惊奇地对黑羽说："我从来没见过哪家公司，一点钩心斗角都没有。"

黑羽相信，人心都是复杂的，但是在进入一个环境之后，就会潜移默化地受到影响。黑羽一直在塑造简单纯净的工作氛围，让身处其中的每个员工都能被感染。

爱语——给足员工自由发挥的空间

在公司，从来听不到任何的责骂声，甚至大声说话的声音。因为黑羽一直在给员工疏导"百分之百"的理念——对于一件事，有了百分之百的自信后再做。一旦做了，就要尽百分之百的努力，不给同事"掉链子"。在这两条简单的原则之下，in 的所有员工都能自发地运转，高效地完成各自的任务。

同事——和员工一起共同成长

在黑羽看来，Leader 这个词背后有"倚靠"的含义——一个真正的管理者要做的不是去"管"人，而是去"理"人。帮员工确立正确的方向，并竭尽全力帮助他们达成。只有这样，管理者才能得到员工发自内心的认可。

阿里创业军团

04
公司做到最后核心是品牌

与公益结缘，迈出互联网公益创业第一步

2008年，鲁达进入阿里，一待就是8年。从淘宝到支付宝，鲁达干过很多工作。正是在阿里，鲁达正式接触公益。

2012年3月，鲁达开始接手支付宝公益项目。当时鲁达几乎是从零做起，他不仅做业务规划和产品规划，还通过个人关系找开发团队。同年5月，鲁达顺利完成所有资源整合。但由于公益的复杂性，事实上这一年鲁达并没有什么大的成果。鲁达在支付宝开创了CSR、员工公益、公益品牌、e公益平台等业务品牌，为了在公司内部获取资源与支持，第一年鲁达把精力都集中在员工公益上。通过制定"引进来、走出去"的规则，引导大家参加公益，在这个过程中员工可以得到公司资助给个人的公益支持费，用法是员工只要将公益行动发在公司内网上，并获得30个以上的支持，就可以报销公益行动费用的一半，单个人上限是1000元每年。一些企业的公益部门会组织员工以企业名义参与一些公益行动，并成为企业的宣传材料，鲁达本人很不喜欢这样的做法，他觉得这就像

04 公司做到最后核心是品牌

一个公益政客,虽然在做公益,但却是在拿员工的劳动给公司贴金。

2013年雅安地震,鲁达三天三夜没睡觉,四处打电话推广稚嫩的e公益平台,筹集抗震救灾物资。三天后,e公益平台紧急募集的资金总额达到六千万元,这在公司内部造成不小的轰动。

一个公司只有一个基因、只能做好一件事,阿里的使命是让天下没有难做的生意,而不是让公益无处不在。鲁达萌生了自己出去做公益的念头。从阿里辞职之后鲁达还没想创业,只是想把公益这件事做下去。但是事情发展得并不顺利,鲁达找人聊了一圈之后,发现他们不是心理承受能力不强就是认知能力不够,要么就是整合资源能力太差,基本上没人做得了这个事情。鲁达找到在某巨头做投资顾问的朋友,他给鲁达传回一句话,说他们不碰公益。

被拒绝多次之后,鲁达决定自己创业。很多人不看好创业做公益,都说不容易,但鲁达觉得互联网公益最不济又怎么样呢?大不了就给大家留点教材,但还是要有人去做的。就算最后自己什么都没有,但是浑身都是本事,即使创业不成功,随便去哪个创业公司自己也饿不着。

在正式创业之前,鲁达对中国的公益现状做了深入的分析。他发现公益行业与社会沟通不够,公益创投、企业捐赠等都形成了一个个封闭的小圈子,这些小圈子里的项目互相称兄道弟,与社会缺乏有效的沟通。捐助人与公益人之间也形成了隔阂,一些企业、明星,经常宣称为某公益项目捐多少钱,最后却变成了空头支票。同时,公益从业人员的报酬过低,而且往往不被社会尊重。目前在民政部门登记注册的公益组织有54万家,公益从业人员有2000万人。虽然这些数字在未来还有很大的上升空间,但与公益事业发达的美国相比还有很大差距。在美国,各式各样的民间公益慈善组织多如牛毛，统计数据表明，民间组织中的 2/3 从事公益慈善事业，从业人口近 1300 万人，占就业总人口比例的 10% 左右。

基于这样的现状分析，鲁达一下子有了自信——除了自己，没人能把中国的公益做好。做公益的人，第一要懂政府，第二要懂社会，第三要懂公益，第四要懂商业，第五要懂互联网。精通这五个领域的人，在中国找不到几个，恰巧鲁达本人就是为数不多的人之一。

2015 年 6 月，鲁达的公益产品——独立公益平台正式上线，鲁达迈出了他创业的第一步。

公益如何盈利

公益领域很复杂，行业不成熟，公益组织本身素质普遍较低。公益在大众的认知中大都是和发善心、做好事、免费服务挂钩，很少人觉得它可以用来盈利。创业伊始，鲁达就和团队承诺用 5 年到 10 年的时间，使公司拿到一千倍的溢价。承诺虽摆在了那儿，但公益项目要如何盈利？

一、公益不等于免费服务

很多受助人认为免费的东西就是天上掉的"馅饼"，然而公益并不是免费的，而是一种支付转移。任何一个受助者"免费"拿到的物资与服务背后依然是有来源的，是人类社会的财富流通，并不是上帝的无条件馈赠。受助人应该有感恩之心，并知道自己消耗的财富量，有劳动能力的受助人要给予回报。

对于捐赠者而言，公益执行者并不一定是民间组织，也可以是暴力组织、商业组织，他们提供的商品服务也应该是按照市场规则进行实价购买。捐赠人应该接受执行人和执行机构正常的薪资与利润回报。

二、公益需求大

中国现在的国民分布是70%的社会人群照顾30%的弱势群体。但随着社会老龄化和劳动力淘汰的速度加快，10年过后，社会上的弱势群体将会增至70%。这些弱势群体主要依靠政府的福利生存，很少有人知道这群人的存在。老龄化时代一到，学生、低价值劳动者也会涌进公众视野，社会靠什么让这些人活下来，还能让他们活得好，让社会没有抱怨，又让他们发挥作用？

鲁达认为在这样的社会重压下，中国所面临的问题的最终解决方向可能是两个：共享经济和互联网公益。共享经济是通过重新分配，让闲置资源高效利用，这些资源其实对生产是没有意义的，只对服务业产生作用，并通过公众服务的形式消耗掉。而选择互联网公益也就意味着以后有3亿人可以靠公益来与社会产生联系，保持自己的生命力。国家需要一个系统来寻找需求，现在有雾霾检测系统，可是没有一个民情检测系统。到那个时候，公益产品的价值就难以想象。

三、公益回报

公益从业人员从受助者、社会舆论中得到的最大回报不能用货币来衡量。很多在助医、助学领域等原始行业默默无闻的人一旦从事公益，很快就能在社会地位、公众影响力等方面获得丰厚的回报。鲁达认为现阶段公益从业者经济回报率低的原因在于社会经济刚刚起步，而公众也已经通过非货币回报补偿了薪酬。未来随着社会经济的日益增长，公益从业者的货币回报将逐渐提高。

用户信赖什么样的产品

一、建立公信力

与西方相比，中国的公益与之存在巨大差异。西方有自己统一的信仰，自身的利益共同体早已经形成，只要理性分析并告诉他们解决的方法就可以。而在中国还需解释为什么要站出来去帮助他人，这样公益从业者的工作量就一下子增加了数倍。此外，中国的社会需求共识很难达成一致，本身的公益环境也很复杂。所以，很多人觉得在中国做公益很难。

公益的难点之一是如何建立公信力。针对这点，独立公益平台基于"互联网+公益"的互助新模式，对用户采用实名制。实名会员可以发起求助，求助内容不限。任何求助内容经管理员审核之后，其他会员可以看到并且可以进行回复。实名制会员也可以发起行动。但是鲁达将独立公益平台上的公益行动分为两种：一种是志愿行动，另一种是体验活动。前者是平台后台，将会记录志愿者志愿时长并提供证明，后者则没有。志愿证明在升学、就业、出国时都会起到作用。通过这样的方式，独立公益平台一方面提高了求助信息的可信度，另一方面鼓励更多的人走进公益。在如何判断会员的真实性上，独立公益平台跟政府部门合作，通过官方力量核实会员的身份、家庭背景等关键信息。

04　公司做到最后核心是品牌

二、需求透明化

在公益行业中，筹款是大众最关心的问题。解决好"钱"的问题，产品的信任度也就有了保证。中国的伪公益太多，社会没办法辨认，公益组织能做的就是透明。独立公益平台把看似简单的透明化原则玩出了新花样。

需求透明化是独立公益平台做的第一件事。独立公益平台在"免费午餐"项目上进行了尝试，将原本全国一盘棋，谁也看不清的"免费午餐"基金做成了包校。根据学校的学生数和每餐需要的成本计算出一个准确的总价然后进行募捐。模式透明、过程透明、财务透明、结果透明，通过"四个透明"让普通人也能够看懂项目的运作。

鲁达将淘宝的评价体系引入独立公益平台，并对它进行深度优化。与淘宝不同的是，独立公益平台只允许实名用户评价。同一个专案，会员无论捐多少次，只能评价一次。鲁达认为，评价代表的是人而不是钱。与淘宝的评价只能在一个月内修改和追加评价机制不同的是，独立公益平台的评价不限时，不限次数修改。如果出现公益腐败丑闻，独立公益平台会给会员发推送告知，将会出现拥有百万好评的项目瞬间变成差评的可能。

认真做一件事，愿者就会"上钩"

做互联网公益之后，让鲁达意想不到的事情发生了——愿意帮忙的人太多了。现在独立公益平台的合伙人中，有几个是鲁达之前从未谋面的陌生人，但聊了几分钟后，他们就愿意过来支持鲁达。

甚至有朋友主动找到鲁达，要给他介绍中国公益泰斗徐永光给他认识。徐永光当时在深圳开会，鲁达觉得这样的人物怎么会是自己"高攀"得上的？谁知道当天中午鲁达就接到徐永光的电话，他邀请鲁达一起吃饭。饭桌上，徐永光对鲁达的一套公益理论大加赞赏，表示不用鲁达到处奔波宣传，他会四处帮他推广。有了徐永光这个外援，鲁达的公益之路如虎添翼。

一次徐永光到浙江省开会，直接点名要找鲁达。与会领导哪里知道鲁达是谁。其实徐永光早就知道鲁达的联系方式，只是想通过这种方式，让更多的人知道鲁达这号人物的存在。这一招果然奏效，鲁达的名字在业内很快被熟知。深圳市领导也邀请鲁达过去，他们很需要这样的人才。

所做之事的本质在一定程度上决定了胜利的程度。鲁达很幸运，每次到了节点，就有人主动带来资源帮助他渡过难关。创业伊始，鲁达没钱没人没地方住，到后来有人主动找到他，免费给他提供办公场所。甚至，小到一个视觉设计图都会有人来帮他做。鲁达之前的同事听说他需要视觉设计，在还未谋面的情况下就给他做了两张图，走的时候还对鲁达说，因为上下级的关系，不能直接帮他做，不过如果鲁达想要找开发的人他可以帮忙定价。对于这样的帮助，鲁达感到不可思议，但总会有各种各样的人来帮忙。

很多人害怕跟政府打交道，觉得很难。但鲁达的独立公益平台却是一个例外。独立公益平台上线不久，鲁达到下城区找一位关系不错的教授聊天，几句话聊下来，那位教授就送了鲁达一间办公室和几台电脑。后来民政局局长来找鲁达，一个小时聊下来，局长对鲁达的想法思路表

04　公司做到最后核心是品牌

现出极大的兴趣，短短二十几天，民政部互动就做了起来。在支付宝公益多年积累的工作经验使鲁达更好地了解大众的公益需求，也让很多人愿意相信他。

一些投资人在产品早期就找到鲁达，表达出想要投资的愿望。当时鲁达正在专心做产品，并没想过融资这件事情，投资人主动找上门来，这让鲁达觉得不可思议。

公司做到最后核心是品牌

鲁达认为，公司做到最后，核心是品牌。所谓盈利就是品牌溢价。一个公司所有的经营行为都是为了品牌，雇主的品牌也是品牌之一。用户对于产品的信任感大多来自于品牌。

公益 90% 做出来的东西是令人不满意的。公益跟商业不一样的地方在于商业提供的是成熟的产品，而公益提供的产品大多还只在测试阶段，谁也不知道能不能成功，但是不能没人去做。商业产品和公益产品相似的是，二者都需要品牌。淘宝假货很多，但是大家还是会去淘宝买，主要是因为品牌。

平台型的企业跟用户之间有三层平台关系：第一层是主平台，比如淘宝、京东这些平台，卖家和买家使用淘宝是因为淘宝有规则，比如退货规则、交易规则等；第二层是店铺平台，例如淘宝上有大店、皇冠店、官方旗舰店等；第三层是商品平台，客户到平台上购买产品，这个产品可以是任意平台任意店铺的。信任度就由这三个平台的综合选择来共同打造。对于一个整体的品牌来讲，店铺品牌企业是受伤害最严重的，因为最后用户认可的是商品品牌。在淘宝上卖得很好的产品有人独立开店售卖了，但是也可以在京东上开店，用户就不一定一直在淘宝的店铺上购买。现在所谓的扶持小品牌就是打压大品牌，在跟大品牌博弈的过程中找帮手，一个再牛的店铺品牌都会受商品品牌的影响。店铺品牌出逃，存活率基本为零，但是商品品牌出逃存活率就很高。很多品牌跟淘宝撕破脸皮，跑到京东开旗舰店后商品的销量也相当可观，所以用户最终关注的是产品。目前淘宝用旗舰店的模式来经营店铺品牌，但是商品品牌又在"反吃"店铺品牌，店铺品牌是最弱势的，能够和平台叫板的也就只剩下平台品牌和商品品牌。所以，对于企业来讲，品牌才是核心竞争力。

在如今这个分工明确的社会，用户只要是在一个方面对产品信任就足够了。对于公司员工来说，他只需要知道自己在公司里面的能力能发挥80%，公司欠薪的概率是20%，做无用功的概率是15%，就可以建立所谓的信任。世界上不会有完美的公司，也不会有完美的品牌。经营品牌就是创业者一切努力的过程。有时候创业者的努力不一定会拿到好的结果，但是只要比竞争对手做得好，品牌就可以做起来，这就是品牌的经营之道。

事情不要做得太满

创业过程中普遍会遇到的坑，鲁达也大都经历了。除此以外，他还遇到过一些非典型的坑，这主要是因为互联网公益本身的复杂性，导致消耗了大量的时间在产品数据结构、数据模型以及用户行为的定位上。但鲁达认为这样的学费交得值。如果创业者兴高采烈地融了几千万元，

04　公司做到最后核心是品牌

冲到最后发现原来想象空间那么小,本来是打算5到7年做到一个巅峰,结果只用了3个月,冲到山顶发现山好小,从头再来那就更惨了。创业的时候,没办法判断哪些是小坑哪些是大坑,只能兵来将挡水来土掩。一次次的过关填坑,使得公司团队快速试错的能力和快速避险的能力特别强。

目前为止,独立公益平台对于救助对象还没有做过具体统计。现在产品救助对象种类很杂,方向也杂,救助的理由更是多如繁星。"独立公益平台"目前有很多集合模式:理念集合、社区集合、地域集合、情感集合、熟人集合,但是最后采用哪种方式,鲁达还没有最终决定。不过鲁达心态很平和,他让独立公益平台自己再"浸泡"一下,不需所有事情做得太满,永远要留一点,没有必要都到达金字塔顶层。

当一个人认真做一件事情的时候,世界也会为你开道。鲁达凭借着对公益的精准定位,对用户需求的优质满足,对品牌的精心打磨,使得独立公益平台成了互联网公益的新标杆。

阿里创业军团

05
互联网行业唯快不破

对互联网"一往情深"

泽天，80后，水瓶座，爱自由，爱想象。高中时候的他是学霸，每天都围着书本转，害羞内敛。但是进入大学后，他突然意识到要改变自己的处事方式，要用更开放的心态去接触更多的新鲜事物。在身边同学的带动下，泽天开始组建团队，摸索着在学习之余，怎么赚点"外快"。但是，阅历尚浅的他，在迈出第一步的时候，就遭遇了人生中第一个骗局。

在大学期间，泽天认识了一位"年轻有为"的大哥，在这位大哥的怂恿下，他向自己身边的朋友借了8万元，打算一开学就在杭州下沙的6所高校里卖移动卡。可是，让他万万没想到的是，在他交付了押金，准备工作就绪之后，这位大哥就再也联系不上了，泽天这才意识到自己遇上了骗局。8万元的借款，怎么办？泽天不敢告诉家里人。无奈之下，他开始在学校里摆地摊，筹划着自己一点点挣钱。有趣的是，在摆地摊的过程中，泽天竟然发现了新的商机。当时他从毕业班那里收来了一大堆旧书，准备当废纸卖。书太多，没地方放，于是他就干脆都堆在了寝室楼下，结果，才放上没两天，就不断有同学主动上门来买。他灵机一动，既然有这么多人需要，那为什么不干脆在学校里开一个二手书店？

于是，泽天在学校里租下了一个房间，开始卖二手书。正是在这个时候，创业的种子开始在他心里萌芽。

在经营二手书店的过程中，泽天认识了很多同在杭州下沙创业的朋友，大家在接触中，总会碰撞出新的创业灵感。慢慢地他们发现，很多大学生都在课余时间找兼职，但由于信息不对称，在寻找的过程中总少不了走弯路。于是，泽天带着几个朋友成立了"创之旅"工作室，专门对接公司和学生之间的需求。与此同时，闲不下来的他还在学校里开了一个专门卖数码产品的实体店，两份工作同时"开工"，一番打拼之后，泽天靠着自己的努力还清了所有的债务。

但是，在经历了阶段性的成功之后，他已经不甘心继续把自己"圈"在一个实体店里，他想要借着当时正热的互联网浪潮寻找更多可能。

在泽天心里，只要学会写代码，拿着一台电脑就能走天下。当时，淘宝已经在国内火了起来。他想，自己也要做一个网上商城，专门卖数码产品。想法虽有了，但是资金怎么办？当时还没有投资概念的泽天带着几个同学直接跑到了银行，一开口就是："我要贷100万元。"银行工作人员一听，再抬头看了看青涩的他们，"几个毛孩子居然想贷这么多钱，太不靠谱，不贷！"

贷不到就贷不到吧，泽天只好一边经营，一边通过其他方式筹集资金。但是，生意场如战场，仅有冲劲是远远不够的。经营没多久，泽天的创业就以失败告终了。

这次失败，对泽天打击很大。但他始终认定，互联网这条路一定要走下去。在深刻反思之后，他把失败的原因归结为团队欠缺技术，研发不出产品。于是，物理专业出身的他，决定恶补自己在计算机知识方面的短板，仔细考虑之后，泽天决定考研。

2009年，泽天顺利考入浙江大学，主修计算机专业。对互联网行业的执着，激发了他的学习热情。正是那段时间的沉淀和打磨，为泽天之后的互联网之路打下了坚实的基础。

互联网行业唯快不破

从浙大毕业之后，泽天先后在IBM、阿里奋战过。几年的从业经验告诉他，互联网时代，唯快不破。

作为一家世界级大公司，IBM拓宽了泽天的视野，在不断地观察和探索中，他更加确定自己想要的是什么。在阿里，自由高压的工作氛围，激发了泽天创新的激情，增强了抗压的韧劲，阿里的公司文化对泽天产生了潜移默化的影响。

"互联网时代快者为王"是QC HOUSE教会泽天的制胜要诀。而QC HOUSE的那段创业经历，为他之后的创业之路埋下了伏笔。

泽天创建QC HOUSE出于偶然。在巧合之下，泽天认识了一位正在准备"收官之战"的合伙人，两个人讨论之后发现当时中国的理发行业存在很大的问题。每个人去理发店理发时都会遇上各种"被推销"——在绩效考核的重压下，每位理发师在给客户理发时都会频繁地推销各类护发产品、美发产品以及各类套餐。每个客户遇到这种情况时，在感到"厌烦"的同时，还有些不知所措。他们并不知道，理发师给自己推荐的到

05　互联网行业唯快不破

底好还是不好。对此，泽天发现理发行业存在很多不够透明的地方，而互联网的力量正是要解决信息不对称的问题。于是，他决定抓住这个行业的痛点，借助互联网的力量去做点什么。

当时，泽天有两个目标：第一，帮助客户减少各种推销的打扰；第二，对各个理发店进行标准化管理。在借鉴了日本快剪行业的经验之后，以10分钟剪发为特色的"QC HOUSE"于2014年正式成立。Q（QUICK）寓意快捷时尚的服务；C（CUT）寓意只提供剪发服务，不染不烫不洗不吹。

2014年11月28日，QC HOUSE第一家门店在杭州下沙正式开业，但是，在开业第一天却遇上了前所未有的"尴尬"。"10分钟理发，靠谱吗？""剪这么快，肯定剪不好。"在开业第一天，看热闹的人有，但是剪发的人没有。无奈之下，开业第二天，泽天只好想出了免费这一招——他看到周围有一群正在下围棋的老大爷，就提出免费帮他们剪头发，结果剪完之后，大家都觉得不错，于是慢慢地，越来越多的人开始接受10分钟剪发这项"又快又好又便宜"的服务。开业第三天，理发店人满为患。

为了帮助客户缩短等待时间，QC HOUSE推出了自动售票机，每位客户都可以自行买票理发。虽然只是一个看似简单的创举，但却极大地提高了理发师的工作效率，节约了客户的等待时间。

2015年，QC HOUSE已经在全国开设了200多家店。但是泽天却依旧觉得，这样的扩建速度在互联网行业还是太慢。为了跟上互联网发展的节奏，重新选择创业方向的念头开始在泽天心里萌芽。巧的是就在这个时候，一家做按摩椅的公司主动找到了泽天，问他是否能够帮助他们设置一套类似于自动售票机的系统。这一问，一下子就激发了泽天的创业灵感，他由按摩椅推想开，发现可以投放运用的场景特别多。未来，虚拟消费一定是大势所趋，人们会越来越依赖手机，打开手机扫码付款将会成为一种常态。未来任何设备要想实现智能化支付都必定会运用这套系统。多方考虑之后，泽天决定："那我就来做这个桥梁的角色吧，把这件事做成！"

所见即所得不是"天方夜谭"

出于对更大发展空间的渴求，2015 年泽天离开了 QC HOUSE，开始研发自己的另外一个项目——智能云，杭州速豆科技有限公司由此成立。

在研发这个项目之前，泽天发现机场里摆放着很多需要付费才能使用的按摩椅。提供按摩椅的商家只能通过管理员来收回用户投放在机器里的钱，然后再分别报给财务进行统计。但是按摩椅的数量规模太大，且分布位置十分散乱，商家无法实时监控按摩椅的运营情况，甚至连机器是否完好都无法及时获悉。

在共享经济时代，泽天预感到，颠覆人们使用习惯的时机已经到来。相较拥有权而言，人们更加在乎使用权。在快节奏的生活里，能够便捷地使用一件物品，解决"燃眉之急"，是每个人都存在的需求。泽天要借助智能云的力量，让"所见即为所得"。

泽天要做的是打造一个让商家和客户都能获益的平台，这个平台以智能云为技术依托，通过对商家的设备进行改造，帮助客户享受到"扫码付款之后便能使用"的便捷服务。这就回到了文章开端时的情境——用手机扫完二维码就能端走热乎乎的咖啡，开走备好的车子，享用按摩椅的服务。人们的生活质量和效率都将得到极大的提升。

05　互联网行业唯快不破

对于商家而言，他们在使用速豆提供的设备之后，就能通过速豆的后台监管系统对每一台设备进行实时监控，第一时间了解到每一台设备的盈利情况和使用频次，在省去财务统计汇总工作的同时，工作效率将有极大的提升。

2015年8月，速豆科技正式启动智能云项目，历经一个月的打磨确定下了原型，在经过一个月的测试之后，终于可以投放使用。同年11月，已经有两大商家主动找上门，要安装智能云设备。

截至2015年年底，速豆已经能够实现的运用场景是按摩椅运用扫码支付和减肥机使用扫码支付，自动洗头机和智能充电桩正处在筹备阶段。每个月，速豆都会基于设备的运行情况，对智能云项目进行优化升级。2016年，泽天将加大铺设力度，将智能云投放到多个不同的运用场景中。

在产品技术已经成熟的情况下，泽天这才决定"往投资市场跑"，在找到合适的投资人之后，他将继续升级智能云版本，以此来满足用户更多的个性化需求。

在泽天看来，智能云能够延伸出的应用场景实在太多，这意味着速豆在未来有着极大的市场发展空间。目前，速豆的主要客户是创客、硬件厂家。速豆和他们的合作方式分为两种：第一，为厂家提供解决方案，并从中收取费用；第二，为厂家提供硬件设备，根据模块运用设备的功能收取费用。但是，在接下来的发展中，泽天将往免费方向发展。

全国范围来看，速豆推出的"支付购买"项目并不算首创，但是速豆的核心竞争力在于专门为中小型企业服务。目前很多中小型企业都有借助互联网实现支付购买的需求，但是对它们而言，硬件设备的成本太大，且存在风险。但是，和速豆合作之后，他们所需支付的费用将大幅降低。

053

2016年，对速豆有着非凡的意义。积蓄起足够力量的速豆将迎来全新的挑战。泽天将紧抓"互联网行业唯快不破"的规则，快速发力。在2016年，泽天计划在全国范围内铺设6万台设备，并把每一台设备都作为一个流量的入口，让每位用户在运用产品的时候都能成为速豆的粉丝。这样一来，时间的积累和规模的扩张，都会使速豆的粉丝量呈数量级增长。基于数据沉淀，泽天将会继续研发延伸产品，将数据价值最大化。

智能云这个项目最大的意义在于，能够将线上和线下打通。速豆目前研发的智能云项目的核心是平台，但是，泽天却坚持"纯线上的玩法太危险"，因为在选择丰富多样的当今，用户的忠诚度都极低，任何一个纯线上的平台都无法长久地立于不败之地。在积累起一定粉丝数量之后，泽天将以智能云的硬件设备为纽带，把线上和线下彻底打通。

未来，任重而道远

目前，速豆科技还处在起步阶段，为了保证公司正常运转，在正式启动融资之前，泽天一边带领着团队研究项目，一边接一些外包的工作。

对于一个处在起步阶段的创业团队来说，资金紧缺是最大的难题。而在这样的情况下能找到一帮愿意跟着创业者一直往前走的人十分难得。对此，泽天一直很珍惜。

即使处在公司最艰难的阶段，团队里的每个人依旧像陀螺一样充实而快乐。这其中最大的原因，是泽天对"开心工作"这一公司文化的坚持。在阿里奋战近两年，阿里自由的工作氛围给了泽天极大的影响。所以，在自己创建公司、带领团队时，泽天习惯把轻松的工作氛围带给每位员工。

05　互联网行业唯快不破

他始终相信，当一个公司处于起步期时，让大家一起高效地参与到项目中才是最重要的事。只要大家在规定的时间内完成各自的任务，就能自由地支配自己的时间。而决定一份工作是否会让员工感到压抑的核心因素，并不是公司的工作氛围，而是创业者自身的影响力，"跟着一个什么样的人"很重要。

为了让员工带着轻松的心态去工作，泽天常和员工在一起玩闹，在工作之余，他常会组织公司员工一起去唱歌、做游戏。有时候他甚至扮演起逗员工的"开心果"的角色。他相信，员工的自主性并不是来自上级的施压，而是全靠自我驱动。目前，工作团队里不但有成熟稳重的80后"大叔"，也有活泼好动的90后"小鲜肉"，每个人都能在团队中找到自己的位置，并自行运转。泽天一直跟他们强调的是："每个人既然都走上了工作岗位，就该为自己的工作负责，要做就做能拿得出手的作品。"

"因为有了经历，所以才简单，简单才会快乐，才不会被心所累。"这是泽天对生活的态度。无论是迂回多变的创业路，还是弥足珍贵的兄弟情，泽天都喜欢用"简单"的态度去应对。把所有的经历都当做是对自己的一种历练，是他面对挫折的态度和宣言——"经历得太少，鸡毛蒜皮才都是事。"

现在，90后已经开始陆续走上工作岗位，冲劲正足的他们成了社会的新兴力量。对此，泽天身边常有朋友产生这样的担忧："感觉自己开始变老了。"对此，泽天却很乐观："不要怕，80后最好的时代还正在路上。"

阿里创业军团

06
商业模式不断升级才能生存

清楚自己要什么才能精准定位

在进入阿里之前,周楷程做过国际贸易,和朋友合伙开过网络公司。虽然每份工作都顺风顺水,但是,内心不安分的他,渴望着更大的挑战。

2004年9月,周楷程在"人才网"上看到阿里的招聘广告——"拥有互联网经验,敢于挑战年薪20万元",周楷程一看,心想,要不趁着这个机会,干脆去阿里这个大平台上看看?

于是,他果断从网络公司里撤了出来,决定加入阿里。

在阿里的6年里,周楷程一共换了8个城市,工作岗位也从最初的中供销售一路做到了大区副总。

然而,在2011年的时候,周楷程慢慢感觉到自己在阿里的工作遇到了瓶颈,即使再努力做下去,上升的空间也已经不大。就在这个时候,他内心不安分的念头再次开始萌动,要不干脆自己出来干!

从阿里离职之后,周楷程其实并不知道自己创业的方向在哪儿,但是他心里一直有一个明确的目标——"干一家上市公司,无论什么行业都成!"

一开始,周楷程想要借助自己多年在阿里积累下的经验,发挥市场拓展这一强项,为企业做市场培训。但是,他转念一想,这样的模式一定会在不久的将来被视频教学替代掉。一旦往线上模式走,自己就没了优势。

巧的是,周楷程合伙人的妻子在杭州做琴行生意,收益还不错。周楷程得知后,脑袋里灵光一现,或许可以试试看?在有了这个念头之后,周楷程对市场进行了研究,他发现,钢琴的市场规模极大,几乎占到了乐器市场的一大半,而钢琴的学习时长一般在三到五年,投进去的成本,基本上都能收回来。其次,钢琴的价格偏高,一般能有30%—45%的毛利。再者,钢琴的运输和售后服务都是独立的体系,属于京东和天猫不会切入的领域。

这样一仔细分析,周楷程立马有了斗志,有了方向,那就立马去干。

义无反顾做一件事的时候,世界也为你开道

当时,周楷程和6个从阿里出来的"战友",在北京五环外的一个老小区里,租下了一幢破旧的小别墅,开始筹划做平台。三天停电、五天停水、六天断网,一到下雨天,屋里就开始下小雨,条件比较艰苦。有一次,两位投资经理人过去谈业务,结果刚往沙发上一坐,电就停了。当时正是7月份,空调一停,屋里立马闷热难耐。两位经理人,一边咧着嘴擦汗,一边一个劲儿地摇头:"热点倒不怕,我担心的是,你们这样的条件,真的能办公?"

简陋的办公环境,让周楷程在招人的时候,也碰了一鼻子灰。他打电话邀约了1000个人,只有200个人口头答应愿意加入,但是真正能走到小区门口的,只有100人,再从小区门口走到别墅,最后进到公司里面,愿意坐下来聊聊的,只剩下25人。

除了招不到人,周楷程在当时还面临着巨大的市场压力。在刚起步开始创业的时候,钢琴市场还十分混乱,为此,周楷程没少吃苦头。

其中有一次,周楷程和中国台湾的一家口碑不错的企业合作,对方承诺让星空琴行做五省一市的经销。在签订经销协议之后,周楷程开始带着团队做市场开发,当慢慢开发到客户之后,对方的中国区总监突然对周楷程说:"我跟你签过协议吗?"周楷程一听急了,立马把协议拿出来给他看,结果对方冷哼一声:"哦,真签过啊!对不起,我们现在不认了,我们不供货了。"

像这样的冷遇,周楷程遇上的不止一家。他一想,不能这样下去,得想办法突破,杀出去,重新定义这个行业的玩法。

创业之初,周楷程就拿到了王啸100多万元的天使投资。

当时,中国一共有4万家琴行。周楷程利用地推的方法,用4个月的时间就整合到了5000家琴行。他当时心里盘算着:"要是这5000家琴行里有1000~2000家愿意跟我合作,就算一家琴行一个月卖一架琴,那我就是中国最大的渠道商。而且,我们可以帮他们导入学生,一个学生我们抽100元钱,也可以很赚钱。"

可是,周楷程的这盘小算盘却没能打响。他们给琴行导入的900多个学生,没有一个转化。再继续做下去,周楷程渐渐开始明白过来,搭平台这条路是走不通的——所有的学生都是老师在操控,学生买什么琴,

06 商业模式不断升级才能生存

要不要上这个课,都是老师在决定。这时,周楷程开始质疑当初的战略,花了大半年时间才搭建起来的平台,意义何在?可是这个时候,100多万元的天使投资早已用完,所有合伙人的钱也都耗尽。接下来的路,继续走,还是就此打住?向来喜欢挑战的周楷程,没有放弃。他决定,就算是跪着也要想办法让公司活下去。大不了输到底,卖了房子还债,自己再重新去找工作。于是,他决定赌上一把。

为了把公司养活,周楷程办了"成人速成班",开始在杭州多幢写字楼里设置线下体验店。白领们通过在线预约,利用周末的时间到体验店上课。这在当时是比较创新的模式,没过多久,周楷程就收到了巨大的利润回报。但是,这个模式的痛点是,虽然能赚钱,但是流量很有限,没法做出很高的成交额,这哪能满足周楷程创业的"野心"?

周楷程就开始盘算该怎样转型的问题,当时一起创业的合伙人建议,既然线上流量小,那还不如直接走线下的模式。周楷程一听急了,这样一来,那跟培训机构有什么区别?之前那套商业模式不就不存在了吗?周楷程始终坚信,只有线上和线下结合才能把规模做到最大化。

2013年春节前,"琴语琴愿"开始正式转型。周楷程预备把线下体验店迁到商场。合伙人和天使投资人各投了100万元之后,时代广场的体验店终于开了起来,星空琴行的雏形这才形成。进入商场之后,周楷程终于放大了成人模式,实现了大量买课的疯狂盈利方式,这一转变,让周楷程看到了新的希望。近两三年,Shopping Mall开始逐渐从百货向亲子转化,周楷程敏锐地抓住了这一时机,把线下体验店铺进了Shopping Mall,开始推儿童一对一的上门服务。从搭建平台的"琴语琴愿"到O2O模式的星空琴行。这一次,周楷程终于走对了。

创业之初依然遇到供应商全国供货的问题，仔细琢磨之后，周楷程使出了"圈货硬做"这一招。做到最后，所有厂商发现，他们前四位的经销商是一个客户——星空！在被"逼"到这样的绝境之后，厂商们无论愿意与否，都只好跟星空合作了。在采用这样的方式对钢琴市场进行"狂轰滥炸"之后，周楷程带着团队彻底改变了经销商机制。

如今，星空琴行儿童学员和成人学员的比例为1∶10，但是营收却刚好相反。"买琴与否"造成了其间巨大的反差。参加星空琴行课程教学的成人学员主要有三类：年轻白领；陪孩子一起学的家长；六七十岁的老年人。他们上钢琴课的目的多是出于社交需求，除了平时上课之外，并不会花太多的时间和精力在钢琴上，"买琴"是一项不必要的奢侈消费。但是，儿童就不一样。他们报名参加钢琴课程学习，多半都是冲着考级而去，"买琴"是一项投资消费。

为了最大化实现"购买钢琴"的转化率，周楷程精心"布了一个局"——押金。儿童在星空琴行学习钢琴的第一年是不需要购买钢琴的，只要付完押金就能把钢琴抬回家。因为付的是押金，多数家长并不会产生"货比三家，哪家便宜买哪家"的比较心理。一年之后，星空琴行再将琴收回，在这个时候，家长有的干脆再花一部分钱把琴买下，或是退回琴拿回押金。由于每个人对自己使用习惯的乐器都会产生一种偏爱，家长们一想反正自己的孩子之后都要学，不如干脆把钢琴买下来。这样一来，星空琴行只需要把押金单换成收据就行。"买琴"的转化率一下子就高了起来。而这正是星空琴行巨大的盈利所在。

目前，星空琴行的教师团队也初具规模。

"成人班"和"儿童班"各有全职教师200多人，兼职老师超过千人。

06　商业模式不断升级才能生存

为了实现更高效的教学服务，星空琴行成立了行业内水准最高的教研团队，来专门负责各位教师的考核、内训与评级。另外，为了给客户提供更精准的服务，星空琴行在两支团队的管理风格上，也有很大的差异。

负责"成人班"教学的教师，需要更多的社会阅历和社交技能，能让所有上课的学员在课程中感受到快乐，并保证学员在最短的时间内能学会尽可能多的曲子，便于在不同社交场合"展示"。此外，星空琴行还会不定期在线下组织户外烧烤、相亲会等活动，尽可能多地让大家玩在一起。但是负责"儿童班"教学的教师，则需要更加专业的素养，能够帮助学生考级成功。

星空琴行的竞争力，除了一流的教师团队和专业课程服务之外，最核心的，是拥有极强的执行力和超高的效率。这是周楷程和创业团队从阿里磨炼出的能力。

周楷程是一个商业模式迭代能力很强的人，这使得星空琴行的商业模式能够不断地升级，也是星空琴行的估值能够不断飞速上升的原因。回顾星空琴行一路的商业模式，除了团队和"钢琴"这两个字没有变化之外，其他的一直在改变，一直在变的星空琴行的生存法则，也是核心的竞争优势。从平台搭建到线下体验店，再到接下来即将实现的"艺术培训撮合平台"，一路波折，每踏出一步，都是实现0到1的开拓。在这个过程中，周楷程一直不曾放弃，因为他很清楚自己要的是什么。他坚信，当一个人义无反顾去做一件事的时候，世界都会为你开道。

"做一家上市公司"是周楷程创业的目标，也是他一直奋斗的标杆，但是伴随着星空琴行的成长，在经历过峰回路转之后，周楷程发现，自己创业的目标已经悄然发生了变化。就现在而言，他最希望做的，是让每个在星空琴行上课的孩子都感觉到快乐。在他的理念里，产品好坏与否唯一的标准就是"孩子是否开心""客户是否开心"。一路走到今天，再回头看的时候，周楷程发现，自己其实早已没有了退路。如果这一路的挫折，不咬牙走过来，星空琴行稍微出现任何的运营危机，那这几万个在星空琴行报了名开始上课的孩子该怎么办？

一次，周楷程和客户聊天，无意间，客户这样对他说道："这里的孩子，在你们看来只是众多学员中的几万分之一，但是对于一个家庭而言，一个孩子就是百分之一百。对于家长来说，他们最在乎的，并不是课程的价格，而是孩子只有一个四岁，或一个五岁，一旦过了这个年龄段，再来学习，就会错过很多。"

在这样的责任驱使下，周楷程有了强大的动力，去继续做好星空琴行的每一项工作，把服务做到最精细。让每个孩子在星空琴行能快乐成长，这是周楷程最大的目标。

从不为融资而融资

公司的发展史，最早拿的是九合创投王啸100多万元的天使投资，2013年9月拿到顺为的A轮融资，2014年拿到蓝驰领投、顺为跟投的500万美元B轮融资。2015年6月10日，完成C轮2000万美元融资，星空琴行在融资上一路都走得十分顺畅。

在周楷程看来，融资没有任何捷径可走，不能为了融资而融资，最重要的有三点——在市场上有没有价值；自己的团队成员对产品是否认同；告诉投资人用户价值在哪儿。任何投资人最看重的终归是回报，所以在最开始的时候，就要让投资人看到清晰的商业模式和持续产出的势能。

在第一轮融资的时候，雷军曾问了周楷程这样三个问题：

"第一，这个市场能不能开拓50到80家店出来？第二，这个团队有没有能力开50到80家店出来？第三，能不能做出一个月50万到80万元的流水？"

为了实现以上这几个目标，周楷程一直在进行商业模式迭代。从A轮融资时的钢琴连锁机构，到B轮时的向O2O模式转型，再到C轮时线下体验店全面铺开，每一次融资时，PPT展示除了"钢琴"两个字不变之外，其他的始终在变。

据周楷程估计，中国目前的钢琴培训市场份额在300亿元左右。接下来，周楷程将通过加盟和渠道的方式，打开三四线城市市场。他希望，在3年之后，星空琴行能拿下全国10%~30%左右的市场，做到一家独大。

百炼成钢并没有捷径可走

从最初的"稀里糊涂"做平台，到如今清晰的市场定位和成熟的商业逻辑，周楷程终于百炼成钢。从开始创业那天开始，他就从没想过要回头，在他看来创业就是一生。一路披荆斩棘，创业的原动力十分重要，所谓原动力，就是一个人愿不愿意全力以赴，卖掉所有家当去实现一个梦想。

每个人在开始创业之前，必须想想当初自己为什么要做这件事？意义在哪儿？想要改变什么？周楷程曾听身边的人谈起，有的人是因为找不到工作，才去创业。这样的动机，在他看来十分可笑。创业等于去做一个导演，当一个人连演员都没做明白的时候，就想直接做导演，这个事情是不现实的。所有的创业只有上市或是被收购才算得上是完满的成功，而能做到这一步只有1%的概率，自己所面临的局面再严峻不过。但是，他愿意一路去尝试。走不通的时候，就停下来想想，是不是该换个方向。

作为一位成功的创业者，周楷程身上有着明显的特质——内心强大的格局和极强的学习力。

财富释放，是周楷程一直在践行的事。他始终坚信，一个优秀的CEO一定是能够进行财富分享的，如果把股票份额看得太重，牢牢拽在自己的手里，十分吝啬和投资人分享，是绝对无法将公司做强做大的。就像马云，虽一手创立了阿里，但他手里也只有6%的股份。

手机不离手、电话不间断的周楷程最喜欢的时间，是坐上飞机的那一两个小时。在那段时间里，他可以不受任何的干扰，把自己完全投入到学习里。在最短的时间里，高效吸收尽可能多的知识。"挤时间学习"是周楷程每天都在坚持的事情。不常参加社交活动，并不是因为他在刻意保持低调，只是他对"有效社交"有着严苛的要求。他始终坚信，每个人的时间都是有限的，去参加任何社交活动只有两个目的，一个是去"讲"，把自己沉淀的经验和知识分享给别人，能对听的人起到帮助作用；另外一个是去"听"，带着目的去听别人如何讲，汲取尽可能多的知识。除了这两者之外，其他的交流其实都是没有意义的。而周楷程"吝啬"自己的时间，并不愿浪费有限的时间。快节奏的生活里，每天都有新的思潮涌现，作为一家企业的CEO，是"掌舵"的人，如果不通过学习来快速更新自己的知识体系，思维就跟不上运转。这个时代，笑到最后的，大概就是那些学习能力超强，对自己又相当自律的人吧。

阿里创业军团

07

二手车市场:"慢就是快"

三度创业，最终锁定汽车二手车市场

入职——辞职——创业，在正式创建车猫之前，黄巍曾三度陷入这样的循环里。内心不甘于平凡的他，总是在寻找着更新更大的挑战。

1994年，毕业于浙江大学内燃机专业的黄巍，加入了一家国企，从事摩托车、汽车的销售工作。但是，黄巍却不安于此。他总觉得，趁着年轻，总要干一番大事业。

用心在哪里，收获就在哪里。一次偶然的机会，黄巍得知身边的几个朋友正打算自己创业，建立一家软件开发公司。他当时一听，立马内心澎湃——自己在大学里自学的计算机软件知识终于有了用武之地。于是，没有过多的犹豫，黄巍选择辞职，一心创业。

出乎意料的是，公司成立没多久，就凭着不俗的业绩，被阿里"相中"并一举收购。于是，黄巍的第一段创业路在喜忧参半的复杂情绪里画上了句号。没有过多的犹豫，他选择跟着自己"一手拉扯大"的公司一起进阿里。

07　二手车市场："慢就是快"

然而让黄巍苦恼的是，阿里的工作氛围和工作机制与自己之前所预想的有很大差距。黄巍耐心地磨合了两年，终究还是觉得无法适应。于是创业的念头再次在他心里萌动。一番考量之后，他决定：遵从自己内心的选择——辞职！

从阿里离职之后的黄巍，迅速开启了自己的第二段创业路。

这一次，他选择切入的是信息技术领域。从0到1持续奋战五年之后，公司的发展终于趋于稳定。多面能手黄巍在打理公司日常事务的同时，渐渐把重心放到了PE投资上。不巧的是，当时恰巧赶上股市低迷期，投资行业的竞争日趋激烈，合适的项目也不多。黄巍转念一想：不如干脆跳出去，自己接着创业！

可是，这次要选择哪个领域呢？

打定了创业主意的黄巍，却没有创业的方向。细细考虑一番之后，他决定先看行业——老百姓日常生活永远绕不开的"衣食住行"，想办法切入到其中任何一个领域，肯定都会有发展空间。

机会总是留给有准备的人。一天，黄巍和一帮从事汽车行业的朋友吃饭，推杯换盏间，他突然灵光一闪，"车"不正是衣食住行中的"行"吗？正好在学车的他，似乎突然有了方向，他立马打电话给自己的教练，问："教练，与汽车行业相关的最新材料，您那边有吗？"教练回答："有！"于是黄巍当天就从教练那里拿到了一堆行业报告，一番研究之后，他的兴趣一下子就被激发出来。黄巍实在按捺不住内心的冲动，立马直奔德国、法国、美国、加拿大、日本、中国台湾——他一口气把全球汽车行业做得好的地方都跑了一遍，逐个"摸清"发展行情，仔细观察有哪些商业模式可以效法。

回来之后，黄巍激动地跟自己的兄弟说："可以搞，机会太大了！"

在调研市场的过程中，黄巍发现汽车行业从生产制造、销售、流通、后市场，最终到车辆解体，是一条庞大的产业链，而在这条产业链里可以切入的点非常多，市场空间也非常大。

黄巍结合自己的优势，转念一想，新车电商需要很强的技术积淀，做起来非常难。而新车交易基本上都被4S店垄断，短时间内要想撬动交易格局，可能性太小。再往下研究，黄巍突然眼前一亮——二手车！汽车在进入流通领域之后就没有了太多限制，只要懂车的人都能做，门槛相对较低。另外，黄巍在调研市场的时候发现，美国二手车的交易量是新车的三倍。此外，二手车是汽车后市场的一个重要入口，购买了二手车之后，后续将有庞大的保养、维修、金融贷款等需求。而这将会带来巨大的商机。

黄巍还通过专业渠道了解到，当时中国汽车保有量近1.2亿辆，每年以2000万辆的速度增长。中国人从一手车到二手车买车的年限在5.6年到6年之间，按这一比例计算，在未来3到4年内，中国新车和旧车交易量的总体比例将达到1∶1。目前，美国的比例是3∶1，日本则是2.5∶1，这意味着汽车将成为一种消费品，而不再是一种资产。但当下在中国，汽车和房子一样仍然属于资产。

因此，黄巍认为，未来人们将更多的是"使用"汽车，而不是"拥有"汽车。这意味着在中国，汽车从"资产"到"消费品"的转折点已经到来，随之而来的是，汽车更新换代的速度也会加大。如此一来，汽车行业的交易模式、交易频率都会发生巨大的变化，一个行业的机会点也就出现了。

07 二手车市场："慢就是快"

有痛点，就有机会

确定了具体创业方向的黄巍，找到另外七位在阿里工作了多年的老朋友，商量着一起来做"二手车认证"这件事。团队组建完成之后，黄巍与合伙人投资了 200 多万元作为启动资金，开始新一轮的创业。

但是，在这个项目启动之初，黄巍意识到整个二手车市场还处于"待教育"阶段。自己首先要做的，就是用最小的成本让整个市场接受二手车网上交易这样的新模式。于是，起步阶段，黄巍没投入太多资金。他用"投小钱，多尝试"的方式，来测试行业"水"的深浅。

"通过 MVP（Minimal Viable Product，最小可行化产品）和可帮助判断的数据（而不是 vanity data）检验你的假设。成功则继续，失败则调整甚至转型。"黄巍的做法，无疑符合《精益创业》的思路。

在整个探究消费者需求的过程中，黄巍对市场进行了大规模的调研，以线上线下相结合的问卷形式，"摸清"用户的痛点。根据问卷调查的数据显示，70% 的用户在购买二手车时，最大的障碍是"不了解车况也不懂车，不确定在未来的使用过程中，车是否会出现质量问题"。和新车不同的是，二手车是一个已经被用过的旧商品，在修理翻新之前，有的曾经历过"撞击、泡水、火烧"等一系列的"灾难"，这导致车子在今后的使用过程中，会暴露出各种各样的问题。很多用户，为了减少购买二手车的风险，常常是在买的时候，拉上一位懂行的老师傅，让其帮忙把关。

有痛点就有机会。既然二手车质量认证方面有这么大的痛点，那为什么不集中精力试试？黄巍想。

2012 年，找准行业痛点，看清整个汽车行业格局的黄巍决定选用

B2C 模式。他把核心目标定位为：一、帮助消费者找到合适的车源，满足人们个性化的需要；二、保证消费者的售后服务，让消费者买了之后能够放心。

一开始，黄巍的想法是做一个平台，帮中国人买到靠谱的二手车，让买车变得更加便捷。买完之后车主还能享受到优质的服务，提高成交效率。

目标明确，市场前景不错，潜在客户体量庞大……虽然从各个角度来看，这都是一个很好的项目，但是这一次，开局并没有像黄巍想象的那么轻松，他走得很吃力。

当时，二手车线上交易平台还是一种全新的商业模式，知道"车猫"这个品牌的人并不多。黄巍带着团队去找商家、谈合作的时候，遇上的第一个问题就是，"之前从没听过这种做法，我凭什么信任你？"冷遇、质疑、不理解，黄巍在这个过程中碰了一鼻子灰。但是，他转念一想，既然决定了要做，那就必须迈过这道坎，否则就只能一直陷在原地了。

在阿里工作过的人，都会有一种"用户思维"。于是，黄巍重新调整自己和团队的状态，继续一家一家地跑，不断地去跟商家沟通，请他们到车猫去尝试，让他们看车猫是不是真的能帮助他们把车卖掉。

经过一段时间的观察和体验之后，商家终于意识到，"车猫好像还真像那么回事儿，挺靠谱的！"慢慢地开始有商家愿意与车猫合作。随着客户量的不断累积，车猫逐渐在二手车行业里有了名声，口碑也越来越好，不断有商家主动找上门谈合作。这个过程就像"滚雪球"，累积至今，与车猫合作的商家数量已初具规模。

07　二手车市场："慢就是快"

耗大力气重建客户信任体系

对二手车的质量不信任，是黄巍找到的行业痛点。可同样的问题抛过来，凭什么就能让客户信任车猫认证过的二手车？

为此，黄巍下足了功夫。为了找到第一批用户，2014 年，自车猫正式上线开始，黄巍便进行了紧锣密鼓的"广泛撒网，重点培养"的工作。以前，不怎么关注互联网动态的黄巍，开始不断搜罗各个与车有关的论坛，在论坛里寻找潜在用户。另外，他还通过 58 同城、赶集网等网站，查看买车用户的信息分布。当找到一批客户之后，黄巍就使出浑身解数介绍车猫的业务。他认真地告诉每一个用户，车猫不但可以帮他们进行车辆认证、车控把关，还可以帮他们代买二手车，而且强调车猫将会全程追踪整个交易过程，直到车交到他们手里为止。此外，黄巍还保证，在这个过程中，无论遇到任何问题，车猫都一定尽力帮助解决。

"认证 + 帮买"并非黄巍一开始就看准的方向。经过 C2B 帮卖和社区的尝试，黄巍确定了一个方向性的问题，即站在买家的角度做好服务。他花了半年时间，梳理出了一套认证照片标准、采样标准，与团队共同制定了 1058 项检测认证。在黄巍看来，二手车买家对认证细节听不懂也不关心，真正在意的，就是一种责任兜底：一辆二手车能不能买，买了出了问题谁能负责。这两个问题解决好了，买家基本就不会有什么大问题。因此在售后服务方面，黄巍他们下了许多功夫。

此外，交易过程无服务也是目前二手车行业交易链的一个缺失。对此，黄巍创新性地推出专业顾问 1 对 1 免费帮买服务，在充分保障用户体验的前提下，实现了带客成交率超 80%，并积累了广泛的用户基础。

然而二手车行业里，多年累积下的"用户信任危机"不可能在短时间内改变。尽管黄巍的"口头营销"十分给力，但是一开始，消费者还是抱着怀疑的态度。

情急之下，黄巍想出了一个必杀技——免费。

在车猫上线的初始阶段，用户可以免费享受车猫所提供的各类服务。很多用户抱着试试看的心态去尝试。尝试之后发现，车猫的整个购车流程都非常到位，他们买到的车质量上也着实不错。就这样，黄巍凭着优质的服务，逐渐在客户中树立起了良好的口碑，在这之后，用户便开始把自己的朋友也介绍到车猫。

在用户数和商家数都逐渐累积到一定程度之后，黄巍意识到，目前这套方法是可行的——车猫上线两个月，杭州单月的二手车成交量就达到了50辆，并以每个月50、100、200、400辆的速度飞速增长。在收获成功喜悦的同时，黄巍并没有满足于当下的成绩。经过进一步的市场调研后，他确信目前的模式可以复制。于是，黄巍在宁波、温州也做了尝试，结果都得到了商家和用户的极高认可。

连续不断的拓展告捷，让黄巍拥有了前所未有的自信。一番准备之后，他把车猫的模式迅速在全国各大城市进行复制。借助互联网强大的宣传能力，迅速把车猫的口碑打出去，让全国越来越多的用户知道——"经过车猫认证的二手车才是靠谱的"。在车猫，他们能够享受到专业的"帮买"服务和售后质保产品服务。

车猫与其他平台相比，最重要的是能够提供比较贴合用户实际需求的服务。通过垂直做精做细每一项服务，来消除用户对二手车的顾虑，并增加对车猫的认可度。在此基础上，黄巍对产品的各个方面做出了规划。

07 二手车市场："慢就是快"

他将未来三至五年的愿景设立为"支持人们出行的需要"。

出行的方式分为多种，有类似于"滴滴"这一类间歇性、短途高频的出行；也有自行驾车的中长期出行。黄巍认为，在今后的生活中，对于后者，人们不再需要纠结买车的事情，而只需把关注点放在"用"上。与滴滴提高人们的出行效率相类比，黄巍将竞争差异化空间锁定在了"提高汽车交易效率"上。这样一来，车猫就能够和滴滴形成一种共生互补的关系，在汽车领域获得长足的发展。

"低频"是车辆交易的显著特点，为了让车猫能在"慢"的特征下得到快速发展，黄巍将部分"高频"业务进行了嫁接——通过验证、质保、保养、维修等一系列服务来帮助用户解决使用中的各个痛点。

在车猫，客户只要买完车，就不需要再担心后续的各类服务问题。让客户感觉省钱又靠谱是车猫一直坚持的事。

回望 2015 年资本寒冬，不少 O2O 的项目相继关停，一时间人人自危，而车猫却逆流而上，成功完成 B 轮融资 12 亿元。为此，黄巍身边的朋友打趣说"你是在寒冬中独自绽放的一朵奇葩"，黄巍于镇定中流露出一份庄重。他说，二手车电商火爆只能说市场前景被投资人看好，面对寒冬我感到的不是独活的欣喜而是敬畏，对市场的敬畏、对用户的敬畏、对商业基本规则的敬畏。

"飘风不终朝，暴雨不终日。"黄巍一直坚持"慢就是快"的哲学。

"慢"是胸有成竹的信心，更是一种洞穿事物本质的决心和魄力。坚持多角度了解市场，坚持深层次挖掘用户需求，坚持全方位提供超出用户期待的服务，不急于求成，不人云亦云。这就是黄巍的成功之道。

目标导向化解管理危机

2014年年初，车猫的团队规模为80人。2015年年底，团队规模已经突破500人。在整个团队迅速扩充的过程中，黄巍坦言曾经历过"管理危机"。

2015年5月至6月期间，公司快速发展，团队内部开始就"公司的发展方向"出现不一样的声音，企业文化被逐渐稀释，团队成员的协调度和协作效率急速下降。

黄巍下意识地觉得不能再这样盲目地扩充团队队伍了，这个时候要停下来。

于是，黄巍专门花了一个月的时间来调整团队结构，整顿团队风气。他通过团建活动、会议、聊天等多管齐下的方式，让团队成员明白公司的目标是什么，为什么要做现在做的事，以及做每件事的原则是什么。

在此之前，黄巍会用绩效、培训等一系列的方法来激励员工的热情，但是现在，黄巍会更多地从员工和公司一起成长的角度出发，用目标去驱动员工，让他们真正喜欢自己从事的工作，并实现自我管理。黄巍经常会找车猫的员工交流，有时候，他会开诚布公地问员工："你为什么愿意做这件事？如果有一天公司没钱了，你还愿不愿意和公司继续走下去？"

就这样经过一个月的整顿，团队的状态重新找了回来，大家的心又再次聚在一起。

07　二手车市场："慢就是快"

"非凡训练营"给予员工的"洗礼"

在车猫，多数员工也都是"爱车一族"，黄巍经常会在公司内部组织越野、旅行一类的活动，在增加凝聚力的过程中，黄巍还借机引导大家一起探讨，如何去做能让一个组织更高效，团队更团结。在玩的过程中，大家经常会产生很多新的灵感。

"非凡训练营"是车猫的一个特色活动。每位员工都经历过它的"疯狂洗礼"，每位员工都会参加由公司组织的越野体验。即使是不会开车的员工，也得坐到驾驶员身边，体验车子急速下坡和上坡的感觉。狂奔过各种泥泞的路段，过水坑，过沙坑，翻山越岭。在这些充满挑战的过程里，团队的融合度和协作能力都在无形中得到了升华。

除了疯狂的越野体验，黄巍还经常在公司内部组织各类与车相关的好玩的活动。同时，黄巍还会将"非凡训练营"和员工培训结合在一起，让培训也好玩起来。现在，"非凡训练营"不仅是车猫的一个常规活动，还是车商和客户之间的纽带。黄巍希望，以"非凡训练营"为平台，让车商和客户都参与到其中，形成进一步的资源对接。

在与车商的接触过程中，黄巍发现在"互联网+"的热潮下，很多经销商都有转型升级的需求，但却苦于没有门道。为此，在接下来的发展中，黄巍将把"非凡训练营"升级打造为"非凡电商学院"，使经销商们不仅可以"玩车"，还可以提升自己的互联网行业知识，成为互联网真正的汽车电商和二手车电商。

"小而美"将撑起二手车市场未来的格局

在车猫未来的规划上，黄巍有着自己的坚持。中国目前的二手车市场尚处于起步阶段，很多经销商在从卖方转向买方的转型过程中，都十分需要借助互联网的力量。黄巍希望能够通过车猫这个平台，给他们提供互联网工具、数据和引导方面的支持，让他们能够把车卖得更好，获得更多的利益。这也是车猫和多数互联网公司不同的地方——车猫只是搭起了交易平台，并制定好了交易规则，却没有借此包揽所有的交易。让所有的经销商和消费者从中获得最大的利益，才是黄巍的初衷。

对于二手车市场未来的方向，黄巍认为，未来将会持续有"小而美"的经销商出现，并逐渐主导整个二手车市场的格局。

在他看来，二手车和其他商品有着本质的区别，因为它是"一车一况"。车辆之间没有太多的共性，是独立单一的商品，而车辆的购买都存在地域性，用户一般不会跨越很大的区域去购买车。购买车之后，修理、保养各类环节紧紧相扣，这样一来经销商就能从中寻找到他的专业领域，自由地做自己擅长的业务，并通过精细化的服务体系，"打动"一个区域内的一批人，这样一来，经销商的价值就彻底发挥出来，并能从中获得极大的利润空间。

为了真正满足消费者需求，黄巍计划中的二手车金融产品，务必满足"简单、方便"的原则。现有的消费金融对消费者而言，体验并不好。冗繁的手续、大量的时间精力，都让买家苦不堪言。于是黄巍决定打造自主金融产品。2015年8月，黄巍成立车猫互联网金融公司，9月投入10亿开发自主金融，12月推出金融产品"喵喵速贷"，不仅扎根用户需求，

07　二手车市场："慢就是快"

也更善于掌控风险。

不忘创业初心的黄巍,带领车猫二手车在2015年覆盖全国13个城市,全年2C交易破万台,单城单月成交突破300台,是目前二手车领域最高效的交易业绩。在新的一年,黄巍有着新的思考:汽车电商需要忘掉汽车,回归本源,做用户真正需要的,做正确的事,才能形成气候脱颖而出。

对于发展速度极快的汽车行业,企业需要不断调整组织结构和业务能力。快节奏的变化和巨大的压力,对已近不惑之年的黄巍而言,是一个巨大的挑战。2016年,将是二手车电商的寒冬,也是去伪存真的一年。黄巍相信,一味烧钱和单纯依靠交易收费的平台都将死去。二手车电商平台只有真正满足用户需求,实现用户价值,才能生存、发展和盈利。

黄巍身边的几个铁杆兄弟,曾借着跟他吃饭的机会,半开玩笑地说:"这个年龄,你还去做创业的事,把自己推到这样一个风口浪尖上,你疯了吧!"但黄巍认为,每个人在不同的年龄都会遇到不同的瓶颈和挑战。如果你不去面对,就永远跨不过去。而他,甘愿在这样的挑战中,从竞争对手那里看到自己的弱点,把自己的人生修炼到更高的境界。

阿里创业军团

08

寻找"对味"的投资人

在"特立独行"里创写精彩

"没有什么耀眼的东西，但又十分特立独行。"这是对李立恒人生路的最佳注解。

校园时期的李立恒是个性张扬的阳光大男孩，计算机专业毕业的他在走出校门时最大的梦想是"进华为"，他想要在华为发挥自己的专业所长，成为中国最牛的工程师，研发出一款中国最牛的产品。但是，李立恒的满腔热情却在面试的第一环节就被彻底浇灭了。当时正值计算机Windows改版，在新程序出来之后，李立恒学的知识突然之间就派不上用场。于是，他没能通过华为的面试。在得到面试结果的时候，李立恒很失落。他没料到自己刚迈出校园就迎来了当头一棒。但是，他还是想继续从事计算机这一行业。于是，他当时的想法就是"哪个公司有电脑，我就去哪一家"。在有了这个念头之后，李立恒的脑袋里蹦出了两个地方——网吧和阿里。带着好奇，李立恒先去了网吧。但是在踏进网吧的一瞬间，他就懵了——"完全不是自己想要的"。于是，李立恒迅速否决了网吧这一选项，并抱着试试看的心态给阿里投了简历。结果，没过多久，他就接到了阿里的面试通知。在面试环节，李立恒和面试官展开了"有意思"的对话，面试官一直在问李立恒关于销售的知识，而李立恒则是似懂非懂地反问计算机方面的业务内容，结果，面试官急了，干脆抛下一句话："别说那么多了，反正你有机会碰电脑！"李立恒一听，立马答应下来："行！只要能让我碰电脑就行。"

2001年，李立恒正式加入阿里。自此，阿里成了他人生中第一个单位，也是唯一的一个单位。进入阿里的第一天，李立恒就在内心立下了十年之约——在阿里待满十年，十年后离开去做自己想做的事。

在阿里多年，性子耿直的李立恒一直坚持用自己的方式去工作，虽然有些另类，但总能收获到不一样的精彩。朋友不多的他很喜欢深入思考，在平时闲暇的时间里，李立恒最大的爱好便是研究与经济商业相关的知识。每次马云在阿里内部做演讲时，李立恒总会抱着好玩的心态跟身边的同事打赌："今天马总演讲一定会提到这个观点，你们信不信？"久而久之，好思考擅观察的李立恒找到了一套判断经济的方法论。他意识到在未来的市场上，服务业的兴起一定是大势所趋。幸运的是，在阿里工作的后期，李立恒接触到了阿里的战略层，他的视野一下子就被打开了，在专业且具象化的分析下，李立恒内心关于服务业的判断得到了有力的佐证。这个时候，创业的念头开始在他的心里萌芽。恰好十年之约的期限已至，李立恒心想，这可能就是冥冥中的安排吧。于是，2010年2月，李立恒正式从阿里离职，为十年阿里路画上了句点。

车蚂蚁，为"改变"而生

和其他离开阿里自行"拓荒"的创业者一样，李立恒创业的初衷与"暴富""生存"无关，只是希望用自己的能力去改变人们的生活方式，甚至改变一些人的命运。

基于多年的学习积累，李立恒选择了汽车服务行业，他想要通过车来链接人，当用户积累到一定规模时，以"品质服务"为内核的产品就能逐步渗入到各个领域。

2013年，汽车生活服务O2O平台——车蚂蚁正式成立。通过车蚂蚁车主能轻松享受到汽车保养、汽车美容、汽车维修等各类高品质服务。上线刚一个月，车蚂蚁的注册用户就突破了4500；日均UV达8000。

车蚂蚁成功的秘诀在哪里？

一、锁定核心用户群——中产阶级

中国中产阶级的数量在逐渐增加，实现财富自由的他们在消费时考虑的核心因素是品质和效率。只要在最短的时间内用高品质的服务把难题解决，他们就都愿意埋单。李立恒相信未来是一个品牌消费的时代，逐渐壮大的中产阶级愿意用钱去解放时间，而这表明车蚂蚁的产品有着巨大的市场。

抓住中产阶级的消费心理，把产品做到极致是李立恒一直坚持的原则。车蚂蚁的产品上线之后，李立恒并没有投放任何广告，但是每个月依旧增加3万到5万的会员。其中的原因很简单，因为车蚂蚁的产品都是为中产阶级量身订造，能"戳"到他们的心坎里。

08 寻找"对味"的投资人

二、建立竞争壁垒——产品为王

"为天下车主提供更便捷、更实惠、更可靠的汽车服务"是车蚂蚁的核心宗旨。车蚂蚁的商业模式和汽车后市场里其他企业都不一样——它们是在服务于车,而车蚂蚁则是致力于服务人。这样的商业模式基于李立恒对"专业人做专业事"原则的坚持。销售出身的李立恒对汽车服务并不擅长,于是他只能扬长避短,把重点放在车主上。通过平台链接起传统产业链上的技师和门店,让他们来服务车,而车蚂蚁服务人,两者结合之后便是"车+人",这样的商业模式是典型的"互联网+"模式,在产生巨大效益的同时,还能帮助汽修服务这一传统产业升级。

车蚂蚁面市之前,在汽车后市场里,赚取不懂车的车主的钱,是"默认的行业规则",也是所有车主的痛点。门店经营商和车主之间缺乏信任,导致产业链逐渐变窄。但是,车蚂蚁的出现,为用户搭建了一个"靠谱"的服务交易平台,借助这座桥梁,门店在逐渐挽回用户信任的同时,还改变了之前被动等客上门的营业模式。经过两年的探索和完善,如今,车蚂蚁已经建立起一条完整的汽车后市场生态链。置于这条产业链上的门店经营商能够享受到店面管理、经营、团队建设等一整套系统服务。他们在享受高效工作的便捷性时,还有了可观的收入。而对于车主而言,车蚂蚁"包罗万象"的服务让他们像是拥有了一位贴心专业的汽车管家。目前,车蚂蚁的线上注册用户已突破14万人,线下商户达50家之多。在和线下车商、车主都产生深度链接之后,车蚂蚁的订单数也呈现出"滚雪球"的发展态势,车蚂蚁对汽车后市场中的各类汽车配件就有了议价的"筹码",与此同时还能产生服务佣金,此外,车蚂蚁还可以对有着更高需求的车主收取更高的服务费用。

就目前的市场而言，李立恒认为大多数人对车蚂蚁产生了"误解"——车蚂蚁其实并不是一家汽车后市场服务公司，车只是一个介质，而车蚂蚁提供的只是一个纯服务产品。若按照商业论来评判，车蚂蚁更像是一家为会员提供服务的会员公司，通过不断增大会员价值，来获取更多的盈利。

星巴克一直是李立恒较欣赏的公司。在多数"外行"人眼里，它不过就是一家卖咖啡的企业，但这是表象。咖啡只是星巴克的介质，它最大的价值在于会员。星巴克致力于开展的所有业务都是为了提高会员费用，让所有会员意识到："加入我，你值！"这样的商业模式正是车蚂蚁在努力实现的。

如何提高会员费用？服务。把服务包装成产品是李立恒的强项，在接下来的发展中，李立恒将逐渐延伸到不同领域开发出更多"有意思"且实用的产品。例如，国家保险市场开放之后，车蚂蚁的发展将迎来突破。传统的保险只是一个金融产品但没有服务，李立恒要做的是打造一个以服务为主的保险产品。而这些产品涉及人们生活的各个方面，例如，针对离婚女性的"离婚宝"，将为离婚女性提供搬家、寻找律师等一系列服务；针对眼下时常发生的"碰瓷"老人现象，车蚂蚁也将推出相应的保险产品。

即使是信息、科技高速发展的当下，每个人依旧生活在一个安全隐患无处不在的环境里。对此，李立恒要把车蚂蚁打造成一个"社会保障服务平台"，为所有会员提供各类和生活息息相关的保障服务。

如今，绝大多数O2O初创企业，都会在竞争对手的"穷追猛打"下，为获取流量，不得不使出"烧钱"的险招，对此李立恒却不以为然。在车蚂蚁的发展过程中,"吝啬"的李立恒从未用过烧钱的方式来开拓市场。他始终坚信,能不花的钱就不花,要是在不花钱的情况下能把一件事做好,那为什么要花钱?在阿里中供系里,李立恒可谓综合型人才,他既懂销售,又懂业务管理、产品技术,还懂电商和运营,因此,他能在同等的条件下,用最高的性价比去解决好一件事情。在他看来,做产品就如同造汽车,烧钱就如同加油。只有在"万事俱备,只差加油"的阶段,烧钱才有意义。

三、寻找"对味"的投资人——心理战术

在寻找投资人时,"对味"是李立恒最看重的要素。他常说:"找投资人就像找媳妇,要是一开始就不对眼,那一定没戏。"李立恒只找和自己处在同一个"频道"的投资人,这样一来就能较好地避免双方在之后的决策上出现大偏差。

对于多数创业者而言,"搞定投资人比搞定员工还要难"。但是,李立恒却总能在其中找到突破的方法。在面对和投资人之间的博弈时,李立恒依旧毫不掩饰直爽的真性情。有时候,他直接对投资人放狠话:"赌我一把,你就对了,你不赌我,下次再投的时候成本会更高,而且下一次我绝对不会再找你!"李立恒敢这么说,除了对自身项目的自信,更重要的是销售出身的他十分懂得在心理战术里取胜的技巧。每个人对于未知总是持一半相信,一半怀疑的态度,要想取胜,就必须抓住那一半相信。每个投资人在这个时候心里纠结的无疑是"我到底该不该相信他",而究竟能不能在剩下的"一半可能性"里取胜,就要看创业者在面谈现场的"表演"和态度了。

李立恒始终坚信的是,必须把自己最真实的一面展现在投资人面前,

让他们感觉到"你这个人靠谱"。在多数投资人眼里,其实他们更关心的是创业者本身,至于创业的项目,其实并没有那么重要,因为"人在事就能成"。多数投资人正是冲着李立恒为人"真"选择投资车蚂蚁。在进行 B 轮融资时,李立恒和投资人仅仅谈了半个小时的商业模式,剩下的时间聊的都是生活、旅游、爱好。投资人正是想要通过这些方式来了解创业者本身。如果投资人觉得创业者"靠谱",那他就会觉得即使项目这件事情没做成,那也可以让创业者继续做其他合适的项目。所以,在和投资人面谈时,切忌"王婆卖瓜",一直吹捧自己的商业模式和产品内容,这会让投资人感觉创业者过于激进,试图赚快钱,投资人内心就会迟疑,甚至转为投同行业的其他企业。

四、团队管理——锻造高"性价比"员工

经营一家企业都是有标准和模板的。在创业初期,即使规模尚小,但是得"五脏俱全"。企业使命、战略规划、企业文化是任何一家正规企业都缺少不了的核心要素。

从阿里到如今的车蚂蚁,李立恒的管理方式一直都能得到团队的认同。而他的管理策略是"先把最真实的自己表达给员工",并帮助大家活出真实的自己。在管理的过程中,李立恒一直在跟同事、员工强调"你是谁就是谁,你要把真实的一面表现出来,千万不要伪装"。

现在很多人在浮躁的生活里浸泡太久,人和人之间的价值观也有着较大差别。部分在中途加入车蚂蚁的中高层,容易高估自己的价值。对此,李立恒自有处理的技巧。

例如,要是员工开价 5 万元,李立恒会先答应下来,然后让这位员

工迅速进入车蚂蚁。进入车蚂蚁之后，李立恒会将他推向一个更高的位置，并承诺要是他能担起这一职位的责任，便将薪资提升至 6 万元，但要是完成不了，就必须接受降薪到 2 万元的安排。"推得越高，摔得越重。划价的空间就越大。"而每位没能实现预期目标的员工，总是在心甘情愿接受"划价"的同时，还铆足一股不服输的劲儿，要继续留在车蚂蚁证明自己的价值。于是，车蚂蚁的员工都有着极高的"性价比"。每个人都能在认知到自我真实能力之后，凭着不服输的斗志，继续奋战。而李立恒要做的就是，帮助他们在最短的时间里收获成长，尽早达到员工原先的预期目标。

五、创业之道——灵活变通

很多创业者都赞同创业是一条不归路，但李立恒却不赞同这种孤注一掷的做法。他始终坚信对于一个聪明的 CEO 而言，绝对不能"在一棵树上吊死"，在创业过程中如果发现一条路走不通，就必须及时转换方向。切忌在公司最危难的时候拿出自己所有的资产去赌一个未知的答案。一定要时刻保证自己手里还有部分资产，这样才能给自己留一条后路，去寻找其他的可能。

在车蚂蚁的发展过程中，李立恒也会时常陷入迷茫，他常会反思汽车后市场、保险行业的赛道、终局到底有没有玩透、商业理念是否成熟。但是每次他都能以豁达的心态去面对，"大不了就换个赛道"。做好随时更换赛道的准备，是每个创业者必须具备的素养。

2014 年，前橙会邀请李立恒去做分享时，他将核心定位在了两个词上："回归"和"敬畏之心"，那时刚从敦煌回来的李立恒在心态上发生了脱胎换骨的变化，他意识到，每个人都会经历三个阶段——第一阶段，年轻时初生牛犊不怕虎，充满朝气有活力，这个时候要不断将自己 push 出去，去发现和探索；第二阶段，进入而立之年后，就要学会"内修"，所谓内修就是回归，让自己静下来，去思考；第三个阶段是融合，当经历过外化和内修两个阶段之后，人会变得很圆融，在应对所有事情时都能收放自如。

阿里创业军团

09
盈利只是梦想的附加值

时间管理与高效沟通

　　袁志洁很少对人提起他是学英语出身，因为无论从言谈举止还是兴趣爱好上看，他都跟这个"洋气"的专业毫不沾边，他给人的感觉反而像一个十足的东方秀才，儒雅内敛。但秀才味十足的他却在读大学时选择了英语专业，问其原因，袁志洁说是为了开阔眼界，了解西方人的思维方式，中和自己的东方气质。2002年，在做了一年多的酒店大堂经理后，袁志洁进入了阿里。在阿里任职期间，不论是做客服、运营还是产品经理以及带团队，最让袁志洁感到开心和快乐的，就是能够帮助别人收获成长。所以，在阿里内部培训平台建起之后，他毫不犹豫地选择了做培训讲师，将自己的经验、学识和感悟，毫无保留地分享给有需要的人。

　　2012年，是袁志洁在阿里的第10个年头，10年是他给自己定的一个期限。10年到了，他要离开这个生活了多年的生态系统，回归到寻找"本我"的路上。当时，阿里上市在即，但是袁志洁并没有等阿里上市再走，他认为上市带来的物质财富远远比不上时间和机会所带来的价值。这时，

09 盈利只是梦想的附加值

他已经做了两年培训。离职之后，袁志洁一想，综合评估自己的兴趣和经验，最适合的还是要做与培训相关的事情，要么做咨询师、独立讲师，要么创建培训公司。袁志洁非常喜欢站在讲台上的感觉，当他看到自己的所思所讲以及为之做过充分准备的内容，通过分享让台下听众有收获并且表示认可的时候，就会发自内心地欢喜。

在阿里的10年，袁志洁不仅树立起了做人的价值观，还习得了一套行之有效的思维方式和工作方法。比如时间管理以及高效的沟通与谈判，这让他受益无穷，一直沿用至今。袁志洁一直认为时间是人最宝贵的资源，拥有了时间就几乎拥有了一切，管理好了时间，就是管理好了人生。袁志洁本身是个随性的人，"想到哪儿就做到哪儿"，但在这个高速运转的社会，人不得不学着管理时间，提高效率。

在时间管理方面，袁志洁推荐了两本书：斯蒂芬·柯维的《高效能人士的七个习惯》和《搞定——无压工作的艺术》。他说看完这两本书后，你对自己的时间管理，或者生命管理至少会产生一点点想法，也许就能学会更有效地安排时间，有效取舍，优先考虑重要目标，在提高做事效率的同时还能提升成果的质量。

袁志洁常说人的一生就是沟通的一生，人无时无刻不在与自己沟通，与他人沟通，与组织沟通。人的一生也是谈判的一生，与心中的自我谈判，与他人谈判，与代表组织的他人谈判。

1758 和蓝莲花开

也许每个读书人心中都有一个开书店的梦。在离开阿里之后，袁志洁开始经营书吧——1758。1758坐落于杭州青芝坞最深处，靠着缘分和诚意才能找到。隔墙就是植物园，环境清雅，安宁悠然。创办1758时，袁志洁就已经引入了"众筹"的概念，这在当时非常超前，引起了圈内的广泛关注。但是，当投资人络绎不绝地"找上门"时，袁志洁反而产生了压力。虽然每个人投资的钱都不多，但在他看来，每一分钱都是一份责任。自己投钱赔了不要紧，要把别人的钱赔了就过意不去了。抱着这样的心态，时间一久，袁志洁感到有些偏离他创业的初心。思来想去，他还是决定把众筹的资金一一退回。

在袁志洁心中，开书吧不是为了挣钱，而是给自己和朋友提供一个可以谈天说地、交流感悟的港湾。书吧不大，书也不多，很多书籍都是朋友或者吧友捐赠的。店内的摆设也多是袁志洁和朋友旅行带回的，墙上贴满了旅行的照片，处处都记录着点滴回忆。书店里侧暖黄色的木头格子拼接成"1758"几个数字，寓意着"一起悟吧"。团队也曾打趣，寓意"一起舞吧"也说得通，具体寓意取决于书友内心所向。

对于书吧，袁志洁一直保持着低调的态度，从未进行过宣传。但凭着别具匠心的设计以及书吧背后简单随性的情怀，如今，藏匿在青芝坞密林里的1758已经成了杭州文艺青年的必去之地。品一壶茶，读一本书，消磨一个下午，这在每天忙于工作而忽略内心的人看来，何其美好。

每个周末，袁志洁或者合伙人都会亲自带队，集聚各行各业的朋友，徒步登上北高峰，极目远望。登山途中，大家相互聊聊生活，谈谈心事，排解压力，默契地相视一笑，无须多言，就能收获简单纯粹的快乐。

蓝莲花开，名字源于许巍的《蓝莲花》，它是袁志洁和两位志同道合的朋友合伙开的主题客栈。杭州三家，上海一家，莫干山上一家，创建

09　盈利只是梦想的附加值

至今，一路虽有波折但也算顺利。在袁志洁看来，开客栈这事，四分情怀，六分商业，不忘初心，方得自在，否则就是自己挖坑自己跳，有苦自知。

蓝莲花开位于西子湖畔青芝坞，毗邻浙江大学玉泉校区，从西湖边穿过植物园，步行10余分钟便可抵达这方净土。若由客栈往左走，步行约20分钟可达黄龙商务圈，繁华触手可及。青芝坞里，美味小吃应有尽有，地理环境优越，环境闹中取静。蓝莲花开是大隐于市的精致特色主题客栈，整体设计将欧式风格与中国古典元素相融合，随处装点着地中海风格的精美饰物，清新雅致；客房布置温馨精美、格调高雅，设有多款风格迥异的房型："遇见"、"流年"、"自由路"、"间隔年"、"琥珀玲珑"、"庭院桂花"，每一款皆有好听别致的名字。客栈附设茶室、烧烤、图书馆等休闲配套资源，旅人可品一杯香茗、饮一杯香醇咖啡，放慢脚步，感受生活之美、情境之雅。

与1758一样，不管是装修设计还是经营理念，蓝莲花开承载着袁志洁的情怀与梦想。去过蓝莲花开的人，无一不赞赏经营者的用心和格调。

将"我懂"分享给您

袁志洁是如此保有情怀之人，然而也是务实勤勉的实干家。

我懂是袁志洁近期工作的重心，也是他多年培训生涯磨炼出的产品，聚焦在创业和创投领域，是一个即时智慧交易平台，通过共享经济理念改善知识服务的效率，让咨询者有更多的专家选择。目标人群为不断壮大的创业者，尤其是初创公司的核心高管。

在这个创业的黄金时代，大批年轻人凭着一腔热情涌入创业潮，但经验和知识的欠缺是他们最大的短板，这让他们在创业途中常遇迷茫、坎坷。他们非常需要一个平台，在遇到坎坷寻求帮助时，有人为他们指点迷津。有需求就有商机，"我懂"就是一个帮助创业者迅捷找到专家，通过电话或图文咨询，答疑解惑的一款即时智慧交易平台。咨询者遇到任何问题，都可以通过便捷的在线通话和在线即时通信服务，在平台上与专家一对一实时沟通，专家为创业者答疑解惑，创业者根据咨询内容支付给专家相应费用。同时，专家可在平台上分享智慧、传播经验，利用碎片时间增加创收。"我懂"通过共享经济理念极大地提高了知识分享效率，突破了个体有限的熟人圈子，让创业者拥有自己的"专家库"。

我懂平台上的专家都是在某一领域具有多年实践经验且具备分享热情和良好沟通能力的专家，所有专家都是经过平台人工审核与认证的。所以，我懂平台所选的专家都是高标准的，这些专家必须满足三个条件之一：第一，必须在其专业领域工作5~10年以上且被公开报道过；第二，必须在新浪微博、领英或人和网已取得实名认证；第三，必须在微信公众号、博客或其他行业刊物上发表过原创文章。简言之，我懂平台上的专家一定是在所处行业里拥有丰富实践经验，以及享有一定行业地位的专业人士。我懂非常珍视专家们的智慧特长，致力于将他们的碎片时间价值最大化以帮助更多的人群。当然，专家也能通过答疑解惑获得咨询收益。在我懂平台上的每次咨询通话都会被录音，以保证咨询的质量。当然，所有录音都会被严格加密，仅在出现投诉时取证使用。

袁志洁力图将我懂平台做成创业者咨询服务的首选品牌。"创业专家，随时连线，帮助创业者轻松创业"，是他们的追求。承载共享经验和智慧的我懂APP突破了传统咨询服务的商业模式，创建了创业者、咨询专家

09　盈利只是梦想的附加值

和我懂 APP 三方的多赢合作模式。我懂不仅让创业难题快速便捷地被解决，还让智慧和经验得以高效分享，使之更有价值。除此以外，它还改变了生产关系，解放了生产力，让那些在某一领域有着足够经验积淀的人，通过知识分享获取收入，能够从事自由职业。

创业者的创业项目，往往能体现出创业者的心性与格局。袁志洁也是如此。

我懂诞生于袁志洁对"分享"的热爱。他说，那些能够打动我，或者曾经改变过我的东西，在冥冥之中一定也有一个人跟我一样需要它们，我愿意分享出去。生命中一定有一部分时间，或者生命是属于别人的。哪怕你就是简简单单跟人聊聊天，你用于聊天的这部分时光就属于了别人。把生命的一部分给别人，让价值升华就是我懂的精神内涵。

"The greatest gift you can give someone is your time."爱一个人，就把你的时间花在他（她）身上。

做一个幸福的"富贵"智者

在袁志洁的价值体系中，幸福是最重要的。先让自己幸福，在有余力的时候，去帮助别人幸福。何为"幸福"？在袁志洁心中，无非就是"富"和"贵"。但他的"富"和"贵"并不是普遍意义上的"富贵"，而是"知足者富，人敬者贵"。当你知足了，自然就会变得富有；而当有人尊敬你时，你就是"贵"的。这与职位高低、权力大小无关。一个人一旦"富贵"了，基本上也就幸福了。

至于如何做到"知足"和"人敬"，袁志洁谦逊地说他还在努力。通过读书，他与国学渐行渐近，与执念渐行渐远。通过运动、旅行和分享，让他的身心一步步向幸福靠拢。通过义无反顾地正己助人，不求任何回报，使他与善行渐行渐近。"德不孤，必有邻"，袁志洁站在讲台上，凭着"一朵兰花"的故事与数千人结缘，这让他知道自己于他人而言是有价值的，也使他更加坚定地把自己以及团队的使命，定义为"聚合乐于分享的人，通过读书、旅行和分享，让有价值的体悟发挥更大价值，帮助青年人更幸福"。

袁志洁追求智慧，智慧是他的信仰。关于智慧，袁志洁认为它的本体是事物本质及发展规律，具体表现是人们识变、顺变、应变，处理好与人、与自然和与自己三种关系的能力。就中国传统文化的杰出代表"儒释道"来看，无不把最高成就归于智慧。佛，空性的智慧。关键词代表，因果。修炼方法之一，善心、善语、善行。道，无极的智慧。关键词代表，自然。修炼方法之一，修身、修心、顺势。儒，中庸的智慧。关键词代表，守中。修炼方法之一，有所为，有所不为。袁志洁总结了四种离智慧越来越近的修炼方法：克己，助人，专注，内观。明确智慧的含义，就是为了离智者更近一步。而所谓智者，就是能够认识到事物的本质及发展规律，并且可以用它过好一生的人。袁志洁期待能够成为智者，期待可以看到事物的本质和发展规律，也期待能用它过好自己的一生。如果有余力的话，也期望用智慧帮别人过得好一点。

这就是袁志洁的价值取向：做一个幸福的"富贵"智者。

盈利只是梦想的附加值

回顾袁志洁的创业历程，不难看出他其实是一个最不像创业者的创业者。他的创业目的，总是从情怀、内心出发，至于盈利，就随缘了。赚钱是梦想的附加值，而在如今这个社会，往往本末倒置。能赚钱固然好，而一旦失败了也能坦然接受，在他心中，努力的过程比结果更重要。不过上天总会犒赏那种善良又努力的人，往往淡泊金钱的经营方式，反而能在收益上带来意想不到的惊喜。袁志洁说自己年纪大了，创业机会不多了，该付出一百分努力的时候就一定不要只做六十分。他也坦言自己并不是一个好销售，很难突破文人的那层"面子"。不过面对自己所钟爱的产品，他觉得把它分享出去其实是一件很愉悦的事情。

袁志洁不骄不躁，不急不缓，也许是性格使然，也可能是受多年研究国学的影响。对于创业者而言，基本上所有你能想到的或者看到的创业过程中的困难，都会一个不落地让你碰到，无一幸免。但袁志洁从来没觉得这些困难有多难以克服。失眠会有，但焦虑没有，他觉得没有什么事情是想不通的，始终保持着一颗平常心才能过得快乐幸福。

阿里创业军团

10
放低身段，度过融资危机

自由，是顾春视如生命的信仰。

顾春，出生在上海的一个普通家庭。父亲在 20 世纪 80 年代著名的上海粮管所工作，母亲则靠打拼从小镇走了出来，扎根上海。父母的宠爱、老师同学的喜欢，让她从小就生活在温暖而有趣的环境里。爱玩、爱自由、爱折腾，是对她性格最准确的注解。

零食多、老打架、成绩好——把这三个词拼接在一起，就能完整勾勒出顾春的童年时光。

顾春的父亲对她疼爱有加，每次出差回来一定会给她带各种各样的零食。从小随性洒脱的顾春，总会把零食的一大部分拿出来，带去学校分给身边的小伙伴。久而久之，顾春成了班上的"零食站"，大家都知道，"跟着顾春有零食吃！"

除了喜欢分零食，顾春还有一大爱好——帮同学出头。在顾春身边的小伙伴，一受了委屈，第一反应不是找家长，也不是找老师，而是找顾春。在他们幼小的心里，顾春就是能帮他们找回正义的"顾青天"。然而，为这"爱打抱不平"的个性，顾春的爸妈没少伤脑筋。

10 放低身段，度过融资危机

出门一个样，放学回来一个样——在学校，顾春找同学打架，是再正常不过的事。每天回家的时候，衣服不是又脏又皱，就是这儿破一个洞，那儿少一大块。膝盖擦破，手肘擦伤，也是常有的事。顾春的父母对此也是束手无策。

爱玩，爱打架，但这丝毫不影响顾春成为学霸。天资聪颖的她，不用花太多的时间在学习上，也能轻松拿下第一名。

从小不喜欢被管束的顾春，在高考结束那一年，终于迎来了她梦寐以求的生活。在填报志愿的时候，为了脱离父母的管束，她特意选了一所离家较远的大学。那时的她坚定地认为，大学意味着可以随心所欲去玩的自由。

进入大学之后，潜藏在顾春内心的叛逆基因终于全面爆发。大学头一年，逃课成了她每天的习惯。逃课不断，重考不断。她并不是排斥上课，只是特别享受自由的状态。逃课后的顾春，喜欢在不同的人堆里"侃大山"，正是这段时间培养出了顾春与人交流的热情，她甚至在短短的时间里学会了多种不同的方言。

能玩的都玩过了，也折腾够了。大二那年，顾春意识到，这种叛逆的日子该画上句点了。她必须回到正常的轨道上来，抓住大学剩下的时光，好好充实自己。于是，大二那年，顾春开始在学习上全面发力，从小底子好的她，轻轻松松就拿下了各类奖学金。

顾春的成长轨迹有这样的特征，一件事，只要她想做，就一定能做好。

大学毕业后，家里人先后给顾春安排了两份安稳轻松的工作——大学图书馆管理员和国企办公室文员。可是，天生爱自由、爱玩的她怎么可能接受这样的安排？在她看来，这样的工作实在太没意思，太不符合她的风格。于是这两份工作都以"像模像样做两天,然后果断开溜"告结。

开溜之后的顾春,误打误撞在一位学长的引荐下,去了一家化工研究所"搞研究",可没想到,在上班的第七天就发生一件让人哭笑不得的囧事——好端端坐在沙发里的她,居然把自己的腰给扭了!本来也觉得搞研究太枯燥,于是顾春干脆借着腰伤的借口,再次开溜了。

觉得没意思就开溜,如此循环往复,兜兜转转,其实顾春也不知道自己真正想要的是什么。她只是在用这样的方式去对抗束缚。

有时候,当一个人有了一意孤行的勇气之后,幸运反而会降临。

顾春凭借着自己出众的英语表达能力,被一家国际贸易公司录用。脑袋灵光、做事干练的她,在三个月后就顺利晋升为贸易主管,挑起了采购的大梁,这一干就是两年。这是她毕业以后干得最长的一份工作,这其中的原因,还是跟她自身爱自由、随性的性格有关。

在工作上,顾春每天接触到的都是外国客户,在跟这帮老外打交道的过程中,她无形中被他们随性和"enjoy"(享受)生活的性情感染,这和她自己对生活的态度特别契合。正是这段时间的工作经历,把她内心狂野的性格完全激发了出来,这让她很难再回归到按部就班的生活里。满意的工作氛围,刺激而又充满挑战性的工作内容,太对顾春的胃口。

原本以为生活会这样一直继续下去,但是一次和一位外国客户无意中的聊天,让她的人生轨迹再次发生了转折。

2006年年底,一个外国客户告诉顾春,美国一家专门做B2B在线交易的公司在中国有一个办公室正缺人,感觉那里的工作会更适合她。出于好奇,顾春作为客户参加了他们的客户见面会,当场问了非常多问题后,对方的上海地区负责人Michael说要不你加入我们吧,她"爱玩"的心一

10 放低身段，度过融资危机

下子就被勾住了，随性的她二话没说当场就决定接受邀约。

2008年，全球爆发金融危机，顾春所在的公司业务受到很大的影响，整个公司的业务都逐渐趋于保守，原本计划好的2009年上市基本无望。强烈感觉到上升空间受阻的顾春，内心萌生了离职的打算。

于顾春而言，每一次不安现状的"折腾"，上天都会奖励她一把向上的扶梯。

2010年年初，阿里正好在做在线交易的尝试，当时阿里指名让猎头去挖这家美国公司的人，当猎头通知她前往阿里面试的时候，顾春心里也没多想，就是想去看看，毕竟那个时候，阿里在全国已经算有点名气了。

只是让顾春没想到的是，这次面试她的居然是"中文站"和"国际站"两个事业部。多年摸爬滚打的经验，让顾春轻轻松松就通过了面试，两个组都向她抛出了橄榄枝。说起最终的选择，她说这其中有一个暖心的小插曲。

在面试快结束的时候，中文站的一位副总裁突然开口问她："设想一下，当你老了的时候，你会怎么向你的外孙女介绍你自己？"

就是这样一个问题，突然把能将数据玩得再顺溜不过的顾春难住了，虽然她从来没想过，但却觉得温情。就这样，一点点的感性战胜了所有的理性，顾春选择加入阿里中文站。一想到进入阿里之后，就可以看到中国海量的数据，顾春就止不住地激动。

抱着一腔热情和满满的自信加入阿里的顾春，没想到加入的第一天，就遇上了"水土不服"。

在阿里工作的第一个月，顾春被分配去做询盘、供应商审核之类的工作，机械化的工作，让她心里慢慢发酵出一种"大材小用"的失落感，顾春觉得自己做着机器也能做的工作，实在没意思。一个月的时间实在太长，每一天都很煎熬，她曾一度想要离开。

到了第二个月，终于有了转机，阿里把"VIP 商城搭建"的工作交给了她，并给了她一支 14 个人的团队。挑战来了，顾春的干劲儿也来了。在接下来的两个月里，她带着这支团队，拼了命去跟供应商谈在线交易的各类业务，很快大量的数据就出来了，每天竟有上万元的交易额。如此突出的成绩，让顾春在入职的第三个月就转为阿里的正式员工，破了阿里 6 个月才能转正的惯例。

那段时光，是顾春在阿里最充实、也最有成就感的时光——阿里给了她足够的发挥空间，同时她也用自己最大的努力去回馈阿里。

但是，2014 年年底，顾春的阿里之路走到了尽头。敢闯敢玩的她不甘心就这样在一个环境里重复做同样的工作，安安稳稳地过完一辈子。"宁要充满挑战的人生，也不要万无一失地活着；宁要心满意足的颤抖，也不要萎靡虚空的平静。"她要再次出发，去寻找生命的其他可能。

"小黑裙"差一点没能起死回生

2015 年 6 月 1 日，"小黑裙"正式成立，7 月底第一个线下瑜伽工作室上线，10 月底 iOS 版本上线，11 月底安卓版本上线，12 月杭州下沙店和城西银泰店预热完毕，2016 年 1 月杭州滨江店开业。纵观"小黑裙"的发展之路，似乎平稳未见波折，但其实它差点没能"起死回生"。

创业选择切入瑜伽这一领域，多半是源自顾春自身对瑜伽的热爱。她本身既是瑜伽的爱好者也是受害者——各种办卡，瑜伽馆的各种搬迁，

10 放低身段，度过融资危机

地点的各种不便，自己各种被坑。

在平时的交往中，顾春发现和自己有同样经历的人实在不在少数。既然瑜伽拿"办卡"作为一道门槛来限制，那自己为什么不能做点什么来打破它，让更多跟自己一样受这种"窘境"所困的人，能自由地享受瑜伽带来的身心愉悦？

下定决心做瑜伽课程服务平台的顾春，感觉自己整个人一下子活了起来，她感觉自己是要去做一件惊天动地的大事，去改变整个瑜伽行业，浑身都充满了干劲儿。

但是，创业之路还没走稳，顾春就重重地栽了一个跟头。

"小黑裙"于2015年7月份开始正式运营，头两个月一切都是顺风顺水。原本沉浸在创业成就感里觉得一切都很容易的顾春，却没想到自己会在融资这个课题上，遇上前所未有的挑战。

在首轮融资的时候，顾春的估值是5000万元，但是9月资本寒冬的降临和过高的估值，导致融资一直没有结果。眼瞅着工资发不出来，这让团队士气大落，连内心强大的顾春自己也开始焦虑。她不断地反思到底是哪里出了错，自身、团队和项目到底哪里出了问题。沮丧至极时，她甚至开始怀疑自己是不是入错了行，瑜伽这个行业是不是进入得还太早，而自己是不是做了一件愚蠢的事情。

质疑、焦虑、不安，各种灰色情绪像蚂蚁一样，挠得人心里难受。在最难捱的阶段，顾春开始质疑和创业有关的一切。她甚至不敢出现在团队面前，她害怕一碰面，不知该如何跟团队里的他们交代。

这样的情绪一直持续到2015年10月下旬。在一丝希望都看不到的煎熬里，顾春问自己："是不是真打算就这样把公司关掉，承认自己这一次的失败?"

奇迹,总是发生在希望完全破灭的前一秒。

顾春做足了打算,内心轻盈,如释重负。她想,既然最坏的打算也不过是一个月后把公司关掉,那这个月耗着也是耗着,不如最后再拼一次。希望还是要有的,万一实现了呢?

抱定了九死一生的决心,顾春反而放下了心里那个巨大的包袱,开始一家一家地去谈。在谈的过程中,她突然想到了一个人——一位投资人朋友,抱着请教的心态和些许的不甘,顾春约这位朋友出来碰了面,仔细聊了聊融资的事情。朋友刚一坐下,顾春就直接问道:

"资本寒冬真的到了吗?后面融资真的融不到了吗?"

朋友沉思了几秒,然后抬头告诉她:"作为朋友,我必须告诉你的是,每天确实都有很多公司在死掉。站在资本的角度,我们公司宁愿不投任何项目,也比在一个错误的时刻投错一个项目好。虽然如此,但站在项目的角度,我觉得你这个项目是可以的。你还是有机会可以拿得到钱,只是你不妨考虑一下,是不是要把估值和融资金额降一降?"

那天聊完之后,顾春陷入了思考。站在主观的角度看,她始终坚信自己的项目值5000万元。但是进入一个新的行业,首先一定要经历市场教育的过程。在这个阶段,必须先"放低自己的身段",因为活着比什么都重要。她仔细盘算了一番"小黑裙"当时的资金使用情况,发现如果站在一个非常节约的角度"把钱掰作两半花",200万元已经足够"小黑裙"的运转。既然这样,那不妨趁着融资找到真正愿意跟"小黑裙"一起往前走的人。只要能够活下来,以后一定会有逆袭的机会。

思考清楚之后,顾春将估值降到了2000万元,并在20天内密集约

10 放低身段，度过融资危机

见了 11 家杭州本土的投资机构，事情终于有了转机，"小黑裙"起死回生。

经历过"融资历险记"，和众多投资人打过交道之后，顾春对投资人的看法有了新的改变。

顾春把投资人分为三种类型——有野心的；和善的；不痛不痒的。

顾春比较喜欢和友善的投资人打交道——她始终坚信一个投资人的价值要看其自身的为人，而并不是所拥有的资产。投资人和创业者之间，应该保持朋友的相处模式，投资人不该以更高的姿态，用粗暴的方式，强行要求创业者按照其思路行事，而创业者也不能一味地迎合、趋从和讨好。她从身边无数创业者身上发现，一个创业者既然能做成某个项目，那在其性格里一定有偏执的一面，如果投资人硬着来，两者之间会很容易形成对冲。

顾春认为一位好的投资人，必须能将淡然、柔和、专业这三个因子完美地融合在和创业者的相处之道里。

当一切柳暗花明之后，再回过头去看曾经的融资坎坷，顾春这才明白了"融资到底该怎么融"——对于之前没有投资人脉的创业者，在有了创业的想法时，就要开始积累投资机构的人脉，同时项目的启动资金要准备得充分些，20 万~50 万元为宜，要是能准备 100 万元以上自然更好。这样即使一段时期内融资不顺利，项目也能正常往前推进。而在这个过程中，创业者可以多参加一些路演，多进入一些孵化器，以此来结识能对自己的创业之路起到推动作用的人。而当产品的筹备工作接近尾声时，创业者便可以集中约见 20~30 家投资机构，并争取能见到一半机构的合伙人，再争取能有一半进入尽调与投委会，最后筛选下来 3~5 家谈到具体风险投资协议。这个转化比例基本是标配。

任何事情，要想提高成功率，先要保证有足够大的量。量变引起质变，此言不假。

"选择小黑裙的理由"

瑜伽行业，是一个传统而又变化的市场。顾春渴望通过自己的努力，让瑜伽不再是富人的专享，而是平凡人的一种生活方式。

中国目前的瑜伽市场较为混乱，每个瑜伽馆都是自己对教师做培训，自己做证书，自己颁发，这导致瑜伽教师的质量良莠不齐。为了彻底改变这一现状，顾春对瑜伽教师的"专业水平"有着极为严苛的要求。在"小黑裙"，每位教师上岗前都要经过精心筛选。针对她们后期的发展，"小黑裙"也有着极为系统的管理体系。

目前，"小黑裙"的瑜伽教师大多来自瑜伽学院等正规机构。每位在"小黑裙"授课的教师，必须至少满足以下两个要求之一——有五年以上的教学经验；有爱心和责任心。除了对教师的资历有着严苛的要求，顾春对老师日常的工作态度也十分看重。"从不吝啬开除任何一个没有责任心的教师"是顾春一直力行的铁律。"小黑裙"组建了专门的教师管理团队，负责瑜伽教师的招募和考核。而为了保证教学质量，每位教师一天最多只能接两堂课。针对高级学员开设增值课程、引入配套商品、与女性平台的合作都在顾春接下来的布局中。

顾春对"小黑裙"瑜伽教师管理的严苛，曾有这样的实例来佐证。有一天，一位瑜伽教师因为半路堵车，赶来上课时迟到了两分钟，尽管客观原因充分，但是，"小黑裙"还是亮出了辞退的"红牌"。在顾春看来，任何影响学员利益的行为,都是不被允许的。在严苛的制度管理下,"小黑裙"获学员点赞无数。目前为止,还没有任何学员对教师提出过投诉。

"小班教学"是"小黑裙"的一大亮点。一堂课学员数量不能超过10人。顾春始终坚持一个观点,瑜伽必须贴身习练。视频教学能学到的仅仅是皮毛,无法接触到瑜伽的精髓。当一个人尚不了解自己的身体架构时,盲目效仿瑜伽老师的动作习练瑜伽,不但起不到作用,反而可能会伤害到自己的身体。要是没有瑜伽老师的近距离教学,学员拿捏不准动作是否标准,用力有没有不对,呼吸有没有出错,要是这些出了差错,轻的会影响个人体验,严重的则会影响一个人的身形,甚至是造成瑜伽伤害。对于视频教学,顾春认为只适合一类人——自己本身就是瑜伽教师,持续练习时间超过五年,对自己的身体非常了解。除此以外,顾春还坚持一个观点:瑜伽习练必须是在社交的环境里,学员之间的交流不但能更好地帮助彼此进步,还能让身心更加愉悦,这才是习练瑜伽的根本。

让"小黑裙"的学员了解自己身体的方方面面,让"小黑裙"的瑜伽教师实现自由梦,让"小黑裙"真正成为一个轻运动的健康入口,这就是"小黑裙"正在做的事情。

阿里创业军团

11
修行人的创业思维

阿里创业军团

古典情怀下的"出淘"

2014年6月，姜涵泷从阿里辞职，创办修明馆。

修明馆从装修到开馆，姜涵泷一直亲力亲为，记录着它每一个阶段的模样。从进门即可看到的古朴精致的大方木吧台、精致刺绣的淡蓝色粗布门帘和馆内的榻榻米、棋盘、茶具、酒缸，修明馆处处透着雅致。而这些全都是姜涵泷自己设计、自己制作。

姜涵泷本就是学设计出身，在设计界摸爬滚打十几年。2005年曾在腾讯设计中心从事视觉多媒体的工作。在腾讯的时候姜涵泷曾做过RTX的包装盒，主导完成了Qgame美国版的游戏，就连Qgame的logo都是他设计的。2011年，他又到阿里"修行"，任职期间设计完成了阿里金融的公仔。

虽然姜涵泷之前的设计作品大都有着互联网的因素，但是修明馆内没有任何工业气息，诗酒花茶，古朴典雅。他本人钟情于中国古典文化，也就是在这种情怀下他从阿里离职，创办现在的修明馆。

11 修行人的创业思维

姜涵泷在小时候就喜欢看武侠片，他被里面那种"路见不平，拔刀相助"的豪侠之气深深吸引。很早之前，姜涵泷迷上了小说《寻秦记》，书中一位武艺了得的武者，给了他深刻的印象，习武这颗种子在他的心里萌了芽。时过境迁，小说的内容，他已经忘记，但是当时读到那个武者"出招"时的兴奋心情却十分清晰。"从那时起,我有了要学武术的念头。"到了大学有更多的资源之后，姜涵泷学习更多的古典知识，射箭、围棋、茶艺他都曾涉猎，但都是囫囵吞枣，没有进行系统的梳理。

2006年12月，姜涵泷机缘巧合之下拜得一位武术师傅。在这位师傅的教导之下，他开始接触咏春拳并成为叶问的第三代传人。"来留去送，甩手直冲，以巧胜灵"，通过咏春拳十六字精髓的沉淀，姜涵泷的脾性也变得温和。

与武术结缘之后，姜涵泷开始了他的"修行"。姜涵泷在腾讯工作时组织了咏春堂，后来入职阿里之后又在公司组织了咏春佛手堂。姜涵泷觉得将武术发展下去是自己冥冥之中的使命。于是，2015年，他辞职创立了修明馆这家武馆。

读书人的武馆

决定创立武馆时，姜涵泷已经把他传播武术的方式想好了。他把修明馆定义为中式文化生活养生馆，以武养生，打造"读书人的武馆"。

姜涵泷把"读书人"定义为脑力劳动者或者知识工作者。在现在快节奏的生活下，这样一群人身心状态和生活方式产生了明显的矛盾。科技应用于生活之后，人们的生活越来越方便，身体却越来越懒，纷繁复杂的工作也让人越来越累。中国武术博大精深，武术的修炼包含了身心两方面的内容。武术锻炼可以改变人的体质，也可以改变人的气质。真正的武术修炼，可以让弱者变强，也可以让迷者开悟。在这样一种环境下，武术就变成了一种生活"调剂品"。

修明馆是中式文化生活养生馆，用姜涵泷自己的话来说，所有的生活都可以称为中式文化生活，洗脚按摩也可以称为中式文化生活。养生馆有很多，但是每个养生馆主题不一样，修明馆以武养生，辅以中国古典文化，重在修心。

武馆定位清晰之后，姜涵泷并没有把所有需要养生的人划为自己的用户目标群。他针对的用户群是32岁到38岁之间的"读书人"。为什么是从32岁开始呢？这是姜涵泷在阅读过《黄帝内经》后得出的结论。《黄帝内经》中根据人的生命周期提出"七七八八"，指的是女子以"七"男子以"八"进行迭代，即女子以七年为一个迭代周期，男子以八年为一个迭代周期。姜涵泷发现这个年龄段的"读书人"生活相对安稳，但是高频率的生活节奏下亚健康、焦虑、烦躁等身心问题都会出现。姜涵泷自身就处于这样一个阶段，他和他的合伙人慧修深有同感。然而这个阶段的人由于身体机能的下滑，不适合进行剧烈的运动来释放压力。在这种情况下，修明馆就满足了他们"静"的需求。修明馆让习武和修行成为调节剂，让失衡的身心状态和外界的工作生活挑战达成一种平衡，让生命不至于因为超负荷运转而停转，也不至于因为过度磨损而过早衰老。

姜涵泷身为馆主并没有估算过自己能招收多少学员，但是他却预估过市场的量级。按照姜涵泷的估算法，全国有13亿人口，处在32岁到38岁这个年龄段之间的至少就有1亿人，而这1亿人里面有养生需求的至少有10万人。姜涵泷估算这10万人里面的漏斗率,大约会有1万人左右。而他没有那么大的野心,把这1万人全部收入馆内。姜涵泷觉得,每年有50人来馆就足够他自己消化了。

修明馆开设时的定位是武馆,但是开设的课程却不仅限于武术,琴棋书画、诗酒花茶都涉及。它的课程主要分为三大块:武术、射箭和禅修。姜涵泷把第三块的禅修结合"琴棋书画,诗酒花茶"八雅变成一个综合性的课程开设,按照需求进行教学。姜涵泷本身会的东西很多,能随性地开课,想要教乐器的时候就会开设箫的课程,洒脱自由。

修明馆开馆半年,现已经有20多名学员入馆拜师。姜涵泷收学员的原则很简单——要有情怀。创办修明馆伊始,姜涵泷和合伙人慧修就抱着一种情怀——以武会友。在招收学员时,姜涵泷也看缘分。

在开始招收学员时,姜涵泷通过微信、微博等媒体渠道发布信息,同时参加一些线下活动扩大影响力。一圈活动做下来,很多人就会慕名到修明馆一探究竟。他们一听姜涵泷会武术,马上要求他展示一下身手。起初,姜涵泷抱着文化传播的心态也会展示一番,但是时间一久他就觉得这样的做法不妥。自己不是做慈善的,也不是做文化普及的,通过展示的方法吸引过来的学员并不是真正来"修行"的,他们并没有真正想要修行的情怀。再后来,有人要求姜涵泷展示身手的时候他就直接拒绝了:"想看表演网上的资源有很多,你想学的其他地方也都可以学得到。"这样的学员往往会被姜涵泷拒绝接收。

学员中不乏真心想要"修行"的人。有的学员进馆的第一天,就被修明馆静谧的气息感染,决定要"修行"。但是这样的人不多,所以姜涵泷在课上极其用心,尽力把这些人带好。有时,下课已经一个小时了,他还在带领徒弟进行练习。

姜涵泷相信缘分，在武馆招生上，他从不做强行营销，甚至没有华丽的手段来吸引人群。武馆里面没有详细介绍课程的宣传页，只在门口张贴了课程内容，姜涵泷相信要来的人始终会来，他要做的就是"守"。

修行人的创业思维

姜涵泷把人生比作一场修行，自己则是修行路上的修行人。他的创业步骤按照修行的逻辑——师、法、侣、地、财来进行。

师，即老师。修明馆在开馆初期，姜涵泷也请了一些教拳法的老师，但是效果并不好。一个武馆需要有常驻的武师，但是修明馆初期一些拳法老师不能经常在馆里，这就造成了修明馆很多活动难落地。修明馆举办一次活动，来的人很多，但是转化率并不高，很重要的一个原因就是因为师傅不在。如果馆里五个拳师都在，学员们就可以直接接触，在五种拳法中做选择。一方面扩大了学员们的选择范围，再一方面武馆的会员转化率也会提高。但如果拳师不在现场，那么双方的转化率都会降低。在后期，修明馆做了调整，"守"成为他们的一种日常修行。

法，即方法。修明馆的练武场地能够容纳十人左右，学员多起来之后，空间明显不够。姜涵泷的一个做法就是"开源节流"。他通过网上教学的方式减少场地的压力，同时他把修明馆的公开课程放到口碑网、大众网等平台上进行预热，"节流"的时候不忘"开源"。

侣，即道侣。修明馆的另一位创始人是慧修。慧修和姜涵泷是阿里的同事，两人因有相同的情怀所以一起辞职开办修明馆。修明馆还处于

11 修行人的创业思维

前期筹备阶段时，慧修便早姜涵泷一个月辞职，着手准备相关事宜。在修明馆开馆之后，两人共同的价值观让武馆的事情变得简单。修明馆的装修风格两人也是一拍即合，进修明馆之后，掀开帘子往里走，低矮的吊顶，通透的花窗，狭小的小空间里井然有序地放着各种物件，仔细一瞅屋的四面墙——俨然就是一个小型画展，上面满满当当地贴满了各式样稿、灵动的黑灰线条、生动而又意境深远的画像，这里是姜涵泷的仙侠世界，也是慧修的仙侠世界。两人的兴趣爱好也极其相似。

对于其他人的意见，姜涵泷表现出他"修行人"执拗的一面，外面人的意见他"一概不顾"。他并不是反感别人提意见，而是抱着"中庸"的思想。有人建议他把装修风格偏日式一点，有人建议他增加一门怎样的课程。他总是点头称是，但却从未付诸行动。他只是觉得别人和自己站的角度不一样，再怎么为自己考虑也不可能知道自己经历过什么。

地，即场地。姜涵泷认为现在修明馆要做的就是寻找场地，接着就是"财"，即开始赚钱。然而"财"不仅仅是指赚钱，还有修明馆运作期间需要的资金。姜涵泷是一个很知足的人，每月5000元钱的工资就已经很知足，然而创办修明馆遇到的最大困难就是缺钱。

姜涵泷和慧修创办修明馆时，他们对于盈利的想法很简单，如果修明馆不赚钱，就当是开了一家私人会所，只是招一批会员一起玩，相比于找同类型的私人会所，一年的会员费也比自己创办一个少不了多少。所以，即使在姜涵泷没钱交停车费的时候，他依旧是一副云淡风轻的样子。

但是武馆运作缺了资金是万万不行的，这时候姜涵泷就找朋友"要"钱。他"要"钱的方法很简单，就是"单刀直入"，表明目的。朋友一看，就直接问他，需要多少，说一个数字吧。不知是姜涵泷运气好还是他的朋友都是慷慨之人，他们给完姜涵泷钱就直接消失了。即使是投资了修明馆的朋友，对武馆的运作也一概不问，平时连电话都很少打，像凭空消失一般。但是姜涵泷的"义气"仍在，投资人虽然对武馆"不闻不问"，但是他仍会把武馆的最新动态放到朋友圈展示给投资人看。

"专注当下，内心放空，达到无我之境界，方能修得大自在"是他追求的境界，他做事的方法处处透着他"修行人"的身份。

在文化产业，练武的人不够有文化；玩文化的人又动不起来。但是文武双修、动静结合才是一体的，这正是这个行业所缺乏的。修明馆的出现，把创业变成一场修行，不管是走了一万步还是走了一百步都要耐住寂寞，守住当下，不忘初心。

阿里创业军团

12
要创业先找准机会再出手

做有情怀的客栈

2007年，江帆供职于阿里，是中供大军里的得力猛将。

奋战阿里四年，拥有中供铁军的"魂"是江帆最大的收获。初入阿里时，年轻气盛的江帆并没有太多的处事经验，凡事习惯了站在自己的立场去思考问题。只要所经历的事情和自己预想的不一样，内心便会滋生不悦的情绪。但是进入阿里之后，在"客户第一"价值观的熏陶下，江帆的处事风格慢慢发生了转变。当时，作为阿里铁军中的一员，江帆经常和同事一起，为了跑客户忙到晚上六点多。有时候，刚好碰上客户忙着卸货，人手恰好不够。身边的同事常是包一放，衣袖一挽就忙着帮客户卸货。当所有货卸完，客户为表答谢要请吃饭，但是同事都是把包一拿，拍拍衣服就又立马走开继续忙去了。这些司空见惯的场景让江帆受到感染。在他心里，这就是阿里中供铁军口碑的核心。拼搏和情怀都只是敬业的一种形式，但是这种真正发自内心去帮助他人的做法，才是中供铁军的魂。这也是为什么多年之后，从阿里铁军里出来的每个人，在任何地方、任何场景里，都散发出不一样的气质和光芒。扎根阿里多年，中供铁军的魂在江帆心里早已根深蒂固。对待客户、同事、社会上的其他人，他首先想到的都是怎样能帮助到他，用利他的思维去经营好每一单业务，然后拿到应有的回报。

2011年，江帆意识到自己在阿里的发展空间已经十分有限。一番思考之后，江帆决定：辞职创业去！

怀抱一腔创业热情离开阿里的江帆，只知道自己的目标是创业，但是选择哪个领域，却没有具体的方向。2011年正值"电商"创业热，江帆身边好多一起从阿里辞职的朋友都投身到这个领域，并且在短时间内就有了丰厚的回报。但是，江帆却没有盲目趋从。他很清楚自己的短板在哪里——自己虽是阿里中供出身，但是只懂销售，不懂运营，也不懂产品，拥有电商基因，却不具备电商能力。在不具备专业水准的情况下，贸然去创业，一定会以失败告终。

在对自身进行了一番剖析之后，江帆发现，在现阶段，自己唯一能做的就是销售。但是要想做好销售必须先得懂得产品，当时刚从阿里离职的江帆，对阿里以外的产品一无所知，无奈之下，他只能做出"清零"的决定——从头开始，去了解一个产品。

就在江帆苦苦寻找产品方向的时候，一个名字突然跳进了他的脑海里——云南。

在江帆心里，一直有个云南梦，在快节奏生活里"浸泡"太久的他，渴望着去看看云南的青山绿水和蓝天。在江帆看来，云南不只有着独特的自然景观，还是一个有品质、适合"慢生活"的地方。既然决定了，那就出发吧！2011年5月1日，江帆从杭州出发，途经昆明、大理，抵达丽江，一路上云南的高原地貌让江帆感到十分新奇和震撼，丽江开放的文化、人们精神上的自由让他十分向往。于是，他决定留下来。

创业，历经九死一生

在云南旅游时期，江帆几乎住遍了云南小有名气的客栈和民宿，在和客栈老板的接触过程中，江帆发现，这些老板一直都想要做规格更高的民宿，虽有很多不错的想法，但却缺少好设计并且没有找到适合产品的渠道。这一痛点激发了江帆的使命感，"给想做客栈的人提供更好的产品和服务"的愿景在他心里萌生。

江帆甚至目睹过，一位抱着一腔热情，远赴丽江开客栈的文艺女青年，每天跑工地，在灰尘扑扑的工地上和工人吵架、做指挥，逛建材市场，吃力地搭好客栈的"一砖一瓦"。当时，江帆心想，既然如此，那为什么不做中间那座桥梁，去帮助他们"包揽"下所有与客栈装修、配置有关的活，让他们接手客栈之后，就能在最短的时间里，用最省力的方式完成改造，达到自己想要的效果，轻松开始营业呢？

决定创业之后的江帆，首先在丽江开了一个囊括家纺、老木头家居、床垫、布艺、灯饰等在内的"综合性卖场"，开业的当天，江帆特地组织了一个有意思的发布会——专程请来了当地的乐队、歌手以及法国的西餐厨师。丰富新颖的节目内容，吸引了云南当地客栈老板、酒吧老板，以及全国各地在云南的游客等500多人都赶来"凑热闹"。发布会一开，卖场的名声也传了出去。

有了名声却没有生意，是江帆遇上的第一个窘境。在缺少市场调研的情况下，江帆根据自己的想法"主观"设计了卖场里的所有产品，这些产品虽然"有意思，好玩"，但是却没有人愿意埋单。阿里中供铁军出身的江帆居然没有跑出一单生意，眼看创业资金就快"见底"。他想，不能再这么下去，得赶紧想办法。

就在这时候，江帆突然同时接到了两个大订单——丽江颇有代表性的客栈"红尘净土"和"云水茗心"找到了江帆，事情终于有了转机。

没有任何产品经验的江帆，在这两家客栈的"倒逼"模式下，根据客户需求，反而逐渐知道了市场真正需要的产品是什么样子的，从而不断去开发和完善产品。

当时丽江的客栈多以低端设备为主，但是这两家客栈却以高端为主打，这使得两家客栈一开业就在当地引起了较大的轰动。有设计感，有风格，定位清晰的装修设计让人眼前一亮。

于是，在这之后不断有客户主动找上门。这其中，有一家名为"新回峰"的客栈也找到了江帆。这家客栈是当时束河占地面积最大、最高端的一家客栈。为了在价格上更具竞争力，江帆找了一家价格较为便宜的代工厂帮忙生产，结果产品出现了品质纰漏，这对"野奢"的口碑造成了极坏的影响，从而引发了客户撤资、资金短缺等问题。为了挽回产品形象，江帆用了近3个月的时间去重新优化产品。

这一事件，让野奢的发展迎来了新的变革。之前野奢主要以接订单为主，在接下订单之后，去寻找工厂进行代生产。之后，江帆调整了商业模式，将70%的精力投入到产品设计研发以及供应链管理上。

2012年至2015年，江帆带领着团队几乎走遍了全世界各地的旅游度假酒店，去学习和考察，他要了解"好的东西究竟是怎样的"。在了解产品的同时，江帆还把剩余的精力全部投入到了供应链研究上。在对各个产业有了进一步的了解之后，江帆从中甄选出符合"野奢"风格的供应商，与之建立起合作关系，让供应商按照"野奢"的设计要求单独生产新产品。3年下来，江帆跑了近1万家工厂。

3年的学习时间，江帆最大的感悟是，世界上美好的事物太多，他想要借助"野奢"的平台，将这些美好带到国内，甚至带向全世界。

奢侈品的品质，平民化的价格

"做民宿和精品酒店的整体服务商，以商业之手将情怀落地"是野奢的目标。

"全球供应链＋线下体验中心＋线上APP"是野奢最核心的商业模式。江帆要实现的是让消费者以平民化的价格买到拥有奢侈品品质的产品。

目前，中国约有1万家民宿，而在接下来10~20年时间内，会增加至100万家，供应链全球化是大势所趋。在进行市场调研的过程中，江帆发现与民宿有关的产品都是根据当地文化和材料生产出来的，这导致不同地域孕育的产品千差万别。例如：东南亚的家居饰品、土耳其的地毯等。德国、日本有着一流的设计师，中国有着大量的家居制造企业，在产业配套和加工生产方面能力较强。因"各家各有所长"，所以只有供应链全球化才能实现资源的最大整合。

截至2015年年底，野奢共有5个线下体验中心。为了让客户更加情景化地体验到产品，江帆在设计的"源头"就提出了极高的要求。在野奢的设计师团队里，有的设计师在3年内便获得过两次"金堂奖"（家居界的鲁班奖），为的就是能够设计出高品质，但又让普通消费者也能够消费得起的产品。绝大多数到体验店感受过的客户都能找到自己中意的产品。

2016年年初，野奢正在筹划APP制作，并预计在2016年上线。通过这款APP，江帆要实现的是"开民宿找设计师、施工单位、软装产品"都能一键轻松搞定。每个想要开民宿，却苦于不知从何下手的人都能在这款APP上找到解决方案，稳稳妥妥将情怀落地。此外，基于这款APP，江帆还将筹办论坛，让那些真正有民宿情结的人能够借此相互交流、学习。

"小而美"，其实是分子和分母的组合

野奢提供的不仅是产品，最关键的是设计。江帆始终坚信，客栈是对"小而美"的最佳注解，它的"一砖一瓦"都必须匠心打造，而每一家客栈都是对客栈主人气质、理念的诠释。因此，在打造每个客栈的"独一无二"上，江帆耗费了大量的时间和精力。江帆坚信，设计的顶层是情怀，而找准客户的情怀，并用设计将它落地是他的强项。

扎根阿里四年，江帆最大的收获就是学会了如何去读懂人性。"客户第一"——随时随地帮助客户以及同事分担问题是阿里的核心价值观，要想更好地服务好客户，就必须站在客户的角度去思考问题，揣摩客户的心理，只有这样才能随时随地帮助客户解决他们遇上的任何问题。即使离开阿里多年，阿里的价值观依旧深深地烙印在江帆心里。在和客户接触的过程中，江帆只要和客户短暂接触一次，或是稍微翻看一下客户的朋友圈，他就能准确地判断出客户的性格特征，喜欢什么样的风格，

想要做怎样的文化，而客栈作为一个载体要如何将之"外化"。在有了初步的判断之后，江帆能够在短时间内将客户的文化偏好、精神需求和情怀特质完美融合，形成一整套完整的方案，供客户参考。在客户满意之后，便可即刻实施。

野奢这一名字，在全国范围内虽尚不响亮，但在丽江、大理和腾冲已经有了相当的名气。目前，野奢已经拥有固定客户2000家。2000家客栈，2000种风格。

"小而美"是江帆对客栈始终坚持的原则，但他认为"小而美"并不意味着只能独一创造，而不能批量生产。在江帆看来，"小而美"的独特源自搭配和设计的完美融合——"小而美"的本质是个性化订制，每个"小而美"都是由无数的元素组成，就如同一个个分子共同组成一个分母，而批量生产并不违背"小而美"。它其实是一整套强大的组合和搭配，是很多元素的组合。

从商业模式上看，C2B是"小而美"的商业模式，即C端消费者的个性化订制需求反馈到B端，B端根据不同的客户类型来服务C端的个性需求，这一过程中，没有任何一家工厂能做到满足所有C端的需求。这时候，就对B端提出了要求——这个B端必须拥有强大的"素材库"，在这个素材库里有成千上万甚至过亿的分子，这些分子能够满足C端的需求；在掌握了无数分子之后，B端还必须懂得C端，知道他们渴望通过这些分子，组装出怎样的分母；在这一基础上，B端还必须有将分子组装成分母的能力。

江帆始终坚持认为要想真正做成一件事情，必须有"工匠"精神，于分子组装分母这件事情上也是一样。在阿里做销售出身，但是不懂产品的江帆曾花了近四年半时间，用每年70%至80%的精力去深入了解并找到这些分子。在这四年半里，江帆用两条腿跑出了一张"全国供应商地图"——在江帆的脑海里，随时都能调出这张地图，他能迅速判断出在全国范围内，各个省、县、村有怎样的成本优势、配套优势和品质优势。

在现阶段的发展过程中，除了服务好客栈和民宿，每天都会有1~10位消费者通过客栈或者民宿主动"找上门"，让野奢帮助他们设计独具特色的产品。基于这样的潜在需求，江帆规划在未来的5~8年里，野奢的服务范围将从客栈和民宿逐渐延伸至个人——为个人提供个性定制的家居服务。这样的转变，主要是因为随着生活质量的提高，人们对品质生活的追求也逐渐加深，现在人们不但要"住"，更要求"住好"——每个人对"家"的环境要求也在逐渐增大。

如今，很多人都在思考家里到底该装修成什么样子，办公室要做成什么样，而这些都是C端需求。这也倒逼着野奢从B2B向着B2C转型。江帆估计按如今的发展节奏，B2C将实现比B2B大得多的市场前景，从营业规模看，至少能达到一年10万亿元的市场体量。基于这样的市场体量，野奢在接下来5~8年的核心战略为从客栈、民宿突破，上升到个人家居。

在融资之后，江帆将进一步巩固好这样的商业模式——B2B+C2B，即作为大B端的野奢，服务好以民宿和客栈为主的小B端，与此同时，连接好追求品质消费的C端（主要为家庭和小型民宿）。在这一过程中，作为大B端的野奢要做的就是不断充实自己的"素材库"，实现几十万类的品类，提供更多的素材供消费者选择。

为了寻找分子，2016年野奢将围绕产品设计开发、全球供应链拓展、线上运营三块去开展。

在产品设计开发这一块,野奢将组建一支专业的团队在核心部块做设计开发,并对开发出的分子做排列组合,但是在未来不会做生产。因为在生产的领域,中国已经有很多专业的团队在做,而野奢要做的就是发挥自身的优势,做"组合"这一最擅长的部分。

从当初的创业迷茫,到如今的运筹帷幄,江帆用一点一滴的努力逐渐让内心的情怀落地。在收获一路的成长与蜕变之后,对于接下来的路,江帆满怀信心。

阿里创业军团

13
"零利息"抢占市场

初心：为重整市场尽一份力

2011年年底，黄剑炜正式从阿里离职，踏上自己的征程。

黄剑炜在阿里工作将近8年，8年时间里，他曾提交过3次离职申请。即使一心想要离开阿里，但在黄剑炜心里，阿里有着至关重要的地位，他甚至容不下任何人说阿里的"不好"。对于阿里的责任，已经融入黄剑炜的血液里。

在阿里任职期间，黄剑炜曾因维护企业形象被处分过。当时黄剑炜在和一位客户谈业务，在谈话过程中客户提到阿里诸多不好之处，黄剑炜立即反驳："你说的不对，即使你说的对，我也不认可你。"客户觉得黄剑炜态度很差，业务结束就投诉了他。结果，黄剑炜被主管训话，当时的主管问他："罚你500元钱，你认不认？"黄剑炜说："我认。"因此，黄剑炜被贴上了"三类过失"的标签，这直接导致他晋升主管的计划被搁置半年。

半年处分期一过，黄剑炜晋升为主管，创业的种子也就是在这个时

13 "零利息"抢占市场

候埋下的。做主管带团队时,黄剑炜给团队人员做职业规划。就在所有人畅所欲言的时候,有学员突然问黄剑炜他自己的人生规划是什么?黄剑炜一听——对啊,我自己的人生规划又是什么?于是,在一番思考之后,他才第一次明晰地看清了自己的人生规划:一到两年具备管理团队的能力,二到三年储备一定的财务知识,再过三年具备创业的能力。

规划和现实之间,往往存在一个"意外"的差距。2011年,让黄剑炜意想不到的事情发生了。他所在的B2B部门内部结构发生巨变:业务方向转变,多名高管和员工辞职。这时候,黄剑炜心里打起了"小算盘":自己已经做到主管的位置,往上走的空间越来越小,相反,阿里之外有着无限的发展空间。

于是在2011年年底,黄剑炜从阿里辞职。

辞职之后,黄剑炜从做二维码扫描的业务人员到职业经理人,做过很多事情。2014年,一番"折腾"之后的黄剑炜正式成为一名创业者,他创办的仁仁分期成功上线。

黄剑炜创办的仁仁分期是一个面向在校大学生提供分期付款购物服务的在线商城。对金融行业并不敏感的他,选择这一行业有着简单而纯粹的初衷——为重整市场尽一份力。在黄剑炜创业之初,分期金融行业与各种商业博弈连在一起,错综复杂,险象迭生。曾经有人用800元利诱,骗取学生身份证,消费上万元的东西,而被骗者却要莫名地每月还上千元款项。做仁仁分期,黄剑炜既是为圆自己一个创业梦,也是为了整个分期行业的发展。

抱定这样的初心之后,在深入分析市场时,黄剑炜发现杂乱无章的大学生分期市场里其实存在很大的利益空间。在调研市场的时候,他发现银行信用卡在高校大学生领域申请相对较难，申请周期较长，步骤相对较复杂，而且额度低，无法满足学生的需求。他还发现杭州、上海的大学生生活费平均每月在1500~2500元之间，但是他们的消费能力旺盛，热衷于一些单价较高的高端电子数码产品，由此可以看出校园市场的空间非常大。此外，黄剑炜还有一段和大学生"亲密接触"的经历——在阿里工作时，出于业务需要，黄剑炜常和大学生打交道，在和他们接触的过程中，黄剑炜发现大学生群体相对简单，风险不高。值得注意的是，目前做大学生分期的企业很多，但是利息普遍很高，有的在60%~70%之间。黄剑炜算了一笔账，如果按照当前的分期利率来算，5000元钱的手机按照12期分期还完，则分期人实际上还的总金额是7000多元。面对这么大的市场机会，黄剑炜决定切入分期市场这块"大蛋糕"。

诚心：分期新模式

2014年9月，仁仁分期产品正式上线。仅一个月时间，用户量就突破了1000。黄剑炜用什么方法迅速占领市场？

"零利息"分期借贷，是仁仁分期决胜于同类型应用的必杀技，也是黄剑炜从仁仁分期初创伊始，坚持至今的产品战略。

黄剑炜通过"零利息"的打法，一击制胜，迅速地占领了在线分期购物的大量市场份额，一举将贷款利息高昂的竞争对手"挤出"市场。

"零利息"是一种长期策略性行为，这无疑体现了黄剑炜的胆识和眼光。价格差、服务费、转介绍是传统分期业务的盈利点，而在当今透明度越来越高的市场，黄剑炜认为这三者的利润将日益降低。他着眼打

13 "零利息"抢占市场

造的是在线分期购物模式,而并非局限于仁仁分期一时一处的盈利。然而,实力雄厚的腾讯公司,敢于砸入大笔资金,用滴滴打车"烧出"在线支付的商业模式。对于一家成立不久的初创企业,仁仁分期零利息的掠夺性定价实在是一步险棋。在这一过程中,黄剑炜陷入了迷茫,就如同看比赛的人永远无法体会到参赛者的心情一样,黄剑炜这才意识到实际创业与自己当初想象中的创业还是有很大的差距。在阿里担任职业经理人的时候,黄剑炜感觉赚钱很容易,而当他自己创业时却深刻感受到"一粥一饭,当思来之不易;半丝半缕,恒念物力维艰"。

在公司运营初期,给员工发工资是黄剑炜最头痛的事。当初在阿里时,作为普通员工的他都是坐等工资到账,盼着假期到来,但作为创业者,黄剑炜不仅不适应放假,还害怕放假。因为假期过后意味着要发工资,而他口袋里的钱并不足以支撑这笔开销。公司的利润大部分都是要靠每个月运营赚一点回来,放假对于他来说无疑是"浪费时间"。如果公司再投放广告,做个技术研发,钱肯定是不够用的。资金紧缺几乎是每个创业者都会遇到的难题。在这个过程中,对于创业者来说是一种煎熬。

2014年12月恰逢仁仁分期业务淡季,从1月到2月公司几乎没有任何收入,以至于黄剑炜无法给员工按时发放薪水。黄剑炜实在"熬"不下去了,为此,他做了两件事:一是给投资人写邮件请求援助,并以他自己的股权来做担保,二是无奈地向家里借钱求助。

在创业路上,每个人都是孤独的行者。黄剑炜至今没有选择在杭州买房。那次"寒冬",让黄剑炜真切地感受到了绝望。他甚至觉得,如果这一关过不去的话,大家可能真的散了,自己的创业梦也会随之破灭。刹那间,他感觉全世界似乎只剩下了自己,无助瞬间袭来。但是一想到那些和自己一路奋斗拼搏，在危险时刻还愿意追随自己的人，黄剑炜毅然坚持了下来，他必须对他们负责。创业路漫漫，黄剑炜担着这份信任和责任勇敢前行。

无论再艰难，黄剑炜始终坚信，消费市场的竞争格局还是可以继续拓宽的。在云栖大会上，马云用"消耗"加"浪费"这两个词来形容"消费"。不管经济环境怎么样，消费是底层的刚需，经济环境不好还是要吃三顿饭。消费是万亿元级别的市场，所以对小公司来讲，在这样一个市场里面，"赛道"变宽更加利于发展。最近消费金融领域尤其发展迅猛，据相关数据显示，2015年一季度，中国互联网金融市场整体规模已经超过10万亿元。到2015年年底，国内互联网金融用户将达到4.89亿。这样一个庞大的市场，即使细化到分期贷款购物市场，黄剑炜也觉得"赛道"很宽。分期市场一定会经历一个重新洗牌的过程。

在用户为王的"互联网+"时代，能否保留住用户流量决定着一家企业的成败。已经抢占了校园分期购物市场的仁仁分期，通过分期产品的精准定位和分期购物新模式的建立，成功取得了大学生用户的青睐。

就分期产品供应而言，虽然和多个供应商保持着合作关系，但仁仁分期将主要业务放在了数码产品上，尤其是苹果手机和电脑。在学生群体中，数码3C的消费占据了仁仁分期80%的业务，而其中又有将近70%是来自苹果手机和电脑。通过iPhone之类的名品"引流"，然后通过面膜、美妆等低单价、高复购、高毛利的产品，实现"驻流"。用户黏性水涨船高，现金流也就更加丰沛，分期金融才能获得真正的商业活力。

13 "零利息"抢占市场

用心：弥补短板，建立壁垒

当市场还处于蓝海时，企业只需要做好借款人的资质审核以及还款能力的审核工作就好。但是面对市场愈来愈多的新增竞争者，创业公司就要弥补自己的短板，建立自己的壁垒。

对于任何一家创业公司而言，都难免存在着短板。但这并不代表创业公司就无须弥补短板，甚至可以说，弥补短板的能力决定着一家企业的盛衰。当市场尚未成熟时，如果企业足够能打能冲，完全可以快速占领市场份额。黄剑炜认为，作为长期的企业不要有明显的短板，发挥到极致可以做得更好。做市场允许有短板，但是重要的是公司要有快速弥补短板的能力。例如在战略规划、成本毛利和商业模式还没有确定的情况下，能打能冲的人在类似O2O扩张市场份额的时候很厉害，公司初期需要这样的人来弥补短板。不可否认的是，公司在管理部门、协调战略方向、打造内部机制等等阶段都会有不同的短板冒出来，决策者要因时而动。就像同是分期贷款购物类型企业，在面对如今的分期市场时，其所做出的战略选择自然要和之前的有所不同。

开始时，仁仁分期靠着"零利率"这把利刃在大学高校间不断"开疆拓土"，凭着好口碑和市场占有率吸引到了一批创投界大佬的瞩目，其中就包括小米科技的CEO雷军。在见雷军之前，黄剑炜认为雷军会和自己讲格局、讲长远发展。结果雷军上来却和他分析仁仁分期的利润空间在哪里，并且先做了一笔预算，问他投入这么多钱想要达到的效果是什么。

当聊到这块时黄剑炜一下子就懵了。如今互联网公司大都是烧钱换市场份额，以速度压倒一切，贴一些钱没什么关系。滴滴打车就是一个很好的例子。黄剑炜没有认真想过该如何将这种模式长久地持续下去。

雷军的话无疑是"当头棒喝",黄剑炜和团队进行了一次痛苦的反思。从长远的模式来看,到底要如何走下去。难道也要学其他分期平台来收利息吗?那一段时期黄剑炜非常痛苦,因为这不仅涉及几千万元资金的问题,还关系到整个项目的生死。越在痛苦中挣扎,黄剑炜心底最深处的念头也越来越清晰——一定不做坑大学生的事情。

2014年11月,在一次大学生活动中黄剑炜发现大学生中有不少人兼职赚学费,而且在这时不少人提出了"用兼职养分期"的概念。

"零利息"+"兼职"的分期贷款新模式,成为仁仁分期的一大特色。一方面,"兼职"对大学生用户起到实质性的改变:树立大学生的独立意识。在仁仁分期平台购物之前,用户需要签订《独立宣言》。这不是一个简单的形式,而是真正的成人礼,让大学生开始承担步入社会所应该承担的责任。

另一方面,"兼职"给予风控更多保障。仁仁分期在给大学生做分期授权前,要一对一面访,建立以班级为单位的学生画像册,通过学校组织再进行交叉审核。例如教务系统信息的核实,班级信息以及学生证的核对,但这种类似银行审贷的流程,并不能保证风险最小化。而"兼职养分期"的模式则大大降低了坏账率。仁仁分期借助各种渠道,收集兼职机会,考察后,推荐给分期借款的大学生。如此,一手掌握他们"支出",一手掌握他们"收入",后台才能真正看清学生的消费深度。即使有的大学生借贷逾期,仁仁分期也可以要求逾期者兼职,获得还款保证,风险得到有效的控制。目前,仁仁分期的坏账率不到千分之三,远远低于有的银行的坏账率。

风险降低,分期的资金成本、操作成本、营销成本,则可通过分期产品的高毛利来覆盖,而不是只能通过高利率寻求风险覆盖。这在一定

13 "零利息"抢占市场

程度上使得"风控"这块短板得到弥补。与此同时，黄剑炜开始建立自己的竞争壁垒。

"零利息"+"兼职"，仁仁分期凭借这两大优势发展得顺风顺水。在发展初期，"仁仁分期"的业务员几乎都是横着出去的。业务员们信心足，业务自然就发展得快。而如今校园分期市场已经成为一片红海，很多企业盯准这块蛋糕。对创业公司而言，市场在动，你也得动，丝毫不能懈怠，每天都要"如履薄冰"。

在这样的市场背景下，黄剑炜有着自己全套的商业体系构建。在黄剑炜公司的大品牌"国众宝"旗下，仁仁分期已经占据了校园市场的大量份额，"工薪贷"将主要面向蓝领一族，加上P2P模式的"仁穗"公司以及提供数据服务的"鹰眼大数据"，更是让大数据成了最大的生产资料。与此同时，黄剑炜打造征信平台的第五家公司也已面市。

这几家公司通过各种类型的嵌入网罗着海量的业务，如同仁仁分期分析出3C产品将成为大学生的消费重点一样，黄剑炜想通过数据挖掘出市场最真实的动态。对客户群体细分，为每个群体定制个性化服务，这正是黄剑炜的"国众宝"品牌企图通过消费金融最终转型变成信用数据服务公司的目的所在。然而这样的信用体系，不仅仅是金融企业，整个商业生态圈也需要这样的以金融信用数据做支撑的信用体系。从市场需求来看，这才是真正的大生意。

基于全面、深度、精准的数据分析来完成全局的资源配置，同时避免不必要的资源浪费和过度竞争，实现资源的优化配置以及时间的高效利用，这是"国众宝"品牌真正的意义所在，也是黄剑炜在为自己建立的竞争壁垒。

阿里 创业军团

真心：团队管理

截至 2015 年年底，仁仁分期团队已经发展到 100 多人。在早期管理上，黄剑炜认为团队人员少，管理者可以通过人文关怀接触到基层员工。当团队人数超过 100 时，管理者要把公司变成一个生命体。这个生命体有五脏六腑，有可以内部自我循环的机制。只有生命体内部成长，整个生命体才会成长。

仁仁分期创建伊始，只有两三个人，随时都面临解散的可能，但当团队发展到一两百个人时，黄剑炜就多了一份担当，他觉得不能坏了在投资人那里的口碑，更不能对不起那些被自己当初苦口婆心"忽悠"进来的人。

黄剑炜一直坚持"民主"的做法。团队中发生决策冲突时，黄剑炜会和团队的人坐下来一起商量决策。但是公司员工中越是和黄剑炜走得近，越会被黄剑炜"粗暴"对待。这是黄剑炜表示"信任"的一种方式。不管是对待新员工还是老员工，黄剑炜都已经做好了一名管理者该有的心理准备：按照自己愿望的方式沟通，所有的错管理者自己承担。

一名优秀的创业者，要根据实际情况科学地管理部门，调整战略方向。最重要的是，创业者要让企业员工和谐一致，健全公司内部体制，以应对不同时期出现的不同短板。谦逊低调的黄剑炜正因自己的为人之道，赢得了投资人的青睐和信任。这让黄剑炜一路感恩创业路上的同路人。"如果这家公司还要继续往下走，那就势必要保持稳定的核心的团队，让大家成为共同生命体。"

以人为本，无论是对用户，还是对同事，始终全心全意，尽心尽力，这就是黄剑炜的心之道。以心之道，驭商之道。我为人人，我成仁人。

阿里创业军团

14
找到差异化空间与巨头共舞

选择比努力更重要

2002~2010年，扎根阿里；2010~2012年，供职上海通联；2012年创立铜板街。十多年间的工作历程，每一次转折都是他对自己的人生目标更进一步的达成，选择比努力更重要，是何俊始终坚持的观点。

从小就进了"少林寺"，根正苗红，基础扎实——用这句话来描述何俊的阿里路，再形象不过。2002年，浙江大学金融系毕业的何俊通过校招，顺利进入了阿里，从事销售工作，工号743。八年阿里路，挑战与收获并存，再回头看时，何俊很感谢阿里所带给他的一切。

初入阿里，何俊学得快，做得多，仅两年时间，就从普通职员晋升为销售主管，但何俊却有着其他的打算：在他看来，电话销售不是件能做一辈子的事儿，他要有更好的选择。

2004年，"支付宝"横空出世，当多数人还有点"懵"的时候，何俊便迅速意识到，传统的支付习惯将迎来变革，互联网金融的时代即将到来。抱着憧憬和好奇，何俊做出了决定——主动"求变"，离开阿里当时最好

14 找到差异化空间与巨头共舞

的销售部门，甘愿降薪降级跑到"支付宝"内部去应聘，结果，机缘巧合下，当时支付宝的金融事业部接受了他。

当年的这个选择，改变了何俊的一生。

初到支付宝的何俊，被安排在了发展战略部，在那里，他每天可以接触到不同的人和大量的信息，甚至能够清晰地看到整个阿里集团的运作模式，何俊的视野一下子就被打开了。也就是从那个时候起，他对互联网金融有了更深的了解，也更加确定它未来会有广阔的市场前景。

为了能更加系统专注地学习互联网金融知识，2010年，在阿里扎根奋斗了8年的他，再次做出了新的选择——离开阿里。

辞去了阿里的工作后，何俊前往上海，加入了"通联支付"。

当时的上海通联主要业务是互联网理财，初入"通联"的何俊主要负责做B2B理财交易平台。在一边接触业务，一边自主学习的过程中，他惊讶地发现，中国80后的理财渠道非常狭窄，有钱没地方投。而很多门槛比较低的理财产品，非常适合80后，可惜的是还没有很好地将其互联网化。

在对市场需求做出初步预判之后，2012年，何俊毅然辞去了"通联支付"的工作，返回杭州，开始创业，"铜板街"由此而生。

当时的他或许都不曾意识到，自己这样一个选择，将为中国互联网金融理财打开另外一个窗口。

铜板街火了，但并非偶然

何俊的目标，是做BAT外首屈一指的互联网金融服务提供商。

仔细研究铜板街的"成长史",不难发现,铜板街的"火",并不是偶然。

一、行业洞见——搭上时代的顺风车

市场的刚需决定一个行业是不是景气。

银行投资渠道单一,满足不了个人和中小企业的信贷融资需求、创意性项目的类股权融资需求,大众理财需求是中国金融市场一直以来都存在的"短板"。2010年的传统市场上,银行理财都是5万元起,信托产品100万元才起步,对于普通人特别是年轻人,一般的储蓄收益率低得可怜,理财成了一件"高门槛"的事。

80后主导了互联网的发展,互联网金融理财市场之所以巨大,也是因为这部分人有需求。作为80后的一员,何俊十分了解这个群体的需求。

20世纪90年代后期,多数80后高中毕业进入大学,社交需求变得旺盛起来,而这个时候QQ火了;五六年之后,多数80后毕业,开始走上工作岗位,"财务自由"之后的他们,在能买东西、爱买东西的时候,淘宝火了。所以,按照这样的惯性发展,何俊预测,再过几年,和自己成长节奏差不多的80后,普遍都有了家庭和稳定的工作,手头上也会有一部分"闲下来"的钱,这时候,理财就会成为他们最大的需求。这样一来,理财产品必然也会火。

何俊一想,既然有这么多潜在的用户,只要把门槛放得足够低,轻轻松松就能有收益的理财产品,谁会不买呢?

根据市场的潜在需求,何俊将铜板街定位为"理财版的天猫"——收取平台佣金,他表示,铜板街目前不以盈利为目标,平台服务费都纳

14 找到差异化空间与巨头共舞

入风险准备金账户。通过平台自有资金，补贴用户，做大用户规模，让用户得利。货币基金、保险、保理产品、P2P是铜板街目前主要的四大类理财产品。其实，在运营的初期，铜板街主要是和基金代销公司合作，帮助它们拓展移动端销售渠道，仅仅提供高标准化的货币基金。

但是，当铜板街的用户逐渐增多，用户数越来越大之后，何俊意识到，铜板街该向着多元化的方向转型了。

对于市场预判，"天时和地利"十分重要。而何俊的成功，正是因为他敏锐地搭上了"时代的顺风车"。

随着人们生活的进步，对品质和精细化的要求会越来越高，人群的需求也会越来越丰富，当大公司满足不了这些需求时，小公司反倒有了机会。市场竞争虽然惨烈，但是，中国有人口红利。根据市场需求，垂直切入一个领域之后，就会有机会，互联网金融市场也是如此。

80后这一群体的需求是何俊预判市场的"风向标"。

瞄准市场的主要消费群体，站在他们的角度，充分了解他们的消费需求之后，就能大致知道市场的走向。

二、市场竞争——找到差异化空间

小公司要想与BAT并存，就必须找到差异化空间。

2012年9月，铜板街公司成立，将其打造成为中国领先的互联网金融服务提供商是何俊的目标。仔细查看铜板街的资料会发现，2013年12月及2014年9月，铜板街先后获得华创资本、IDG及君联资本领投的超过6000万美元的两轮投资；而截至2016年3月底，"铜板街理财"的注册用户数逾850万人，累计交易额超过900亿元。

深挖铜板街的运营模式，"平台"是其基础。但是，在"搭平台"已经成为一种热潮的当下,"被取代"和"吞并"是再正常不过的事。何俊意识到,做平台是一件高风险、高收益的事情,不想被干掉,就得找到差异化的空间。而铜板街不但在"大浪"里存活了下来,而且跑在了前面,这源于铜板街重在对非标准产品资产的获取——通过和相关的产业更深层次的结合,做好风险控制,持续不断地打造出"低门槛,高收益"的个性化产品,满足不同用户多样个性化的理财需求。

每一个市场,垂直切进去,往深层和精细方向走,都是会有很大的发展空间的。毕竟,各行都有各行的巨无霸,但是它们的缺点是:饼摊得大,却不够精也不够深,如果去做精做细,将会有很大的成本。这就给小公司和初创公司找到了发展的空间。能否找到差异化空间,这是胜败的关键。

但是,在寻找"差异化"这条路上,铜板街走得并不顺畅。还没迈出第一步,就重重地栽了一个跟头。但也正是这次惨痛的教训,让何俊深刻地意识到差异化的重要性和紧迫性。

2013年,何俊带领着团队奋战大半年,终于研发出了一款能在手机上完成理财产品交易的APP,但是"胜利"的欣喜还没退去,就来了个"始料不及"的打击——阿里的余额宝抢先一步,正式上线。

在得知这一消息的一瞬间,何俊很绝望——铜板街作为一家初创小公司,怎么可能斗得过阿里那样的巨无霸?

深思熟虑过后,万般无奈之下,何俊只好选择放弃,重新研发其他和余额宝具有差异化的APP。让何俊欣喜的是,花了大半年时间研发的APP虽然没了,但是互联网金融市场却被余额宝一下子炒得热了起来,由原先的0度,瞬间变成了100度。

要是余额宝没出来,何俊的"铜板街"将会被冻死——在余额宝出

14 找到差异化空间与巨头共舞

来之前，市场还不明朗，政策也还不清晰，何俊去跟别人讲互联网理财，没多少人能真正理解，甚至怀疑这是在非法集资，可是，余额宝一来，这些问题一下子就没了。

互联网金融理财市场热了之后，竞争对手也多了起来。何俊意识到，下一步要做的就是"找到差异化空间"进行转型，只有这样才能争得一席之地。

在接下来的转型中，铜板街从货币基金，逐渐转成能够把货期、保险产品，其他的各种产品都集中到一起进行综合交易的平台。这一转型，使得铜板街的交易额，实现了质的飞跃。但是，没过多久，各种互联网金融理财 B2B 平台接连不断地冒了出来，市场竞争进一步激化。何俊意识到"还得继续找差异"。如果铜板街一直都只是代销传统金融界的各类产品，那明显没有足够的竞争优势，必须有自己的金融产品。

根据多年的实操经验，何俊发现，非标准类债权产品的收益比金融产品的收益要高一截，所以，考虑过后，何俊决定将铜板街转变为以卖非标准类产品为主的平台。

为了突破传统金融界的渠道局限，获得更好的非标准类产品，铜板街开始尝试直接和市面上发放贷款的机构合作。当时，铜板街做的事情本质是债权，债权是一种借贷关系。铜板街和贷款机构合作，对一部分资产进行风控之后，就能获得很高的收益率，然后铜板街就可以把这部分相对靠谱的产品卖给理财客户，客户就能够从产品里获得更高的收益。

目前，铜板街理财产品涵盖活期理财、银行票据、商业保理、P2P 借款项目等四大类别。事实上，创业初期铜板街是与基金代销公司合作，帮助它们拓展移动端销售渠道，而且仅提供高度标准化的货币基金。后来在做大用户数后,铜板街开始向多元化产品进行转型,并介入风险控制、个性化投资组合推荐。

现阶段,铜板街已经发展为旗下拥有两个子品牌的互联网金融服务集团:一个是铜板街综合理财交易平台,一个是铜金所资产交易信息服务平台(主要在供应链金融、汽车金融、消费金融等7个资产类别布局)。何俊表示,服务周期长,服务量太少,成本高,注定了BAT不会进入到这几个领域,而只要把这几个领域做深做透,"铜板街"不但毫无被BAT吞并的风险,还会有很大的市场空间。

三、团队管理——业务导向

KPI制度在初创型公司,往往水土不服,不适合模仿。

扎根阿里八年,何俊身上有着浓浓的"阿里味",在内心深处也有着明显的阿里情结,深受阿里价值观的影响,诚然,阿里的KPI给了他深刻的印象,但他却不会将它植入到自己的公司里,因为"水土不服"。

何俊是做业务出身,对于管理他并不擅长。但是这些年的管理经历,让他慢慢摸索到了初创公司管理的门道。

对于初创型公司,运作流程还没有常态化,业务随时都在调整,员工也都还没有对自己的工作达到驾轻就熟的水准,在这样的情况下,就必须弱化考核,以业务为主导,带着大伙一起去打仗,仗打好了,事做好了,人也就管好了。

另外,互联网公司的业务都是非标准业务,没有标准化的要求,如果植入KPI制度,那么将会耗费很大的沟通成本、时间成本、人力成本,甚至会让管理者和员工之间产生较大的摩擦,这样一来"得到"要远远小于"付出"。

铜板街的管理特色是，没有纯做管理的人，包括何俊在内，每个人都在围着业务转。在铜板街内部有这么一种说法——"一谈到业务，要是你的眼睛能发绿，那你就合格了！"

在何俊看来，以业务为导向的管理，能够让员工把精力更多地投放到核心工作中来，巨大的冲劲儿能够让员工自觉快速地成长。当团队里所有人都在围着业务团团转的时候，那些细枝末节的摩擦，自然就不会去过多纠结。

他始终坚信，能够让员工感受到成长的管理，就是好的管理。

在公司刚刚起步的阶段，互联网金融理财还是一个全新的领域，并没有专业的人才可以直接引用，这使何俊在招聘人才的时候遇上了挑战。

怎么办？看素质。何俊先对公司的各类业务进行剖析，分解出这一类业务的人所需要的几类素质，然后再根据这些素质去对号入座。例如，管理型人才需要具有擅用工具的能力；高管则需要拥有制定目标、组织团队的能力。在这样的组合拆分下，何俊拥有了强大的工作团队。

四、价值升华——解决社会问题

企业创造出了多大的社会价值，才会有多大的估值回报。

目前铜板街正在借助开放的互联网金融平台，引导出一种全新的互联网金融文明——以前的金融文明是以金融机构为核心，但何俊认为新的金融文明应该以理财和借款客户为中心，让客户享受到高效、平等、透明的服务。

铜板街最大的存在意义就是传统金融机构、大众的钱能通过这一平台借给"互联网+"的客户，从而让自己的钱变得更有价值，生活变得更美好，让这个世界变得更有效率。

今年，铜板街在线下产品的基础上开拓了"互联网+"行业的业务，创造出全新的金融服务。何俊不但要帮大众理财，还要用小资金服务小微企业，在他看来，每位企业家在创业的过程中除了需要做好企业之外，也要经常问自己，企业究竟解决了什么社会问题，创造了什么社会价值，他始终坚信"一个企业创造出了多大的价值，才会有多大的估值回报"。

在机遇和挑战并存的当下，铜板街面临的挑战也接踵而至。目前，最大的瓶颈是无法用最快的速度获取最好的金融产品。因为，在推出任何一个金融产品前，都要做各种风控和理财兑付。现阶段，铜板街已经实现了超过500亿元的交易规模，其中440亿元全部实现理财兑付。但是，这个过程却非常耗时耗力。在接下来的发展中，何俊将带着团队，在该方面寻找突破。另外，中国目前的理财行业普遍存在这样一种现象——理财的人逐渐增多，但是借款的人数却迟迟没有增加，这导致很多人面临"有钱但没地方投"的窘境。为了让"贷"和"借"能实现更好的匹配，何俊正在探索新的方式。

目前，理财还没有真正成为一种普遍的习惯，打开手机用淘宝、京东购物是很多人自然而然的行为习惯。何俊希望在接下来的日子里，大家慢慢培养起理财的习惯，让钱变得更有价值，等到有一天，大家都掏出手机，点开APP来理财，那铜板街的使命就完成了。

准确的市场预判，搭上时代的"顺风车"是成功的开始，而在激烈的行业角逐中找到差异化空间，能做到一百分就绝不做九十九分是成功的关键。带上团队一起去拼去闯，让每个人都享受到成长的机会是成功的内促力——这是铜板街迅速成长，写下"互联网理财金融平台"传奇的秘密所在，也是初创公司值得借鉴的范本。

阿里创业军团

15
站在风口才能起飞

阿里创业军团

27岁，不能再等了

人生的道路有千百条，创业是其中一条。如果说创业也需要天赋，那么李治国就是这样的人。

李治国人生中的第一次创业是在1998年，那一年他21岁。

当时他在河南一家外贸公司担任经理助理，成了中国第一批通过互联网寻找商机的人。之后他在一个老板的支持下和同学一起创办了第一个创业项目——B2B网站中华商贸港。通过这个项目，他认识了在这个领域做得更优秀的阿里。几经辗转，他成为阿里的第一个非浙江籍员工，工号46号。

在阿里工作的5年里，李治国做过产品经理，也做过测试部主管，他主导开发了阿里迄今最为重要的产品之一：诚信通。诚信通主要用以解决网络贸易信用问题，产品上线后有效地拓展了阿里的销售渠道和客户群。当时阿里的B2B和C2C模式很成功，它把成本降低，将效率提高，长期浸泡在这种环境的李治国就想，能不能把淘宝模式复制到生活服务类？

15　站在风口才能起飞

2004年,李治国的创业之心再次萌动。

很多创业者的创业项目,是源于自己的痛点。只是大多数人在各种痛点中习惯并且接受,而李治国则把它当成机会。在他看来,市场需要搅局者。早在1999年,李治国离开家乡到外打拼,没想到一出门就碰到了一个大难题——找不到合适的房子住。他发现当时的租房市场信息极其不对称,房东找不到房客,房客也不知道房东在哪里,大家只能通过中介取得联系,然而费用却十分高昂。当时李治国就在想,如果自己创办一家生活服务类公司,能解决老百姓的各类生活服务问题,一定会很有市场。整个生活服务行业有一两年的窗口期,而自己需要笨鸟先飞,抢占先机。这个想法就像一枚定时炸弹,一直埋在李治国的心中。

当创业的念头在李治国内心持续发酵的时候,他所处的阿里形势正一片大好,诚信通业务已经成为阿里第二大收入来源,创造了1个亿的收入,很受马云的重视。但是李治国创业的想法在这个时候被引爆了,一发不可收。

李治国很纠结,如何和公司说自己想离职创业这件事?公司会怎样看呢?憋闷之下,恰巧收到马云的一条消息,询问淘宝访问的事情。李治国觉得这是个表达机会,于是他与马云提起自己想离职创业的想法。

"马总,我想离开阿里去创业。"

马云并没有正面答复他,反问他道:"你今年几岁?"

"27岁。"

"你年龄还没到,在阿里再干两年再出去。"

可是,李治国已经下定了决心。他不想再等了,再等机会就要错过了。他没有等。

阿里创业军团

两进两出阿里，不安分的创业者

2004年6月，李治国从阿里离职。随后，他在古荡湾新村租下了一间十几平方米的小房子，揣着在阿里4年省吃俭用攒下的8万元，开始二次创业。

但是创业远比想象的复杂，钱也比想象中更不经用。当时生活服务类的市场还没有完全打开，融资很困难，大多数投资人认为生活服务类项目投入巨大，并且无法马上看到收益，纷纷表示不看好，这让李治国很是沮丧。幸运的是，李治国在阿里工作时结交了很多朋友，在朋友的帮助下，最终他获得了200万元人民币的支持。

2004年，口碑网一上线就以迅雷之势占据了生活服务类市场。

2005年，阿里全资收购了雅虎中国，阿里针对C端客户的战略逐渐清晰。这时马云找到李治国，邀请他带着他的口碑网一起回到阿里。李治国觉得，他和阿里知根知底，马云自己创过业应该比VC（风险投资）更耐心，再加上雅虎和淘宝这样的平台，对口碑网发展的助力不言而喻。两边一拍即合，最终李治国带着口碑网重回阿里。

2009年，李治国被调往阿里云管理数据平台及服务运营。由于工作中经常接触数据，他对数字变得特别敏感。和几个朋友私下里谈论日常开销中的记录问题时，李治国发现身边的很多人都有记账的习惯。李治国本人也是个爱记账的人，从一开始的小本子到后来的电脑再到手机，他都用过。他也曾在淘宝上花30元钱买过记账产品，最后发现那些所谓的记账软件并不好用。再看看身边的朋友，李治国发现他们同样有这样

15 站在风口才能起飞

的困扰。之前的创业经验告诉他，哪里有需求哪里就有机会，当时移动互联网的发展风生水起，李治国有一个感觉：下一个风口要来了。

2010年9月，李治国再次从阿里离职。

前口碑网创始人、阿里云组建者、快的打车、蘑菇街、有赞、麦苗科技、时空电动车等知名项目的天使投资人，如今是挖财的董事长兼CEO。离开阿里创业的人并不少，然而像李治国这样两进两出的并不多。

这是一个有故事的人。

行业洗牌不可避免，互联网金融任重道远

从阿里离职之后，李治国还没有看到互联网金融未来的发展趋势，只是隐约感觉到互联网记账应该是一个巨大的市场。中国哪怕只有1%的人记账，记账产品的用户也会有1000多万人。如果后台掌握了他们的消费数据以及资产数据，就等于掌握了消费趋势。而未来根据风险偏好测试，通过大数据运算以及专业理财顾问的介入，甚至可以向用户推送个性化的个人资产报告和专业的资产配置建议。互联网时代数据为王，有了数据，创业项目的成功也就有了保证。这一领域，大有可为。

有了这个创业想法之后，李治国开始寻找创业伙伴。李治国想以美国的Intuit公司为样本，寻找伙伴一同开发记账软件。然而他受到的质疑远大于认同。Intuit在美国拥有庞大的客户群体，而由于中国和美国市场的巨大差异，在A轮融资时，李治国被投资人问得最多的问题就是：用户哪里来？中国有多少人记账？10%，1%？这些人里面又有多少人能够坚持记账？美国人需要报税所以必须记账，中国人需要报税吗？

在"无人问津"的情况下，李治国只能自己投入30万元找人开发软件挖财APP。他坚信，不久的将来，记账行业会是一块人人都想分的"大蛋糕"。

挖财诞生于2009年6月，是国内最早的个人记账理财平台，发展至今已升级成为移动端个人资产管家。作为挖财的天使投资人，由于他本人非常看好这个方向，2013年年底，李治国以创业者的身份加入挖财出任CEO，同时挖财的创始团队全部留在公司，分别负责相关业务。

挖财APP研发出来之后，李治国一开始把它定位为免费，而且是永久免费，包括附加服务。这样的策略在一定程度上无疑会造成资金压力，然而李治国凭借这个"免费"思维在项目初期快速积累了很多忠实用户。用户的数量日益增多，李治国认为，用户的数据比起人的决策在某种程度上更加客观。同时他发现，大众的财商意识正在慢慢觉醒，而这将是一片巨大的蓝海。2013年，以余额宝为代表的"宝宝热"打响了前阵，向大众普及了货币基金，诸多互联网金融理财产品随后开始如雨后春笋般地展现在世人面前。

李治国本身是天使投资人，他以投资人的眼光审视创业项目，觉得创业者选择有前景的创业领域就已经成功一半了。在李治国看来，金融其实有很多细分的需求，记账、借贷、理财等。为此，挖财开发了多个APP。他最看重用户体验，他希望用户能够以最便捷的途径，解决最急迫的需求。

互联网金融在整个金融变革和提升的过程中，起着非常重要的作用。就中国的金融来看，大部分用户的理财意识、财富管理意识需要提升。而从资产端来看，无论个人还是中小企业，都面临着融资难、成本高的

15 站在风口才能起飞

问题。只有互联网能够更加透明、高效、低成本地将这两类人群连接起来。"做投资是帮富人管钱,有太多的金融机构在做,但是为大众用户服务的非常少,能够服务好的更少。对富人来说,十万二十万元都不算什么,但是对大众用户来讲,就算放几万几千元进来,都可能是全部。"从帮富人理财转向帮普通百姓理财,李治国觉得这件事很有社会意义,普惠金融确实是一件造福大众的事情。而培育大众理财是一个缓慢的过程,除了信任感,基本的理财观念也要进一步培养。

"挖财未来5年的目标就是为1亿人管好钱,理好财,好借钱。"李治国的心愿很简单,又很不简单。从记账理财到资产管家,这个过程浑然天成。挖财最初是记账管钱的工具,帮助用户管数据、管资产、管财富,后面做理财,将这些数据与金融紧密结合,使用户降低使用门槛,最终使用户在使用过程中不断地去训练,进而提高理财的财商。

在如何做好用户的资产管家上,李治国认为要分三步走:第一,要还原用户现在的资产,让用户知道自己的资产配置,给用户做诊断。第二,要知道用户的理财目标是什么。第三,基于大数据为用户提供个性化的建议,建立或者优化用户的投资组合,实现 passive investment(即"被动式投资")。现在挖财已经可以绑定证券的账户,用户可以看到股票的实时行情,显示个人资产每天的回报。在海外资产以及海外投资上,挖财也已开始布局。

如今,挖财注册用户超过1亿人,累计融资1.6亿美元。在互联网金融领域,挖财无疑是站在风口最前沿的。2015年7月份,挖财获得由新天域资本、汇桥资本集团、光信资本等联合投资的8000万美元B+轮融资。加上2014年年底中金和宽带资本的5000万美元,挖财完成了累计1.3亿美元的 B 轮融资，全资收购老牌信用卡社区"卡窗"，战略投资美利金融，推出"挖财宝"、挖财钱管家、挖财信用卡管家、快贷等系列 APP。相比于蚂蚁金服目前的支付宝和蚂蚁聚宝两个产品，挖财的产品数量及丰富度着实更占上风。

"组对队"是创业成功的关键

李治国对互联网金融虽有一定的了解，但真正去做的时候，他发现这其中的挑战很多，团队组建就是最棘手的问题之一。

作为一名投资人，李治国面对过不少创业者，他认为很多创业者往往热情有余，却准备不足，容易陷在"这个行业很有前景"，什么都不管先干再说，忽视了自身的专业度和团队的重要性的陷阱中。

李治国投过很多项目，包括蘑菇街、快的打车等。谈及投资人所看重的方向，他认为在项目早期，投资人往往侧重于考虑以下三方面的内容：

第一，创业者所选择的创业方向。投资人要回报，往往会选择潜力大的、高速增长的、机会比较大的项目。创业项目发展空间的大小，是投资人考虑的最重要因素之一。

第二，要让投资人看到过去几年或者几个月的数据（除非这个项目是从零开始）。让投资人看到 CEO 的执行力，即使创业者本身没有特别强的能力，但是执行力做到了，投资人也会觉得有希望。同时，CEO 必须有非常强的掌控和学习能力，只有这样才能掌控住场面。

第三，组建团队。李治国在投资的时候，除了对投资项目做考量，他还会详细了解负责该项目的团队。在投资人的圈子里，很多投资人之间都是朋友，投的项目也大多是熟人介绍的。如果团队人员能力很强，获得一个投资人的青睐，融资就会容易很多。在李治国看来，团队一旦组建就很难再去改变，所以在很大程度上，团队也决定了创业的成功概率。对投资项目团队的高要求，让李治国在组建自己团队的时候格外谨慎。

刚开始进军互联网金融时，李治国深知金融行业风控的重要性。在接连获得风投后，挖财做的第一件事就是"挖"来一支专业的金融团队。2013年，挖财合并了金融数据咨询公司信策数据，原信策CEO顾晨炜以挖财总裁身份亮相。顾晨炜曾任渣打银行（香港）管理委员会成员、商务决策部总经理，美国第五大零售银行第一资本金融公司风控运营部经理及欧洲大陆区风控执行官、资深总监。

在人才的挖掘上，李治国倾向于与强者为伍，宁缺毋滥。一些创业者在创业初期资金紧缺，贪图"便宜"，宁愿花10000元的薪水招两个人，也不愿用8000元的薪水招一个人。然而强者犯过的错，弱者都会犯一遍，这其中产生的"隐形成本"最后只能由公司埋单。

顾晨炜加入挖财后，挖财内部的架构迅速做了相应的调整。原先的团队负责开发用户，做用户体验。金融理财产品参差不齐，需要金融专业团队去了解服务商的资质，需要专业的判断，包括用户的信用情况以及实力，这是顾晨炜的强项，因此顾晨炜的团队负责制作金融产品、理财产品。

顾晨炜到了挖财不到一年，挖财的各项资源就已经被整合得很好了。2014年，挖财顺利地拿到了5000万美元的融资。把互联网人才和金融人才整合在一起，李治国的互联网金融就此做了起来。

阿里创业军团

创业的快乐不可辜负

创业路上，李治国跟大多数创业者一样，遇到过很多"坑"。2013年下半年，百度、网易等互联网大佬对互联网金融领域的介入，给挖财带来了巨大的挑战。各家公司纷纷以提高年化收益率的方法吸引用户。面对这样的情形，顾晨炜认为，真正的金融业务不可能仅仅停留在渠道层面，必须深入到产品结构的内层，用"烧钱"的方式来培养用户消费习惯的做法本身就是错误的，无法长久——若留不住用户，再凶猛的补贴也填不满这样的商业模式。

于是，在2013年11月，挖财转变战略，发起了第一次线下活动——"财主大会"，获得了强烈的反响。在这次会上，他向100多名挖财的忠实用户介绍了公司和产品，还邀请了三位专业理财师，一起分享理财的概念和方法。活动做下来，用户反应很好。他发现线下的交流活动比起补贴式的营销更容易获得用户的信赖。

李治国觉得，在创业路上犯错在所难免，快速试错、快速改变、快速小跑是王道。在这样的过程中，应该多听听别人的建议，最好这个人也是一个过来人，快到路口的时候他会提醒你，该向左还是向右。李治国很庆幸自己有一支优秀的团队。

作为一个在创业路上行走了数十年的人，他有令人羡慕的成功，有令人扼腕的遗憾，也有令人感慨的拼搏。比起他在商场上的机智霸气，私底下接触会发现他格外温和谦逊。"到了这个年纪，我希望像乔布斯说的，做点跟随你的心（follow your heart）的事情。"他很享受从0到1的过程，这样的人，注定是王者。

15　站在风口才能起飞

回顾自己的创业之路,李治国觉得创业带给自己更多的是快乐。很多人心中都有一个创业梦,不论是刚走向社会还是已经工作多年,但是他们或许因为家庭或其他原因始终没有迈出那一步。所以最终选择创业的,无论成败,都是一个伟大的实践。

阿里创业军团

16
"扁平化"才是管理的王道

火力全开奋战阿里

开拓创新、领导变革，是尹国锋最喜欢做的事。

2004~2012年，尹国锋供职于阿里。

早些年，在阿里流行一首歌《精忠报国》，"开疆拓土"的歌词一直烙在尹国锋脑海里，而这正是他9年阿里路的最佳注解。

敏锐洞察、善于创新、悟性高的他，能迅速把一个领域的内部运行逻辑提炼出来。而一旦掌握了要领，他就乐此不疲地将运营之道付诸新领域的探索之旅。

9年5个区域、15个岗位，尹国锋成了待过阿里事业部种类最齐全的人。在阿里多年，他已经习惯了"变化"，更喜欢上了"拓荒"。在他看来，从0到1代表的不仅是挑战，更是对自我认可的进一步达成。正是如此丰厚的跨领域跨部门经历，让尹国锋在有限的时间里，积淀了无限的能量，将自己锻造成一个"T"型人才。

两个大洋交汇的地方，往往是养分最多的地方，对于跨界也是一样。

16 "扁平化"才是管理的王道

尹国锋始终坚信，跨界其实是一种横向创新，它能让一个人从不同的视角，去看待同一行业，从而获得更多的创新灵感和创业思路。有了这样的视角和积淀之后，如果能纵向深入到某一个领域，就很容易将它打透打穿，而这正是"互联网+"时代急需的"创新赋能"型基因。

让中产阶级用经济舱的门票享受头等舱的待遇

财富桥，成立于2014年，是一个去中心化去中介化的理财平台，主要服务于专业理财师人群，通过"为资金找资产"的刚需点切入到中产阶级的财富管理领域。机缘巧合的是那一年尹国锋越过大西洋跑到美国游历哈佛麻省等学校探访了华尔街的种种传奇，那年夏天在纽约的姐姐家里也经历了一次金融理念的布道。回国后受投资人的力荐，从财富桥的企业教练转变成合伙人。

一、行业洞见——抓住大体量人群的需求

中国中产阶级的体量在迅速增大，他们对理财有更高层次的需求。

在国外，与财富桥对标的平台正是美国的 LPL，他们平台上的用户被称作"独立理财师"。目前，在中国只有高净值客户、超高净值客户才有私人理财银行服务，尹国锋希望通过搭建财富桥这个去中心化去中介化的平台，让中国的中产阶级能够拿着"经济舱"的机票，就享受到"头等舱"的待遇。

而对于 B 端用户，如今的理财，是一个可以提供资产配置的"手艺活"——理财师要做的不仅是一个"推销员"，更是一个能够帮助客户量

身订制个性化财富管理、实现资产配置规划的手艺人。

但是,就中国目前的理财行业而言,多数理财师只能被束缚在传统的银行或者证券公司里面卖指定的产品。尹国锋希望通过财富桥的平台,让越来越多的理财师从证券公司、传统银行里独立出来,靠自己的"手艺"得到更多的服务费用,享受更美好的财富人生,只有这样,他们才能更好地去服务客户。

财富桥,一个平台,连接两端,让两端的客户都实现财富增值、钱变得更有价值是尹国锋最终的目标。

二、核心竞争力——至尊的服务体验

商业一定要回归本质。

在传统企业里面,财务管理、成本控制、供应链管制,都是商业的本质,而互联网企业快速迭代、单品制胜的思维都只能算作商业的化学添加剂。商业的本质是"软"和"硬"的浑然融合。"硬"指的是为目标客户创造高性价比的产品或服务;"软"则指客户享受到的至尊体验。

纵观中国GDP的发展结构,以往一直都是传统产业占比高,但步入新常态之后,中国的GDP越来越多地开始倾向第三产业。当中国物质匮乏的时候,国家强调的一定是"硬需求"。但随着经济的发展,服务产业的占比在逐渐加大。这样一来,对人的服务也越来越注重追求品质。这就是为什么在欧美国家,大家愿意支付小费以此来获得更高端服务的原因。

在对市场进行分析的过程中,尹国锋意识到中国居民已经从吃饱穿暖的原始需求,逐渐向更高的精神需求转变,开始追求品质生活。而企

16 "扁平化"才是管理的王道

业要想快速发展,就必须积极响应这样的转变。在后消费服务时代,让更多的"理财师"手艺人能从现有企业或中介机构中解放出来,为中产阶级提供更优质、更高效的资产配置与财富增值服务。

2015年11月8日,财富桥举办了"中产阶级财富管理峰会暨《私募人生》首映式"。活动虽规模不大,但是尹国锋在各个细节都做了精心安排,为的就是能给客户一种品质体验。活动当天,从投资人、理财师到媒体,每个参加活动的人都收到了精致的拉丝小标签,用以区分身份。活动结束时,天空突然下起了小雨,尹国锋安排了30名专业安保一人手撑一把伞,把每一位参会嘉宾都送上车。

在"平台热"的当下,多数人看重的都是平台上的产品,这些都是属于"硬"的东西,但财富桥强调的是人——"软"的东西,有温度的东西。换言之,尹国锋希望财富桥是一个有温度的理财师平台。

除了"阿里中供系知名讲师"、"财富桥COO"这两重身份之外,尹国锋还是一位资深投资人。就目前而言,他比较青睐于投资有实物支撑的传统企业,而非新兴的互联网企业。"现在有太多尚未落地的互联网概念,很多O2O平台的运营成本越来越高,把钱投进去之后,企业不一定能把客户'粘'在平台上,所以投资时要尤为慎重。"尹国锋说。

在投资方面,尹国锋有着自己的坚持——要做投资人,更要做投智人。

对于一个投资项目,当别人贪婪的时候,他反而感觉到恐惧。就如当下的"互联网投资热",互联网行业出身的他,更加恐惧这背后的泡沫。对每个投资项目,不盲目跟风,也不人云亦云,仔细甄别,是尹国锋一以贯之的原则。

"扁平化"是互联网行业团队管理的最好方式

随着互联网行业的快速发展，组织迅速膨胀，团队管理会遇到很大的挑战。对此，作为阿里中供体系中最懂企业内训的尹国锋有自己的看法。

一、作为 leader 要找对自己的位置

通过成就别人来达成自己，是一个管理者必备的素养。

在阿里"摸爬滚打"9年，尹国锋有了这样一个习惯——成人达己。要做到这一点，就必须学会在"进"和"退"之间找到平衡，而这一点，尹国锋总能拿捏得恰到好处。

在公司运营的初期，尹国锋总是冲在最前面，带着大家一起往前走，但是当公司逐渐步入正轨之后，他就把自己"藏"起来，退居幕后，让员工拥有更多成长的机会。

高铁和火车的不同，在于高铁的每节车厢都随着整体的步调高速运转，而火车只有通过车头的带动，才能拖拽着所有车厢往前行驶。打造像高铁一样的工作团队，是尹国锋的目标。他希望财富桥的工作团队能像"永动机"一样，每个员工都能自发地运转。

作为一个管理者，尹国锋从不在团队里过分渲染自己的作用。相信"道法自然"的他，一直把自己定位成"搭舞台"和制定"游戏规则"的角色。当一切准备工作就绪之后，他会让员工冲在自己前面，独立应对各类问题。多年的经验告诉他，这才是一个公司维持快速运转的法门。

16 "扁平化"才是管理的王道

二、扁平化管理团队

2015年,出于工作需要,尹国锋前往无锡拜访了GE中国的无锡医疗公司。刚走进这家公司的一楼大厅,尹国锋就被那里的工作氛围感染了,他当时的第一感觉就是"这家公司的互联网味道真浓!"——宽敞的开间,墙上贴满了各种各样的标签,大家聚成不同的小组热烈地讨论。再往里面的空间走,办公区域的座位完全是散开的,座位不再像传统企业那样——leader拥有独立于员工之外的专属办公室。

尹国锋当时最大的感触是,原来沉淀了多年的大公司也在刻意地做扁平化管理尝试,更何况是互联网公司。

为什么要扁平化?

市场这一大环境的变化,是公司管理趋于扁平化的外因。

近些年,互联网的浪潮已经冲击了很多行业的传统架构。例如,在没有互联网之前,所有公司都是按照"树状"结构,将管理自上而下逐层落实下去,但是当下的互联网市场越来越开放包容,"去中心化"是其重要的特征。处在这样的市场大环境里,互联网公司的组织结构为了适应市场,就必须快速地扁平化。

员工组织结构的变化,是公司管理走向扁平化的内因。

如今,越来越多的90后开始走上工作岗位,成为各大公司的后生力量。"做自己"、"渴望自由"、"追求自我实现"是社会给多数90后贴的标签。而如何能让这有个性的一代为企业创造最大的价值,是很多企业不得不思考的问题。

离开阿里，开始创业的尹国锋遇到的最大挑战不是产品、技术，也不是用户、融资，而是如何管理好团队中的 90 后。

当今正走上工作岗位的 90 后，多数是中产阶级二代，他们不再像多数 80 后那样，把工作视为生存的根本。他们更多的是渴望在工作中自我实现，所以多数 90 后并没有所谓的权威观，他们普遍不希望被繁文缛节、层层管理所束缚和捆绑，每个人都认为自己是一个中心。

尹国锋懂 90 后。他想，既然如此，那为什么不通过扁平化的管理方式让他们尽情发挥？

只有本性被释放，才能更主动地拥抱。

传统的树状管理结构，遵从的是上传下达、左拥右抱的管理模式。无论哪一个管理细节，都需要管理层亲自去解决，工作量庞大而且效率不高。但是如果日常管理扁平化，通过微信群、QQ 群这样的线上交流平台及时有效地沟通，整个公司的信息流就畅通了，员工就会有内驱力，跨部门协同也就更容易实现。

如何实现扁平化？

第一步，信息扁平化。

从事多年管理工作的尹国锋发现，很多管理层习惯用信息的权限压制员工，管理层往往因为信息掌握得更多而有某种程度的优越感，而他要打破这样的局面。

在财富桥，有这样一种决策方式——处在不同管理层的员工，享有

16 "扁平化"才是管理的王道

同样的决策权。

尹国锋坚信,当信息传播实现扁平化的时候,每位员工都可以站在同一层面去获取信息,并拥有做出决策的参与感,也更容易知道一件事情背后的 why 而不是简单的 how。这样一来,管理就不会出现不畅,效率也不会低下。

每次尹国锋和公司高管在群里商议决策的时候,他都会把比自己低一个 level 的人拉到群里来,让他们也参与到讨论中。如此一来,所有决策的方式和内容,他们就都可以看到。他们感受到上级对他们的满满信任,也就因此特别有驱动力,希望可以尽一己之力让公司更好。

员工们有参与感。他们经常在讨论过后,兴致勃勃地跟尹国锋说:"锋哥,我们在群里看你怎么说话,怎么处理问题,特别想学。"

在调动起大家的学习热情之后,尹国锋便找到了和大家交流的入口。长此以往,公司内部所有人的"行话"就会一致。每个员工都会说"找那个部门拥抱下",都会说"让美好发声、同心轴"。尹国锋身体力行,慢慢地,他的管理理念就会通过这些文字传达到每个员工心里,影响他们把理念落到日常的工作细节里。

当员工不再受到信息渠道限制的时候,他们同时获得了更多行动主动权。当尹国锋和高管们做决策的时候,他总会问员工:"如果是你,你会怎么思考,打算做怎样的决策?"时间一久,就会锻炼出员工的思考能力和组织管理能力。

财富桥始终倡导这样一种工作机制——不是我告诉你你该去做什么,而是我们一起去做什么。

三、帮员工找到平衡

在财富桥,有一种特殊又温情的企业文化叫"给员工配药方"——财富桥的每个人,都会不定期地收到尹国锋配给他们的"药方"。

尹国锋始终深信,所有人,无论是核心管理层的高管还是基层员工,每个人工作都是为了"美好",而这个"美好"由"阴"和"阳"两部分组成,如同《易经》里的八卦一样,相互融合,相互作用。所谓"阳"指的是物质、事业、财富等硬的东西;而"阴"则是指精神、情感、文化等软的东西,但凡"阳"都讲求 how,how to do it;但凡"阴"都讲求 why,why you do it。每个人对"美好"的界定不同,配方也就不同。

就尹国锋而言,他更擅长发动员工去做与 why 相关的事情,因为他认为,为什么做一件事情,比怎么做这件事情更重要。

企业高管大多关注个人之后的职业走向、自身成长一类的问题,而普通员工则可能更加在意家人愿景、朋友关怀。尹国锋会针对不同的 why 去给他们配"药方",按照他们的需求,帮助他们规划如何更快地达成对美好的追求。不定期举行交流会、跨部门谈心,是尹国锋一直坚持在做的事。

当一个人对"美好"的界定越来越清晰,内心的渴求也越来越大的时候,他的自我驱动力就会无限大,潜能也就会发挥得无限大。每个人都能"主动去拥抱"。2015 年,尹国锋出差去了巴厘岛,两周都未曾到公司,然而公司并没有因为他短期的"缺席"而受到影响,依然有条不紊地运转着。

一切组织和个人的荣耀与衰败,皆源于领导力,而衡量领导力的真正标准是影响力。真正的领导地位或权力是无法授予、指派或委任的,

16 "扁平化"才是管理的王道

它来自于影响力、利他的情感力。而尹国锋就是组织中特别有影响力的人。

四、帮员工找准位置

"客户第一,员工第二,股东第三"是阿里一直秉承的原则。直到现在,依然有众多业内人士津津乐道并模仿之。在阿里历练多年,从事过不同部门管理工作的尹国锋,却否认了这样的优先次序。他认为,员工和客户在公司中都重要,若要一味地趋从客户,让员工"不舒心",甚至让他们对公司失去认同感,这样的管理是不能持久的。

在财富桥,推行这样一种原则:先员工,再客户。在尹国锋看来,财富桥做的所有事情都是为了给客户创造价值,给社会创造价值。他从不会让员工为了业绩去一味地迎合客户,员工的底线和尊严不可触碰。

在理财行业,通常有这样一个"潜规则"——为了拉到更多客户,有的员工不惜用自己的钱去倒贴,以此来取悦客户。但是,在财富桥,员工这样的操作是被禁止的,这是高压线。

"心中无缺便是福,他人所需即为贵。"

从幼儿时期起,尹国锋的父母给他的教育便是"说好话,做好事,得好报"。这是尹国锋一辈子都会奉行的"三好"原则。

朋友眼中的尹国锋,员工口中的"锋哥",学员口中的"尹老师",都有一个共同的特质——分享(share)。

在尹国锋看来,一个人一晚上住几十元钱或几千元钱的酒店,并没有太大的区别。人到中年,很多人前半生都在追求我拥有什么,而经历中年危机之后的他却思考我能留下什么?在他看来,所有的东西都会实现一种平衡。纵使今天自己手中有再多钱,那也不意味着它就一直会属于你，那只是上天让你暂时保管。

"凡事都有定期，天下万物都有定时。"能有这样的认识，便是大智慧。

谈到信仰，尹国锋并不是某一宗教的信徒——大学时他经常在周日参加基督教主日聚会；工作之后，受母亲的影响，他开始接触禅宗。这些经历让他明白：敬天爱人，人生路上会少一点颠沛流离。

付出和回报是一个良性循环。当下不计回报地付出，有可能在未来的某一天，以你想象不到的方式回报你。于尹国锋而言，这样的回报就是人与人之间因感恩而生的温情。

人生的很多美好，是柔软的心才体会得到的。那一点恰到好处的柔软与温情，正是幸福的藏身之处。

在过去的一年，尹国锋度过了有生以来最忙碌的一段时间。公司和培训班两头跑。公司的事务刚处理完，就又到了上课时间。他常常顾不上吃饭，就直接从公司开车去浙大上课。走进课堂的一瞬间，他总能一眼看到讲台上放着的红牛和润喉糖——这是学员们体恤他的辛苦，悄悄送给他的。虽然只是普通的甚至谈不上是礼物的东西，却让尹国锋感受到一股暖流。于他而言，这种人性之暖是最珍贵的。

还有一次，有一位学员在微信朋友圈发了状态，并专门提到了尹国锋。在那条状态里，学员半真诚半调侃地写道："锋哥真是用生命去影响生命。"尹国锋当时一看，先是一乐，然后心头一暖。简单的一句话，他感受到了学员给予他的肯定和支持。

类似这样的琐碎小事，我们姑且称之为"小确幸"吧，时刻填充着尹国锋的生活，也充盈着他的内心。这些"小而暖"的事在尹国锋眼里弥足珍贵。他十分珍惜人和人之间美好的温情，也愿意为之付出

16 "扁平化"才是管理的王道

更多的努力。

采访即将结束之时,他谈起了在大西洋西海岸边看到的一句美语:YOU ONLY LIVE ONCE,BUT IF YOU DO IT RIGHT,ONCE IS ENOUGH,你只能活一次,如果活得精彩,一次也就足够了,人生路上如能帮助更多人活得精彩,走过半生之后必将遇见更精彩的自己。

阿里创业军团

17
自主风控,以服务取胜

财务中的异类，自学编程

2005年，叶进武以注册会计师的身份进入支付宝工作。已经在会计事务所工作四年的叶进武，年薪高达四十多万元，而支付宝的年薪只有十几万元。但叶进武还是去了支付宝，想到杭州发展是一个原因，看好互联网支付更是决定性因素。事实证明了叶进武眼光的独到。

当时支付宝刚成立四个多月，业务还没有全面发展时，需要管理客户资金、检查数据、控制风险的人才。一般情况下，审计、核算都用Excel来做，Excel的效率非常高，对于应付正常工作完全没问题。随着业务的扩展，支付宝的数据越来越多，Excel的功能满足不了处理数据的需求，更装不下倍增的数据。1997版本中每个sheet只能装5300多条记录。一个Excel有五六十兆，打开的时候至少要花5分钟，两个sheet lookup(条件查找函数)，对账则要花20分钟，效率非常低。采用传统财务流程的注册会计师们显得力不从心，原有的财务工具不能满足需求，数据都没办法核对，何谈所谓的结果。

17 自主风控，以服务取胜

Excel 是财务团队唯一的数据处理工具，每个人用的时候都觉得电脑很卡。叶进武虽然精通 Excel，但工作效率仍是不高。而当时公司的研发团队大都在业务上，针对后端数据处理工具的研发很少。

同事们想着要换高级一点的电脑，但叶进武觉得这不能从根本上解决问题。于是他自己学习编程，自己写代码。

叶进武开始学得很辛苦，大学学的是会计，对于编程可以说是个"小白"。公司里有一个做研发的同事，很爱抽烟。叶进武跑到他的旁边抽烟跟他聊天，聊编程的问题。

半年后，叶进武自己编写了一套处理数据的程序来核对账目，大大提高了工作效率。

为"草根"服务的盈盈理财

叶进武在支付宝工作了 9 年，历任财务部总监、商户事业部副总、用户事业部总经理。步入事业稳定期的叶进武觉得需要改变自己的生活。他说，到一个年龄应做一些事情，自己没什么不良嗜好，积累的财富也够花了，总要干点什么不一样的。2012 年，他决定自己出来创业。

叶进武根据自己的专业知识和工作经验，选择在互联网金融领域发展。在互联网金融走进大众视野之时，传统金融市场存在两个难点：1. 银行无法满足小微企业的贷款需求；2. 广大网民的资金只能躺在银行账户里，拿着微乎其微的活期利息。叶进武看到了其中的机会，他创办了盈盈理财，将都市小白领的闲散资金集聚起来，然后通过平台的信息撮合输送给有资金需求的小微企业。

无论是传统金融还是互联网金融，目前普遍的状况是理财的额度都相对较高，而盈盈理财主要面对的是初入职场、25岁到35岁之间的年轻用户，这部分用户没有巨大的资金，也缺乏传统理财机构提供针对性的理财服务，但他们是智能手机的活跃用户。在他看来，这部分人是移动理财的主流人群。

目前盈盈理财的用户平均投资额度不到1万元，叶进武的目的是培养起年轻用户在移动互联网上的投资理财习惯，从简单的标准化金融产品培育到投资非标准化产品。

"从固定收益的货币基金开始，盈盈理财已经将产品拓展到非标准化产品，通过与更多的基金公司、保险公司和银行等机构合作，上线风险和收益相对更高的货币基金和保险理财等产品。"盈盈理财定位于为老百姓筛选并提供低门槛高收益的理财产品，产品包括但不限于货币基金、保险理财、金融资产交易服务、银行理财等。

"草根客户"、"逆袭"（做银行不愿做的业务）、"提供优质客户体验"是盈盈理财的构建逻辑。产品上线第二天就融资成功。盈盈理财在3年里拿下800万个用户，累积交易额70亿元。而盈盈易贷也在持续发力，已为1.45万家小微客户解决了50亿元的融资需求。

自主风控，以服务取胜

理财对专业性和安全性的高要求和高门槛，注定了盈盈理财的发展之路不会平坦。

理财软件面临着两个天然的高门槛：第一是金融机构普遍不愿意与

17 自主风控，以服务取胜

创业团队合作；第二是如何建立用户的信任。针对第一项，叶进武做好了商务谈判"死磕"的准备，凭诚意与专业顺利获得机构授权；关于第二项，盈盈理财采用三项自主风控措施，并从服务切入赢取客户的信任。

一、风险控制保障

银行级的审核体系，360度尽职调查。

采用双重审核机制，由经过严格筛选和评估过的第三方机构进行首次融资尽职调查。对借款方企业及个人征信、个人资产、企业财务状况等多维度进行全面调查。通过专业初审后，盈盈理财作为金融信息撮合方，也介入尽职调查复审。最终复审通过的项目，进入平台融资项目发布。从小微企业客户拜访到信用审查风险评估全都实地调查完成，并且自主研发了盈盈易贷小微信贷审批系统，从进件、尽调、审批、复审全部都是流程化、系统化，严格按照德国IPC微贷技术制定业务流程。

对投资人的回款资金有多重保障，主要保障措施为第三方合作机构担保或债权回购，借款方关联人员承担无限连带责任，借款人提供动产抵、质押担保等方式，对投资人的资金提供最大程度的保障。

二、资金安全保障

银行资金监管，专款专用。

与中信银行杭州分行签署平台用户网贷产品交易资金全面资金监管协议，每一笔投资人交易资金的进出均需同项目信息严格匹配，专款专用，杜绝平台自身的不合规操作。

实名认证体系，同卡进出。

通过实名校验认证系统，确保每个投资人信息都真实且自主认证通过。在资金回款路径上，禁止投资人账户间转账，明确指定原路返回原则，即本金和收益的赎回或余额提现均回到投资人申购时所绑定的本人所持银行卡。

三、法律安全保障

国内知名的隆安律师事务上海分所深度合作，保障投资者的权利。

隆安律师事务所是中国最早的合伙制律师事务所之一，立足法律服务的前沿，在高端诉讼、企业税务、知识产权、国际投融资（包括私募及上市）等专业领域积累了丰富的经验，成为业内领军者。

此外，盈盈理财跟传统理财最大的区别就是盈盈理财做服务。竞标的时候，如果客户第一手资料没收集全，第二次不用你送过来，盈盈的客户经理跑上门收，如果客户经理留言让客户送过来，这个客户经理是要被罚钱的。但是如果客户定期不还，盈盈理财也很人性化的，本来是要一年还清的，你可以3年还清，负担少一点，如果12期还不了那就签一个36期的。

在银行，客户经理是万能的，业务全放在业务经理身上。9个客户经理一个后台。盈盈理财是五比五，但是客户经理的岗位是不一样的，他们更加专注于本职工作，寻找客户，服务客户。客户的识别是交给另外的团队做的，这样做他们可能会比较累，来得不是特别快。

17 自主风控，以服务取胜

创业就是要受苦

"所有创业都是需要努力付出的，不要觉得这段时间付出了明天就会好，不要想周期，这样想就关门大吉了。我相信今天的马云比我更累。"

叶进武认为有压力是正常的，如果你总想着我辛苦之后就会有幸福，那就是不对的。你要想我这辈子就是创业的，就是要受苦的，脱不了苦海，要有这个准备。创业的第一天是最轻松的，后面会越来越累，你要是想着我努力两年就可以高枕无忧了，那这个企业就废了。

叶进武觉得做CEO，每个阶段不一样。CEO更像一个守业人，需要的时候出现。

现在叶进武是给自己定位，第一个任务就是讲价值观。

他不允许其他合伙人替他去讲，他觉得公司50%要像他，价值观就是他的映射。任何一个企业上梁不正下梁就是歪的。如果公司在传播一些负能量，问题不是出在下面一定是出在上面，可能是CEO自己出了问题，也可能是合伙人出了问题。如果发现员工下班早了，工作没什么激情，那一定是老板自己没激情。除非这个公司不是你的，要不公司就是你的映射。叶进武有很多分公司，为了不影响业务叶进武就过去讲。

新员工培训的时候，叶进武给员工讲价值观，讲企业文化。盈盈理财的企业文化里最重要的一个就是不能犯同样的错误。创业也是要交学费的，叶进武允许他们存在一次错误。这些错误里面有造成上千万元损失的，但是基本上都会被赦免。他觉得这是员工的学费也是自己的学费。开始盈盈理财有一项业务，给车做贷款，亏损了两千万元。叶进武觉得如果不付这两千万元，可能要付两个亿的学费。

第二个任务就是,有了新业务,更要去跑。一个月叶进武大概要跑几十家,听听客户的反馈。这个频率叶进武一直保持着。比如说他要去一个分公司,他就会把这3个月的客户名单打出来,挑几个发给当地的总经理,要求当地的客户经理陪他去看一下,跟客户约时间聊聊天。前提是他不允许员工说自己是CEO,只是说总部来的同事想多了解业务。他不关注这个客户质量的好坏,只是去了解客户的需求。他觉得客户的需求就是信贷,你提供的第一个需求,你能不能提供第二个需求,第三个需求,这个需求不一定说是金融的。随着客户的增加,不断加深对客户的了解,抓住客户的需求。"其实很多行业客户的需求有90%都是伪需求,你要了解他真正的需求,你就要设想,两年以后盈盈理财能不能提供。"这也是叶进武选择的战略。

第三个就是招人才。

叶进武不喜欢应酬,合伙人之间他都很少吃饭。你需要什么样你就讲,把自己透明化,这就是叶进武的思维。前一段时间,一个市的副市长来盈盈理财参观。参观过后提出,有个招商会希望叶进武参加并发表讲话。叶进武当场就拒绝了,表示自己不会说场面上的话,不过出席一下还是可以的。第二天早上,叶进武接到电话说是演讲稿给他写好了,他照着念就好。一听,叶进武当场就生气了。"对不起,你今天的会我不参加了,我今天感冒了,我叫我同事去。"其实叶进武一点病都没有,他只是不喜欢这种应酬方式。

但是如果叶进武出席某种宣讲会,80%是因为他是挖人去了。觉得听众里面有自己想要的人才,他就会去。他想要挖一个法律方面的人才,正好有一场这样的宣讲会,他就去了。不然,很多场合都是他的合伙人去。

17 自主风控，以服务取胜

从团队组合来看，盈盈理财的核心创始人均有在支付宝的工作经历。2013年，盈盈理财平台雏形初现时，叶进武没费太多口舌便打动了徐庆伦、王佳亮、张威威、凌峰、熊伟等5位原支付宝同事，他们果断放弃丰厚年薪"投奔"叶进武。

最近加入盈盈理财的合伙人之前是做纯线下理财的，在跟叶进武谈商务时，叶进武觉得很合拍，就力邀其加入团队。看似感性，但叶进武对合伙人还是有自己的要求，一次跟一个合伙人洽谈，对方资金都已经进入一半了，还是被叶进武退了回去。只因为合伙人说了句："你看那几个公司业绩跑得那么快，你要抓紧啊。"叶进武一听就不太高兴了："我有自己的产品策略，你不要指指点点，希望你尊重我，我也会尊重你的意见。"叶进武并不会因为拿了你的钱就一定听你的，大家都是平等的。虚荣心往往会使人被动地接受一些不合理的条款。如果违背自己的意愿，还算什么创业，不还是给别人打工吗？

叶进武觉得刚参加工作二十几岁的时候，70%的工作内容是自己不愿意干的，但是为了生存为了赚钱，不得不这样；35岁的时候，50%是自己喜欢的，有50%是被压迫的。到60岁的时候就是百分百自己想做的。

在合伙人入伙的时候，叶进武就会跟他们讲清楚，你不要跟我要求业绩，你投的时候要想好，可能这个钱两三年才能回来。

叶进武希望做人简单一点，不用担心被骗，不要让别人有压力。不要说你面对外面的战场要去打仗的时候，背后还要慌要防着。"放心好了，我说的都是真的，我对你不满也是真的，对你满意也是真的，这是我能做到的。"所以他的合伙人身份迥异，但是公司内部气氛很好。

所有行业，虽然机会对每个人都是公平的，但团队和能力才是最重要的，换句话说，商业模式并不是最重要的，重要的是正视自己，什么时间要做什么事情。生活要正能量一点，做人要简单一点，认可一件事情，付出了，就没有什么事需要害怕。

阿里创业军团

18
把最擅长的事做到极致

阿里创业军团

把最擅长的事做到极致

　　2003年，日语专业毕业的吴铁冰轻松通过了阿里的面试，怀着一腔热情加入了阿里对日贸易的"日文站"，从此开启了他的十年阿里路。

　　在阿里，吴铁冰经历着"被变化"的刺激和无奈，短短几年里，策划、销售、客服，各个部门都换着"口味"待过。认真敬业的他，一直在竭力尽着一颗"螺丝钉"该有的本分。但是，随着阅历的丰富和眼界的开阔，吴铁冰逐渐意识到，陷在条条框框的束缚里，自己的价值还没有实现最大化发挥。

　　于是，一番思考之后，吴铁冰毅然从阿里辞职，结束了自己长达十年的阿里长跑。

　　辞职之后的吴铁冰决定自己创业，去实现心里那个"事业梦"。

　　但创业的方向在哪里？还需要做哪些准备？对创业还"一头雾水"的吴铁冰不敢贸然行动，他决定先"试试水"，等时机成熟了再说。

　　2013年，整个中国的移动互联网刚刚兴起，很多人都把研发APP作

18 把最擅长的事做到极致

为创业的首选项。于是，在朋友的"怂恿"下，吴铁冰从杭州出发，一个人远赴北京，和几个朋友一起组队创建了一家专门研发 APP 的移动互联网公司。但由于技术和经验的双重欠缺，公司刚成立不久，便以失败告终，空有一腔热情的第一段创业路，也随之画上句点。

但是从这次短暂的创业经历中吴铁冰意识到，"要入行就得先懂行"，要是对一个行业没有足够深入的认知，盲目创业必定失败。为了圆自己的"事业梦"，吴铁冰没有就此放弃。认识到了短板，那就去克服，储存够了力量再继续上路。

在北京做了半年的北漂之后，吴铁冰虽没赚到钱，但却积累了扎实的创业实干知识。在这个过程中，他终于知道了自己创业的方向在哪里——创业并不是仅仅做自己熟悉的事，更不是盲目跟风，而是基于市场需求，在 N 多选项里，挑出自己最擅长做的，并把它做到极致。只有这样才能找到核心竞争优势。

吴铁冰猛然想到，市场有需求，而自己最擅长的，不正是中日电商吗？

主修日语专业 4 年，扎根阿里日文站 8 年，吴铁冰对日本电商不但有着浓浓的情怀，还有着扎实的功底。另一方面，中日之间生意虽难做，但并不代表没有突破的空间。

预感到时机成熟的吴铁冰决定离开北京，回到杭州，用实力让情怀落地。

让中日之间没有难做的生意

日贸通，顾名思义，就是一个关注日本市场的电子商务平台。作为一个平台，日贸通扮演着中介商的角色，帮日本采购商寻找合适的中国供货商，帮中国的外贸企业开拓日本市场。正如阿里的宗旨是"让天下没有难做的生意"一样，吴铁冰给公司定的宗旨便是"让中日之间没有难做的生意"。吴铁冰创业最终的目标就是做专注于日本市场的外贸电商综合服务提供商。

2015年11月12日，第30届日本直售展在东京Big Sight会展中心正式开展。该展会为期两天，由日本国内最具权威的通贩行业纸质媒体——日本流通产业新闻社主办，属日本国内通信销售与拜访销售行业的综合性展会，日贸通也作为少数国外参展商加入了参展。

作为少数能够在展会上参展的企业，吴铁冰希望把中国庞大的市场潜力展示给日本商家。特别是"双十一"，中国电商惊人的业绩已经震惊了日本社会，日贸通通过提供进出口双向的电商平台和服务，为中日之间本已活跃的贸易插上了电商的翅膀。这一突破的实现，日贸通自有"诀窍"。

一、行业洞见——只要有需求就一定有市场

很多初步打入日本市场的创业者都认为"做日本市场难"，即使是一些多年从事出口日本市场的前辈，也时常会埋怨日本人对产品的吹毛求疵。

其实做日本市场难就难在应对日本人对于产品的刁钻要求：首先，日本人非常有耐心，这使得他们能把控质量，做到精益求精；其次，日本本土的服务业确实做得近乎完美，所以也期望在中国能得到类似的服务；第三，日本社会的压力大，危机感强烈，日本商人就会在潜意识中

18 把最擅长的事做到极致

持有怀疑态度，倾向于做足细节，做出符合自己需求的特殊产品。如此一来，其国民成了世界上要求最严苛的消费者之一，外国一些产品进入后往往就会有些水土不服。

尽管中日两国在外交上时有摩擦，连阿里这样的大公司也关闭了中日 B2B 的线上通道，但吴铁冰想把它捡起来发展壮大，虽然很多人并不看好。

尽管有很多质疑，但是在吴铁冰看来，只要有经验，有热情，有需求，这并不是一个很烂的市场，那为什么不做呢？别人看到的是困难，他看到的恰恰是机会。

日本国土面积很小，因资源有限，所以进口市场巨大。2013 年 1 月至 5 月中国出口日本总额达到 592.3 亿元，其中 68% 的日本企业倾向于使用电子商务从中国进口。要开发这一片蓝海，就需要有专业性、针对性的跨境电商牵线搭桥。

相比欧美外贸业务，吴铁冰总结日本外贸业务的特点是：日本采购商的要求高，衣服有一点点的线头就会被退单；订单金额小，平均的订单金额可能只有十几万元。但只要对方认可你了，订单就非常稳定，频次也很高，而且利润也高。以服装业为例，欧美订单的利润是 8%~10%，对日订单的利润则能达到 15%~20%。所以国内有几万家只做对日业务的外贸企业，有的企业只要维持三四家固定日本采购商就能活得很好。

二、市场竞争——跨境电商要走"垂直模式"

吴铁冰无论从日本采购商，还是从中国对日的外贸企业口中，都无数次听到他们的抱怨，以后没有这样的中介平台，上哪里去找相应的客户呢？这些抱怨的源头就在于客户消费习惯、语言环境及文化背景的不同，这是导致垂直跨境电商模式兴起的原因。

业内人士分析，比如法国的客户和俄罗斯的客户，对于某些商品的偏好就极为不同，对于网站的使用也有自己的偏好，这种时候，光靠机器翻译完成的所谓多语言平台是无法深入当地市场的。

曾经的雨果网观察员Perome也表示，内贸垂直商城纷纷宣告失败是因为有BAT巨头的垄断，但跨境电商垂直模式的前景无限，专注一个领域做社区有很大的潜力，而且生意会持久，声誉随着时间的推移可以更拉拢用户，特别是日本电商市场，是块久攻未下的肥肉。

吴铁冰在分析了跨境电商垂直模式后，认为其意义在于某些领域及市场的专业服务。比照消费者的消费习惯，他们总是喜欢在一个地方把产品买全，而不喜欢到各个网站下单，更不用说是各个国家了。消费者潜意识希望一次把货都收到。如果能够提供一个垂直市场的跨境电商平台，让当地人可以一次性买全，有如本土网购一样，从商品的垂直发展成市场的垂直，那么要担心的只是和当地本土的电商竞争，而并非来自其他对手。

吴铁冰一直秉承着任何一个行业只有做精做细才能站得住脚的理念，想要打入某个市场，并非简单地提供一个当地语言的平台就能够满足。

在日贸通的网站上，有中文版和日文版两个网站，分别给中国客户和日本用户使用。目前平台主要是B2B模式，初期更多的是搭建一个商业信息平台——日本采购商在平台上查找合适的中国供应商企业，找到之后双方建立联系，洽谈完成外贸订单。盈利模式靠的主要就是国内企业的会员费和广告费，以及部分日本采购商的服务费。

吴铁冰在分析数据时发现，日本的电子商务市场非常成熟，日本最大的电子商务网站乐天市场2013年总成交额达到惊人的2000多亿元人民币，而日本整体社会经济也已在回暖状态。然而面对严峻的中日贸易现状，中国的对日出口企业除了考虑模式转型、提升质量、控制成本外，更需要的是通过多种渠道接触客户，或者通过电子商务的方式开拓日本市场。

日贸通将在2016年推出B2C业务，为国内外贸企业拓展到直接面对日本普通消费者。吴铁冰的设想是要将热门的社交元素与B2B、B2C结合起来，"以前的B2B平台，对企业的介绍都是冷冰冰的，没有温度，信息更新不及时，要将类似微博之类的社交内容嵌入，使得客户可以与企业实时沟通，其他人也都能看到，就像淘宝里的好评差评一样"。

三、团队文化——"三不原则"：不抛弃、不放弃、不挽留

吴铁冰的办公室里挂着两幅字：一幅"宁静致远"，这是吴铁冰对所有日贸通人的要求，意思就是只有踏实沉下来才能做大事，不要浮躁；还有一幅是"禅茶一味"，意为茶道和禅道相通，讲究"苦"、"静"、"凡"、"放"。

每个创业者都是停不下脚步的，就像是在跑马拉松，这个马拉松还是一条"不归路"，是没有终点的，也是无限期的。吴铁冰现在已经在路上，他已经停不下来了，唯一能做的就是往前看，只能往前跑，即便是停下来歇歇脚面临的都可能是"死"。

在创业的道路上必须是百分之百投入的，要有做几十年上百年企业的心理准备，必须保持热爱和关注，不能有所保留。假如用吃饭来做比喻，

那这就是主食，不能作为甜点。在创业这条路上创业者始终是一个人在奋斗，不是每个人都有像自己一样的驱动力和专业度，所以，即使团队中有人员撤离也是很正常的，但是无论最后这个公司剩下几个人，哪怕只是自己一个，吴铁冰也会坚持到底。

吴铁冰谈及创业，除了自身坚定的信念之外，在团队管理方面吴铁冰也颇有自己的心得。

对于一家创业公司，在其公司的管理上吴铁冰发现阿里的考核制度根本行不通，大公司发展到最后注重的是企业文化，而小公司更多的是结果导向。对阿里而言它自身就是组织保障。而在日贸通，吴铁冰认为每一位员工都是组织保障，后面培养的人应该青出于蓝而胜于蓝，即便员工一开始不会，只要他有意愿去做，愿意做好，那么技能是可以慢慢培养的。

此外，吴铁冰在员工的薪酬机制上面也有较好的把控。一线员工要给出市场平均或者高于平均的薪酬，这样员工工作起来会更加卖力；对于核心员工，要把公司利益与他个人利益紧紧捆绑，创业初期公司资金实力可能不够，不能给予核心员工较高的薪资，为了及时激励核心员工，让大家可以共创未来，吴铁冰会赋予他们丰厚的股票期权。

吴铁冰希望日贸通可以像阿里一样，从 B2B 业务起家，然后生出淘宝、天猫等业务，因此日贸通画的业务蓝图也是以 B2B 业务为基础，最后可以发展出各种与日本有关的业务，成为一个权威的"中日商业信息平台"。

阿里创业军团

19
顺"势"而为的创业转型

创业青年"出淘记"

回顾自己的职业生涯，阿里的工作经历对张良伦有着非凡的意义。奋战阿里两年，无形中的积淀成了张良伦不断向前的内驱力。但当初进入阿里，张良伦全靠一股"冲劲儿"。

在校时，张良伦就对电商领域有着浓厚的兴趣，并萌生了创业的念头。阿里作为电商界的龙头老大一直是张良伦渴望进入的企业。他坚信，进阿里，是走上创业路的第一步。2009 年，张良伦终于盼来了阿里校招。事不凑巧，阿里在华中科技大学招聘那天，他恰好在北京做项目。等他急匆匆赶回学校的时候，招聘的笔试环节已经全部结束。

准备了这么久的"阿里梦"难道就这样破灭了？张良伦不甘心。

张良伦当机立断，直接找到了阿里校园招聘的负责人，一边递简历一边进行自我介绍。负责人先是一愣，并试图打断他，但他一看张良伦诚恳的表情，就不忍心拒绝了。最终阿里招聘的负责人被他那股不服输的劲儿感动了，张良伦被破格录用为产品经理。

19 顺"势"而为的创业转型

进入阿里之后，张良伦虽然名义上是产品经理，但做的却是"打杂"的活儿。虽说是在"打杂"，但张良伦却接触到了很多阿里的核心业务线，这为他以后的工作能力打下了基础。随后，张良伦凭借自己第一个独立负责的项目——"阿波罗"迅速在阿里站稳脚跟。张良伦在接连负责了几个项目之后，凭借出色的项目控制能力与资源协调能力，快速晋升为产品线负责人。

随后，张良伦开始接手阿里的核心产品"旺铺"，旺铺也因为张良伦的到来发生了"革命性"的颠覆。通常情况下，只有付费会员才能开通旺铺，这一度是阿里B2B付费产品的重要组成，但张良伦却建议把收费项目变成免费项目。此提议一提出就遭到了相关付费部门的反对。最后双方僵持不下，只好请来搜索部门共同参与决策。

会议上，阿里各个部门的高层悉数到场共同讨论方案的可行性。即使面临巨大的压力，张良伦依旧坚定地认为，自己代表的是整个阿里旺铺以及整条生态链的利益。内心有股力量在敦促着他，让他务必完成这件事情。在一番激辩和思维摩擦之后，张良伦"以少胜多"，修改方案终于得以通过，普通会员不花钱也可以开通旺铺。

事实证明，方案实施之后，付费部门不仅没有减少营收，反而因为免费会员活跃度的上升增加了最终的营收。此后，张良伦在阿里内部名声大振，公司员工开始谈论这个叫张良伦的"小人物"。

2010年，张良伦连升两级，他的职业生涯向着更高的台阶迈进。但是这时候他内心却不安起来。进入阿里之前，张良伦打算用两年时间学习阿里的运营经验然后自己创业。在如今这种越来越安逸的环境下，张良伦害怕自己内心创业的火花会熄灭。趁着创业的激情还未被消磨殆尽，张良伦决定，辞职创业。

米折网，在夹缝中站稳脚跟

从阿里离职之后的张良伦，敏锐地看到淘宝平台开放的商机，然后开始创建米折网。淘宝平台开放之后，各类围绕淘宝的导购需求逐渐升温。这样的背景下张良伦认真分析了自身团队的优势，他发现返利业务是一个不错的创业切入点：成功率高，容易站稳脚跟。不过，返利业务也有其自身的问题，比如返利速度慢、返利金额低、提现门槛高等用户体验不佳的问题。整个返利市场还存在很大的提升空间。在"摸透"市场之后，2011年张良伦着手创立米折网。为了迅速站稳脚跟、吸引用户，米折网在创办初期选择将商家返给网站的钱尽数返还给用户，并且以垫付的方式，实时快速地给用户返现，迅速建立了口碑。

与很多小公司一样，米折网在创业初期也只是大行业里默默无闻的小角色，但这并不意味着小角色就不能心怀梦想。把公司做强做大是张良伦发展初期的梦想。当创业者奔跑在从"小"变"大"的创业路上时，首先要承认公司"小"的客观事实。在跟更大更强的对手竞争时，要思考清楚一个问题：如何在资源、人才或其他条件不足的情况下，在众多竞争者中突围成功。

随着米折网的不断发展，2012年5月，米折网顺利获得IDG资本1000万元的A轮融资，公司开始进入跨越式发展。

获得融资之后，张良伦对现金流仍十分重视。现金流在创业前期非常重要，很多时候团队更习惯依赖融资的手段获取现金流。为了增加现金流，张良伦在创业伊始就寻找离钱近的电商项目，业务也是按效果付费。张良伦认为创业团队在成立之初就应该学会赚钱，哪怕赚的是小钱。盈利不仅仅是公司往下发展的根基，对树立团队的信心也尤为重要。

从米折网开始创立到融资成功，张良伦认为创业必须快准狠，找准一个方向，然后全力以赴快速规模化，才能有跳跃式发展，公司才能在充分竞争的市场中生存下来。

顺"势"而为的创业转型

顺势而为，是创业公司成功的关键。在创业过程中，一些企业即使处于非常有利的位置也没有把行业做起来，而米折网却从零开始快速发展为行业领导者。

张良伦说，创业过程中运气很重要。那到底什么是运气呢？第一，创业者要顺势而为，他认为运气就是这里的"势"，创业者能不能看到市场趋势并去顺应它很重要。第二，创业者要相时而动，运气就是"时"，做一件事时，如果天时、地利、人和都具备，创业者一旦发现"势"，就去顺应它。创业者可能就会在这个借势过程中成就自己，实现自己的价值。

互联网行业随时随地都在变化，如何在洪流中保护自己，对于创业者来说是个很重要的命题。创业者要做的就是在规避恶性因素的同时，找准洪流的良性面并顺"势"而为。良性的趋势就是创业者要整合目前能够整合的资源，创造能够创造的价值，能够整合资金、人才、政府这些资源并为客户创造价值，就能很好地借助这个"势"。

2013年，米折网的交易额就已达数十亿。结果虽可喜，但张良伦却意识到返利网站依旧存在市场瓶颈。张良伦不认为这个事情是一个长期的生意。一方面模式过于依赖上游,另一方面随着消费升级,消费者越来越注重品质,于是返利人群消费的产品相对低端的痛点就显现出来。张良伦觉得返利网站要想突破,必须转型。创业可以靠返利起家,但不能全部依赖返利。

2014年,米折网开始转型。张良伦经过几番思考,决定独立带一支团队去创办贝贝网,而同时保留了原来的米折业务及团队。

张良伦选择做贝贝网,不仅是为了避开众多不利因素,更重要的是他发现母婴用品在市场上有很大的商机,是顺"势"而为。女性标志性的"转型"就是生孩子。女性一旦生育,除了自己的需求之外,就会有母婴和家庭消费相关的需求。除了消费品类的变化,甚至她们的品味、品牌都会发生变化。张良伦便抓住了女性需求转变的契机,决定转型去母婴行业。

张良伦觉得母婴行业是一个泛行业。母婴电商更多应该是针对每个不同品类提供差异化的解决方案。奶粉、纸尿裤这些标品品类,和童装童鞋这些非标品类的解决方案是不一样的。而且,随着妈妈处于不同阶段,消费需求也是不一样的。怀孕阶段,妈妈更大的需求是知识和交流;而孩子出生特别是1岁之后,购物则成了妈妈最主流的需求。

母婴行业中,非标品毛利更高品牌相对分散,标品毛利更低品牌更集中。张良伦认为,母婴的关键在于做好非标,因为只有非标品才能赚到钱,公司才能很好地持续经营。为了更好地切入这个市场,张良伦深入研究了童装、童鞋等行业以及一些早期母婴B2C网站的运营模式,他认为零库存是做童装、童鞋等非标品最精髓的部分,然后需要再设计一套深度管控的平台模式,这样既能很好地解决零库存的问题,又能很好

19　顺"势"而为的创业转型

地确保消费者体验。

2014年4月，张良伦团队以一个月内写了10万行代码的速度快速完成产品开发之后，贝贝网上线了。贝贝网上线后，第一个月的销售量达到几十万元，第二个月就突破了百万元。之后，张良伦把公司一半的管理层从米折网调到了贝贝网。短短几个月的时间,贝贝网的业绩就从"零"升到了"亿"，多轮融资也在9个月的时间内完成。

随着贝贝网的发展，张良伦发现消费手段也在不断改变，移动端的兴起对整个电商用户习惯造成了极大颠覆。手机端的屏幕相对于PC端小很多，这就造成了它的商品承载量也变少。传统PC页面所呈现的海量产品的优势在移动端逐渐失效，搜索反而成了一种包袱，因此消费者的搜索路径就随之发生改变。反观淘宝，虽然它的销售额和用户数量在整体上是上涨的，但搜索频率却在下降，移动端的占比逐渐增大。传统电商从业者很容易把PC端所有的体验和思考都延续到移动端上来，从而忽略了移动电商整个流量入口的分散性。在PC上，流量入口和用户入口被聚拢，即便是平台自己的用户也要向百度或者360这样的入口重复埋单。移动端整个入口分散之后，竞争的公平性被重新定义，平台可以直接获取流量。

在PC端的行为明显不适应移动端体验行为的情况下，市场就需要一个更有效的商品组织形式以提升客户的体验。张良伦时刻把握市场的动向，第一时间抓住机会提升客户体验。在服务上，贝贝网提供可信的商品信息，帮消费者挑选真正可信的、给予消费者更好体验的供应商。在商品上，贝贝网从供应商手中去挑选出更好的、消费者更喜欢的款式和性价比更高的商品，进而提供更可信的商品信息给消费者，这样就降低了消费者购买的成本以及浏览和挑选商品的时间成本。张良伦利用用户行为数据的分析结果，选择时间段推送产品。目前平均每个用户每天会打开四五次贝贝网APP，产品的转化率得到明显的提高。

创业过程中，创业者一定要随时随地掌握市场动态，当一个行业的利润空间被越来越多的人"觊觎"的时候，这个行业也将被"榨干"。创业者要时刻保持危机感，顺"势"而为，相时而动，好"运"自然就来了。

创业者是一个职业，要担起责任

贝贝网不断壮大，规模已超过了米折网，但无论什么时候，张良伦一直都会保持清醒的头脑。当创业者从事一个行业，就会对这个行业充满无限遐想，相信自己可以做到行业的第一。有些创业者甚至用自己的想法向投资人"画饼"，最终在忽悠别人的同时把自己也忽悠了，自己也相信了。每个创业者在讲自己的商业模式时都会觉得它特别完美，但要是没有对商业模式进行详细规划和深入分析，那最终必定失败。

在对创业保持头脑清醒的同时，创业者还应该和投资人保持良好的沟通，让投资人知道公司在干什么，在想什么，要成为什么样的公司。倘若创业者和投资人关系良好，很多东西都达到甚至超出投资人的预期，这就是一种默契、信任，会让公司越走越远。这也是创业者的基本职业素养之一。

CEO是一份责任感很重的职业。这份职业最大的责任是为公司的业务负责，为公司所有人负责，不管他是早期还是后期加入的员工，否则对任何一方都是不公平的。张良伦在对公司的责任上表现得更加"直白"。

19 顺"势"而为的创业转型

引进高层的时候，如果有元老级的员工不服气，他就会和员工坦诚沟通，指出他们的不足和缺点，并告知对应的改进意见及未来的长期机会，因为他要负责的不仅仅是公司的员工，还有公司的业务。

张良伦的合伙人之一柯尊尧当初就是冲着张良伦这份责任感去的。柯尊尧是张良伦在华中科技大学的学弟。在柯尊尧的印象中，张良伦是一个坚定且具有很强自我驱动力和责任感的人。两人曾在一个项目组合作过，张良伦在接手这个项目之前并没有任何相关的科研经验和管理经验，他边学边做，硬是带领项目组如期完成了任务，并得了公司项目评选一等奖。2011年，柯尊尧即将研究生毕业。当他看到张良伦发了一条"求才"的微博之后，立刻拿起电话，虽然听不懂什么返利、电商的含义，但是他当时心中的念头只有一个：跟着张良伦创业，靠谱！于是他一份简历都没投，就直接奔着张良伦去了。

张良伦创业的另一个合伙人郁佳杰，是原阿里的技术经理。两个人曾经一起合作，张良伦知道郁佳杰是一个非常懂产品的技术型人才。张良伦开玩笑说，当初磨破了嘴皮子才把郁佳杰从阿里"忽悠"出来。

2011年到2016年，张良伦在创业路上摸爬滚打5年，从米折网到贝贝网，他"吃着碗里的，看着锅里的，还要惦记着田里的"，随时掌握市场动态，顺"势"而为，书写了自己的创业传奇。

阿里创业军团

20
创业需要魄力，做自己想做的

从小不是乖乖女，但是知道自己要做什么

2005年，湛宇到美国麻省理工学院求学。她自费出国，没有要家里的钱。独立勇敢是她从小就养成的性格。

湛宇大学本科时学的是工业设计，当时这算是一门很新的学科。研究生时她读的是用户体验设计，在当时也算是很新的学科。但是都跟她喜欢的设计有关。湛宇出身于教育世家，家庭的艺术气息很浓厚，小时候没有学过画画，但是从小耳濡目染，画工很是出色。当初报考大学时，一心想挣脱家庭束缚的她报了东北大学，她内心坚定地认为去就要去最远的地方。湛宇的母亲很不满意，就以家乡重庆为圆心画了一个圆，告诉她只能在这个范围内选择学校。于是她选了圆里面最远的学校——四川大学。但是她只想学设计，拒绝母亲安排的计算机专业。

对湛宇影响最大的是在美国的求学生涯。当时她读两所学校麻省理工艺术设计学院和麻省理工学院。麻省理工艺术设计学院是一所很古老的学校，她在那里学到很多基础的东西，包括设计理论和艺术理论一些

20 创业需要魄力，做自己想做的

很系统的东西，从科学的角度去讲信息是怎样产生的，这在国内很少有，湛宇觉得很震撼。麻省理工学院很开放，在新媒体实验室（new media lab），可以选修一些其他的学科，钱和资源很多。如果你想做一个项目，想找其他专业的人一起来做，假如他们专业正在上课，只要你说想找一个合作伙伴，就会有一个人跟你来做这件事情。在学校里做一个课题就有 800 美金，学校的各种实验室都能用，湛宇在这样一个环境中眼界被打开。

毕业之后，湛宇在纽约一家很有名的商业设计公司 Huge inc 工作，公司有很多做商业设计的女性，30 岁左右，她们要么是离婚，要么是二婚，不断在约会，很注重自己的感情生活，这样的文化也给了湛宇很大的冲击。

美国是文化特别强势的国家，自己在那样的氛围里显得很渺小。每天让人无法呼吸的压抑感时不时会侵扰着你，甚至这种侵扰不是一天两天，而是日复一日，每天都是这个样子。经历国外生活的打磨，湛宇的内心慢慢变得强大。

2012 年，在美国待了 7 年的湛宇决定回国。因为她要 30 岁了，她之前就说过 30 岁之前一定要回国。2012 年 3 月份，她从摩托罗拉辞职，5 月份带着丈夫与儿子回国创业。

在美国，湛宇有很好的工作，生活稳定，但她想回到国内创业。

回国后，湛宇觉得自己还没有做好创业准备，在组建公司、管理团队上没有太多经验，而且对国内商业环境她不是很清楚，她决定在阿里历练沉淀一年。

湛宇出国之前就在淘宝上开过店，2005 年开淘宝店，2009 年做代购，她知道电商是她创业的最终方向。

207

阿里创业军团

从微信到平台，转型需要魄力

在国外待了 7 年，根据湛宇对国际时尚商业模式的了解，她决定做跨境电商。她发现海外的商业环境其实非常成熟，一些商家品牌价值很高，但是在国内不是很出名。国外一些小一点的商家，在 Ebay 上会开店，线下有三四家连锁店。在纽约有很多很知名的品牌，这些品牌的销售量极大，不仅线上很活跃，线下也很发达，生态链很完善。阿里线上很活跃，线下发展不起来，国外刚好有这样的环境。

如果把海外的商家拿下来，将会是一片蓝海。现在海淘还停留在代购阶段，而且代购的都是中国人，存在信息差、时间差、价格差。客户买一些标品的品牌，甚至能小到化妆品、奶粉等。

外面的商家接进来，可能会多多少少有点水土不服，帮他们做国内的市场，不一定在国内开店，但是要让它们在中国有知名度。

这样的想法很好，但是湛宇觉得创业一下子跨度不能太大，她就从轻奢闲置社区入手，再转新品牌。开始创业的时候胆子还没那么大，想着先从一个小的切入点进入。当时 APP 还没上，湛宇有很多微信群，拿了很多流量进去。卖家想卖货，买家想买货，货的质量很好，商场卖四五千这里卖八九百，而且都是带标签的。客户一旦下单，就会继续买，轻奢品的板型非常好。

从客户心理出发，有些女性客户不会告诉别人自己是从哪里买的商品，轻奢品能高度满足她们的虚荣感。客户闷着头买，但是完全没办法传播。湛宇发现自己微信粉丝根本没办法涨上去，但是订单一直很多。

20 创业需要魄力，做自己想做的

卖家很想分享，想要一个很好的回报，自己的货是新的，想要七八折卖出去，但是在这个圈子里，必须按照游戏规则，只能一二折卖出去，就很难变成商业模式。慢慢地，交易量变大，进口出口有很大风险，太便宜人家会觉得是洋垃圾，量大了以后不能及时把国内的量清掉。最终想要从社区转平台，但是这样的方式会很绕。

有一次，湛宇遇到一个曾经在宝洁工作的朋友，她对湛宇说："Michelle，就做你想做的，不要再走弯路了。"当时湛宇一下子就被点醒了。创业一开始，顾虑会很多，团队组建、适应资本市场等等一系列问题都摆在面前，如果是一直绕着走就会越走越远。湛宇被点醒之后，就跟团队沟通清楚，确认好创业方向，直接做全球购的平台。

2015年7月份，"衣见如故"的APP正式上线。用户的反馈证明，这次转型是正确的。用户的购买率很高，评价也很高。

但是产品上线之后，后台数据分析用户习惯，购买的路径的结果让湛宇发现这些东西已经没有竞争力了，跨境已是一片红海。大家都在卖折扣，即使有订单，但是调性做不起来。

而在这个时候湛宇已经和投资人开始了洽谈。团队需要转型，但转型的步伐不能太快，否则技术和运营根本无法跟上脚步。湛宇只能慢慢转，慢慢迭代，商品结构慢慢改。2015年10月份时，平台开始推小商家。让人惊喜的是，在两个月的数据反馈当中，用户的订单流量每天都在增加，截至11月底，每天注册用户大约有1000个，每天成交量在五六十单左右。用户回购率很高，买完第一单，还没收到货就会买第二单，购买行为习惯很典型，这也在一定程度上说明平台的产品得到了消费者的认可。

推广上，湛宇也有自己的想法。她尝试在APP上每天做一个专题，并且跟一些拥有自媒体的人合作，在平台上挑选他们想要去做的品牌或者是系列，按照他们的风格去写一些专题放在衣见如故的 APP 上和他们自媒体的渠道上。这些自媒体人大部分是现在的自媒体博主，还有一些时尚编辑，双方合作，帮助他们打知名度。再者，平台跟红人合作，这些红人会穿品牌商的系列帮他们去推。如今，很多红人会自己找过来要求和平台合作。每天都有红人主动联系湛宇，希望联系一下哪个品牌，帮他们拍照。商家也很愿意，这在一定程度上变通了商业模式。红人以推荐的方式开店，红人自己写内容，以导购的方式存在，"衣见如故"承担所有的物流。湛宇怕平台上红人化太严重，所以平台还是以商家为核心，红人只是推出一系列产品而不是让其来驱动卖货。

从"衣见如故"到 OOK，再升级

中国的跨境电商很多，做服装的多如牛毛，但是专门做配饰的却很少，要想在跨境领域分一块蛋糕，必须另辟蹊径。2016 年伊始，湛宇把"衣见如故"改名为 OOK，业务方向也更加明确——专门做配饰。

OOK 做全球购，主攻海外市场。湛宇通过寻找海外一些有特色的产品丰富 OOK 平台的商品量。跟其他跨境电商不同的是，这些商品的提供者都是在海外拥有一定知名度的。如何吸引这些商家入驻呢？湛宇想到了为他们提供代运营。平台上很多海外的商家几乎没有接触过中国市场，对中国的市场知之甚少，贸然进军的风险不容小觑。湛宇通过 OOK 的平台，帮助海外商家做营销，商家只需提供产品，剩余的物流、上架等一系列工作全由 OOK 负责。湛宇在帮助海外商家做销售的同时也是在帮助他们打开中国市场。

但是作为一个新的跨境平台，在用户积累不是很深的情况下如何取得用户的信赖极其重要。用户最关心的产品的质量问题湛宇在一开始就着手解决了。首先OOK对海外入驻商家进行筛选。平台上的海外供应商都是已经在海外有一些知名度，产品本身的口碑、品质、供应链架构等都已经受到商业领域的检验。平台上的特色设计师也都有一定的影响力，有的甚至拥有自己的网站以及实体店。OOK平台上从供应链到定价，再到设计风格，层层把控，入驻的海外商家都是被市场广泛接受的商家，能够保证产品的质量。

产品的质量得到保证之后，湛宇继续在服务上增强用户的黏性。

个性化标签

首先在导购上，OOK通过一些个性标签来进行分类。产品在上架之后会被贴上一些标签，用户在搜索产品时大都会通过传统的一级类目、二级类目来搜索。但是商品本身有它的材质、风格、场景等区别，用户通过传统的搜索类目搜出来之后大多数情况下也不知道选择怎样的商品。OOK通过个性化的标签对产品进行描述，增强了营销的精准性。

物流以及售后

由于商品本身的特殊性，OOK平台上的一些饰品可进行定制。用户在下单之后，平台上的团队进行后续跟进，了解用户购买的满意度。

平台上的产品大都是从海外发货，在物流管控上，除了一些手工定制的商品之外，OOK 平台上的商品做到 15 天的物流周期。商品做到 30 天无理由退货。

渠道分销

由于平台 95% 的商品都是来自海外，其中大多是产地在海外的独立设计师品牌，商品本身具备独特性，同时平台在供应链端不断地积累其价格优势。平台如今在微信上建立了多个分销买手群，包括代购、全职妈妈、网红等都可以加入群分销平台的商品。由于配饰的利润空间很高，分销商可以轻松地获得商品平台价 10%~30% 的返点，平台提供免费的加盟、发货和售后服务。

时尚博主穿搭视频

湛宇发现，目前平台上的商家和选品都已基本稳定，但是很多用户面对琳琅满目的产品不知道如何选择。为了提高转化率，湛宇准备在平台上接入视频引导用户下单。通过一些优质的时尚博主的穿搭视频，用户可以了解不同饰品的搭配法则，知道不同场合下的搭配技巧。同时，平台也在全力打造优质时尚博主，下一步计划是带她们去海外跟设计师互动，并且和有影响力的时尚博主合作推出设计师系列产品。

经过一系列的升级之后，OOK 平台目前的用户已经超过 10 万人，商品的数量也已经超过一万件。但是湛宇觉得，一个平台要想做大必须开放。

目前平台上的商家都是 OOK 进行代运营，但是长期来看这种模式并不能长久。首先从平台角度出发，公司不可能养一个庞大的队伍长期帮助商家做内容运营，否则人力成本将会是公司的一大短板。再者，平台上入驻的商家本身在海外的知名度很高，自身有很多内容可以分享，等到市场稳定之后，他们完全有能力来自己生产内容，否则平台来帮助他们运营，他们永远只能是一个"卖货郎"。

OOK 的定位很清晰——主攻海外市场，所以湛宇在一开始和商家讨论商品价格的时候就开始为"共赢"的局面铺路。商品的价格由商家来拟定，但是商品价格和商家在海外的价格是一致的，湛宇在开始的交流中表明商品的定位是快时尚轻奢类，价格必须规范。双方达成一致意见之后，商品上架销售。

合伙人和投资人，真的很重要吗

2013 年湛宇从阿里辞职，2016 年做 OOK。这期间，湛宇还做了另一家公司。公司是做汽车用品的，合伙人是一家传统行业的老板。他在全国有 3000 多家连锁加盟店铺，湛宇看重他的资源和本身线下的一些资源。对方负责线下，湛宇负责做天猫整个线上渠道。当时产品在线上已经做到天猫排名的二十几位，但是线下的团队就忍受不了。由于价格体系不一样，线上分走了很多线下的流量，不断有线下的人打来电话，她的合伙人也撑不住了，矛盾也逐渐被放大。湛宇当时自己在做设计研发，整条链都在做，产品几乎都是创新性的。但是传统企业的供应链和资金跟电商是不匹配的，因为电商"双十一"要先投入，半年之前就要做准备的，工厂资金很缓慢，根本没办法支撑电商这一需求。2014年10月，湛宇和合伙人正式解散，开始另起炉灶。

现在的OOK没有合伙人，湛宇仍希望有合伙人。但是她觉得到了这个阶段，如果合伙人不是一开始就有的，以后相处会越来越难。她考虑一个是自己本身能力就很强，对每个人的要求都很高，首先就是要和自己互补。

对于投资人，湛宇的要求更高。很多投资人主动找上门，提出投资的意向。但是湛宇好像不是很感兴趣。天使轮的投资她拿的很容易，她甚至不知道要怎么和对方谈，人家找上门她自己的态度也不是很好。但是没过多久，资本寒冬就来了，湛宇发现势头不对了，于是她自己开始出去找投资，但是那个时候产品还没有出来，拿什么和别人谈。迷茫困惑，几乎是每一个创业者都要经历的。

转型升级之后，产品逐渐受到用户认可，目前还是不断有一些投资人找到湛宇，但是她有自己的一个考量。她没有钱这个概念，她想要的是把这个事情做成，所以关于投资人，合适比资金重要。

创业最难的时候也是内心最强大的时候，拿出魄力大步跨过去，经历的苦难都会成为成功的基石。

阿里创业军团

21
了解你的"上帝",才能找到"天堂"

阿里创业军团

从编程到设计，由心出发

李伟毕业于英国考文垂大学，主修艺术设计，毕业之后却直接到微软公司做了一名程序员。李伟跟代码的渊源很深，拿下第一个编程奖的时候还不到 10 岁。他小学时就参加了编程的兴趣小组，在同龄人连编程的门都还没有摸到的时候，他已经精通霍夫曼的编程逻辑，对 CPU 原理、内存性能等知识了然于胸。

尽管对编程情有独钟，但是高中毕业的李伟，却选择了远赴英国学习设计——理由很简单，编程虽有趣，但是每次他急着要秀给别人看的时候，却几乎没人能看懂。但是设计就不一样了，要是画一幅画，往大家面前一放，人人都能看懂。对于从小喜欢做"酷"事的李伟来说，后者的魅力更大，周边人的认同感也更高。于是，李伟选择了在全球都享有很高知名度的考文垂大学。

在大学学习艺术设计的李伟仍没有绕开"编程"这两个字。在图书馆勤工俭学时，他发现一个很有趣的现象：图书管理员在一个字一个字

21 了解你的"上帝",才能找到"天堂"

地录入书的借阅状况。于是李伟用一下午时间,帮助图书管理员写了一个辅助管理程序——图书管理员只需要扫描书的条码就可以了解图书借阅状况。

通过这件事,学校计算机部门知道了李伟的编程才华,开始找他写一些校用管理系统程序,接着还会有一些不努力学习的同学找他代写作业。李伟觉得即使在学校写得再好,没有实战经验,出了校门还是会一个代码都写不好。于是,李伟就兼职给外面一些小软件公司写代码,虽然赚的钱很少,甚至还不如给中东国家的学生写作业挣得多,但是锻炼价值很大。正是这些实战经验让李伟在毕业之后很快拿到了微软的offer。

做一名设计师,一直是李伟的理想。由于当时移民局签证政策的限制,他不得不去做一名工程师。在微软工作一段时间之后,马来西亚的一所大学找到他,想让他带技术团队,而且说可以做设计。李伟一听可以做设计,马上就答应了。

一次偶然的机会,李伟以海外设计师的背景在国内设计杂志上"亮相",这引起了阿里相关负责人的注意。在看过他的作品后,阿里立马发offer给他,力邀他加入阿里做页面设计。

从螺丝钉到独立运转的机器

李伟进入阿里后,发现虽然淘宝商城的主页面做得很美观,但是点进去以后商家的页面却极度混乱。通常来说一个版面用户最多关注三个点,还要分一二三层,卖家设计的页面上大部分是"限量多少件""销售多少价"、"几个皇冠"等,整个页面描述细碎繁杂。用户的注意力被分

217

散，已经忘了要买什么了，购买欲望无形之中会被削减，最后转来转去，留占时间很长，购买的转化率并不高。在这种情况下，李伟和同事们就规定了第一幅标准产品图。

但推行实施的时候阻力很大，大商家反弹性很强。因为淘宝崛起得很快，一些大商家的崛起并不是因为他们自身的设计功力、运营功力多么强，而是在不知所以然的情况下被抬得很高。大商家在领域的影响力很强，绝大部分小商家会效仿大商家的页面。所以乱象一波一波传下去，最后导致乱象没办法被控制。李伟所在的 UED（user experience design）部门，通过不断跟商家沟通，才有了现在买家看到的规范、整洁的页面。

工作上的锻炼，让李伟在做事上更加严谨，不过，阿里给他的"束缚"也在慢慢凸显。玩音乐、写代码、做设计，李伟喜欢做的事情很多，但在阿里他却被牢牢地"钉"在了设计上。这让他感觉自己空有一身力量，却没地方使。就在这时候，李伟的朋友突然这样跟他提议："你为什么不出来创业呢？就算你出来做点事，不成功的话，你的创业经历只会让你加分，找工作更加容易，你的技术也不会因为出来做点东西就被忘了。"

李伟觉得很有道理，为什么怕创业呢？不就是怕更累有风险吗？但现在自己做的工作，十点之前也下不了班，周末也要加班，累的话还能比这个更累吗？于是他就找了几个关系不错的朋友一起创业。开始，朋友也有点担心，李伟劝慰道："我们现在顶多是从钢的螺丝钉变成镀金的螺丝钉，变成纯金的螺丝钉，但是我们始终不能成为独立运转的机器，一旦这个机器不要我们了，我们插在别的地方说不定是拧不进去的。就算我们出去了创业不成功，还能回来不是？"

李伟"连哄带骗"地把自己合伙人团队给组建了起来。现在每个人

21 了解你的"上帝",才能找到"天堂"

都成了独立运转的机器。

生活可以很有激情,但是决策一定要理性

出来创业,李伟没有做自己的老本行设计,也没有做自己感兴趣的编程,而是把创业方向定为美妆,成立尚妆,进军美妆界。

一、如何理性决策

宁愿放弃自己的老本行,也要做美妆市场,李伟的选择,并非心血来潮,而是参考了多种市场数据之后的理性决策。跟一些只能靠揣测数据分析市场方向的创业者不同的是,李伟在阿里工作时可以看到淘宝后台的真实数据。用户数据显示,美妆类目新品牌增长速度快,用户留占时间长,购买频次高,而且库存中转较快,美妆数据整体表现出良好的效益。

2012年的时候,李伟拿到的2010年的美妆数据显示,日本的化妆人数是5800万,中国大陆化妆人口也是5800万,日本当时人口是1.12亿,这么一算日本的适龄人口的化妆率占比87%,但是在中国大陆可能仅在7.8%左右,但这不代表国人不爱美,而是受社会大环境和人均GDP的影响。从现在的发展趋势来看,日韩以及中国香港、澳门、台湾,它们对于新文化的状态是领先于中国大陆的,中国大陆很多时尚风向是唯它们马首是瞻,参考它们的经济规律,一定有所发展,7.8%的数据迟早有一天会涨到60%,那时候美妆的发展空间会变得非常大。

事实证明李伟的判断很准确,2013年到2015年,短短两年,尚妆已

经达到了上市规模。除了巨大的市场机会之外，对于一个创业公司来说，快速和用户建立联系，抓住用户是极为重要的。

二、如何吸引用户

李伟开始推广产品时，把精力集中在社区。创业者找用户时首先要发现最密集的用户都活跃在哪里，要知道这部分用户想要什么。百度贴吧、豆瓣小组人群比较集中，李伟就研究这部分用户的特点。他发现这部分人喜欢在网上写一些帖子来抒发情怀，在网上逗留时间比较长。这也就说明他们有大把的时间。李伟一想，能够把大把时间花在网上的这部分人，只有两种可能——专职网络工作或财富自由。

吸引用户，首先要非常了解心理学、社会行为学，要知道你的用户是怎样的，并抓住他们的特点。李伟就利用这部分人的时间和传播效应，给他们积分、试用券。只要他们在尚妆发表评论，就给他们试用的机会。一听免费拿，很多人都不愿意错失机会。对于这批人发表的评论，李伟给他们设定了评估评论质量的标准，看的人越多你的积分就会越多。为了获得更多的积分，这些人通常会叫上自己的朋友点赞，转发，无形之中就形成了连锁效应。别人来点赞时，页面上"我也要免费拿"的按钮就会吸引其他人，参与的人也就越来越多。

免费试用的方法第一周就起作用了，用户数量一开始很小，只有几百人，后面基本上是数量级的增长，一千到两千再到四千，一个好的用户可以带来七八个新用户。

21　了解你的"上帝",才能找到"天堂"

三、如何处理探索期的失误

一开始李伟的供应链没有打通,也没有建立完整的 ERP 系统。他当时面临两个选择,要么等所有设备齐全之后再去推,要么先以社区形式形成新用户,把这段空闲时间利用起来,用户量起来了以后再介入销售。最终他们选择了第二种方法。

但是第二种方法也有风险,等到用户数起来之后,物流和产品供应不上,也会造成很大损失。等所有通道都打通以后,李伟把试用模式升级为先用后买。这样的试用人群对时效性要求不高,只要单价相对较低,一个礼拜送到都没问题。于是尚妆前三天先给客户小样去试,觉得产品不错然后再把正品寄出。这样的战略方式,成本高,效率低,所以李伟只在推广前期采用。创业者肯定会经历一个探索的阶段,在这一阶段,不要抱怨。

在这个阶段李伟也遇到一些问题,比如他高估了技术团队的实力,以至于没有在预计时间内开发好产品,耗费了很多资源。做错了事情,要先弄明白问题出在哪儿,抓住这个问题往前推,看解决这个问题需要具备哪些知识。再看看同样的类比案例有哪些,别人怎么做的,有哪些经验可以借鉴,然后总结一套自己的解决方案。第二天实践方案,将问题流程化,写好第一要做什么第二要做什么。为了高效地解决公司出现的问题,李伟和几个合伙人虽然都在杭州买了房,但不住在家里,而是都在公司附近租房子住。几个人住在同一层楼,有事情敲敲门,在客厅里就把事情解决了。

经历了一年的探索期之后,网站规模变大,消费者的注意力不再看重免费试用,而是抢着买一些限时特价的产品。于是,李伟把社区升级为"达人说",用户分享一些产品的评论,同时把产品链接拉进来。"达人说"会鼓励用户把写的东西分享到朋友圈,只要有用户看那么就会给分享的用户积分,如果有用户注册了,该分享的用户就会得到几毛钱,买了就会给他5%~7%的佣金。开店不一定是全民的现象,但是谈一个产品可以是全民的。这样获取用户的成本比起硬性广告要低得多。

"达人说"加入了审核机制,分享到朋友圈的东西坚决不能出现销售字眼。这样的审核机制是基于社交圈的现状。社交圈里商业信息充斥的话会造成大量丢分,一旦在朋友圈发这种东西,绝大部分人会把你屏蔽掉,丢的是自己的格调。"达人说"开始的定位就是分享,客户用了一个大牌产品,分享自己的体验,彰显的是自己的生活格调,走的是品牌战略。

解读数据,是个有含金量的玩法

截至2015年12月,尚妆网已经积累了几百万的用户。这些用户的数据组成一个庞大的信息网,李伟用这些数据更好地服务客户,开拓自己的疆土。

目前化妆品行业的销售方式还是主推团购,这样的形式能够让消费者知道什么产品在打折。但是从美妆使用场景来看,什么产品对自己有效才是最终目的,消费者可能在冲动下买一些东西,但是从长远来看客户还是想买行之有效的东西。所以尚妆走了另外一个路线,不仅告诉用户哪些打折还告诉你哪些产品适合你,做一个导购性质的网站。

尚妆的APP下载下来之后,点进去的首页是一个皮肤性质调查。根

21 了解你的"上帝"，才能找到"天堂"

据用户的答案，和传统APP走千篇一律模式不同的是，它首页的产品都会换掉。几百万用户，都会回答这些问题。回答一样问题的人，根据他们购买和认可的产品再进行推荐，产品的命中率、用户的转化率明显得到提高，这是尚妆现在在用的精准导购模式。

在未来的推广模式上，尚妆要做的是手机壳传感器，用户接电话的时候，边框高出屏幕表面的传感器会接触皮肤表面，这时候它就会记录皮肤的含水量、粗糙度、pH值等。根据记录下来的数据，后台再推荐和用户皮肤一样的用户。数据积累下的产品就相当于医学上的临床案例，每一件推荐产品后面都有几十万的案例供用户参考，也就是说用户看到的产品就是被十几万甚至几十万次的临床验证得出来的。

后台的任何大数据都有一个积极学习的算法，这个算法建立在用户购买并给了好评的基础上，会在他的认可分数上乘以1.1，用户又重新购买了同一个产品，就证明用户对产品的高度认可。用户用完之后不用搜直接就去买这个东西了，这时候后台就会在产品系数上乘以2或3，这样算下来数据就会越来越准，如果用户买完这一个，第二天就搜索其他产品，就会减很多分数，在一个动态调节的过程中，把用户搜索产品的路径，通过计算，准确而直观地表现出来。

未来的电商发展不光是做营销的人驱动，谁能获取数据，谁能把数据解读到位才是关键。这个就是越来越有含金量的玩法。

营销是一项技术，关键是看你怎么策划

海创园内，尚妆是为数不多的拥有自己独立楼层的公司，办公人数

有100多人，而一开始时他们的办公地点是300平方米的办公室。当时海创园有一个评比，尚妆以第一名入驻进来，免了3年的房租。随着尚妆业务规模的扩大，公司人数不断增加，原来的办公场地已经容纳不下。后来海创园又分给他们一层办公楼，但还是没办法容纳这么多人。李伟就寻思着，如何拿下一幢独立的办公楼。

尚妆现在所在的办公楼被评为整个海创园区最好的，是作为中央领导来视察的样板楼建的。要入驻这座楼必须要经过管委会领导的审批。当时，有很多上市规模的大企业在排队抢这幢楼，李伟觉得自己拿下办公楼的希望渺茫。

尚妆获得浙商创新创业大赛冠军，报纸上有他们的一篇报道，李伟跟媒体商量将报道中的"尚妆"改成"海创园代表企业"。报道出来之后，海创园的各位领导都在热议这篇文章。李伟瞅准机会，找领导汇报工作。领导也很关照，表示有什么困难尽管提。李伟赶紧提起了办公场地的事儿，他说："跟我们合作的都是欧莱雅、宝洁这些大牌企业，他们很注重企业形象，如果发现我们企业还在某一间办公室里办公，这个不光是影响我们尚妆的形象，还会影响整个园区。"领导也觉得有道理，拍板决定把众人争抢的大楼批给了尚妆。

拿到领导签字以后，李伟马上行动，通电、通网、挂LOGO，一整套下来只用了4天时间，其他企业一看，"人家LOGO都挂上了，自己肯定没戏了"。其实早在这之前，李伟就已经将物业还有其他能让自己顺利入驻的关系都打通好了。以结果为导向，做事情的效率就会很高，这也是李伟的做事原则之一。

这样一场策划，不失为一场完美的序幕。尚妆网在接下来的营销推

21 了解你的"上帝",才能找到"天堂"

广上,更是让人眼前一亮。

比起其他公司找明星代言的营销方式,李伟让明星成为自己的合伙人。一方面避免了高昂的代言费,相反地,他们会投一笔钱过来。李伟把韩庚拉进来,作为尚妆的合伙人之一。韩庚确实发挥了巨大的明星效应。感恩节是很多商家都不会错过的营销时间点,但很多传统商家都是搞一个活动,送礼品。尚妆当时和韩庚一起策划了一个"庚正计划",送的是护手霜,要用户把礼品送给自己最想感谢的人。这件事情让用户很有存在感。很多人不会表达自己的感情,需要第三方推一把,既能表达自己想表达的,又不会太尴尬。花了很少的钱,整体微博阅读量就有100多万次,整个传播使尚妆的知名度扩充了3倍。

李伟从人的消费本质入手,逐渐摸透了消费心理和消费需求。商业的本质是共赢,消费者花钱买商家的产品,如果商家能在客户满意的情况下获取利润,这两者的双赢就达到了切合点。如果商家加入更多的线条,力图盈利更多,但是又没办法扩展,中间商就会介入进来。创业者可以去观察、总结商业规律的前景,但是绝对不要假设这个东西是成立的。互联网时代,用户是商家需要抓住的,了解他们的消费行为、消费心理,才能在创业的大潮中立于不败之地。

阿里创业军团

22

差异化竞争，以小博大

换个角度发现新天地

2004年，从浙大毕业之后，刘俊远赴深圳加入了卓望数码，成为中国最早一批研究移动互联网的人。在研发产品的过程中，刘俊发现中国互联网的开放性还不够，越来越沉默的互联网急需建立一种新的商业模式去打破这样的局面。于是，刘俊有了干脆自己研发应用产品的念头。但是当他把移动互联网的发展模式都看透之后，还是没有找到适合创业的项目。

2009年，淘宝无线和支付宝无线成立。出于对人才的渴求，阿里通过猎头把刘俊挖了过来。抱着为研发应用产品多积蓄一些知识的想法，2009年8月，刘俊从深圳回到杭州，加入阿里，在支付宝做起了移动支付。这次转变，对刘俊的创业路起到了至关重要的作用。

加入阿里之后，刘俊才发现电商领域十分适合创业——门槛低，离钱近，只要有交易，收益就能像滚雪球一样越滚越大。他隐约感觉到这是一块全新的天地，可以尝试一下。巧的是，刘俊的好友万力结束了澳

22 差异化竞争，以小博大

洲的项目，打算回国创业。出于朋友间的交情，万力暂时借住在刘俊家中。在工作之余，两人最大的爱好就是讨论中国电商的发展现状及未来走向。经过一段时间的交流和磨合，两个人把淘粉吧的雏形给"琢磨"了出来。

2011年6月，淘粉吧网站正式上线运营，淘粉吧寓意"一帮网淘汇聚的地方"。2012年2月，刘俊离开阿里，由天使投资人的身份转为CEO，正式加入淘粉吧，与阿里的其他几位"战友"一起，共同开启了创业之路。

淘粉吧的成功并非偶然

站在"导购返利"的风口，淘粉吧的发展速度让刘俊颇感意外。稳扎稳打地走了四年之后，终于成了国内导购行业首家上市公司。淘粉吧成功的原因是什么？

一、明确定位——紧跟数据做预判

淘粉吧的核心团队主要出自淘宝和支付宝等部门，对数据极为敏感。多年的行业经验让他们得出了这样的结论——电商的主要用户还是女性。所以，刘俊将淘粉吧的主要目标群锁定在了女性上。于数量众多的女性消费者而言，淘粉吧最大的作用是帮助她们解决了"不知道买啥"的难题，加速了选择过程。

就目前的导购行业而言，主要的发展线路有两条。第一是横向发展，加大覆盖面，丰富运用场景；第二是纵向发展，在导购之外开拓其他的垂直交易平台。

在多数导购网站（例如：蘑菇街、贝贝网、米折网）都在往纵向发展的时候，淘粉吧却一直坚持走横向发展的路线，因为刘俊一直坚信，只有通过横向的方式，才能够覆盖更广的用户群体和更多的产品类别，以此积累出更多更广的数据量。这些数据的普适性都很强，对于一个企业的发展十分重要。而在长期的数据分析过程中，刘俊发现了一个让人啼笑皆非的现象——原本以为周末的交易量最大，但结果却发现周一至周五上午的交易量反而是最大的。这说明很大一部分女性，喜欢在上班的时候买东西，一上班就开始逛。此外，刘俊还发现，中国网络消费量供应最大的，其实是中端，甚至是中端以上的客户。每个月消费上千的大有人在。网购消费的中坚力量并非全是收入低的年轻人。刘俊期望通过淘粉吧的平台，帮助这样一群人实现消费升级。

2012年底，刘俊把国内除了淘宝和天猫以外的平台都接入了淘粉吧。2015年底，刘俊筹建海淘，计划把全球的电商平台都接入淘粉吧，以此实现横向拓展。

二、及时调整——以用户和商家的需求为准

近些年，用户的获取成本和维系成本越来越高。在这样的趋势下，电商平台要想发展就必须给用户提供更多的用户价值，只有这样用户才愿意留下来。

拔高到行业的层面来看，中国目前的各个行业都在往纵深方向发展，这时候，就需要各个平台不断推陈出新。返利只是导购的其中一种形式，当逐渐积累起用户之后，要想留住用户就必须提供更多的增值服务和更多的服务场景。面对这样的转变，就要求返利从工具属性逐渐向内容媒

22 差异化竞争，以小博大

体属性转变——用户需要的不仅是一个工具，更是一个能够向他推荐优质内容的贴心帮手。

为了迎合用户需求，在返利之外，淘粉吧还推出了超高返利的模式。但是，在推行这个模式之初，刘俊有些"不乐意"。因为超高返利的风险很大，在返给用户高额的资金之后，一旦退货，就会给淘粉吧造成损失。但是在刘俊去和商家谈合作的过程中，多数大品牌商家出于品牌形象和销售渠道方面的顾虑都不愿意将价格压得太低。可是，刘俊又非常想与之合作，怎么办？在和化妆品大卖家磨合的过程中，刘俊发现化妆品销售领域毛利空间很大，并且非常符合"超高返利"这一玩法，于是抱着试试看的心态，刘俊率先在化妆品这一品类里打起了"超高返利"的战术，结果取得了不错的效果。于是，在随后的发展中，刘俊逐渐将"超高返利"这一模式推行至其他品类，用户好评如潮。

经过4年的发展，淘粉吧已经在返利行业站稳了脚跟，但是刘俊却不满足于此。处在新陈代谢极快的互联网行业，用户体验和模式创新十分重要。在刘俊看来，返利主要偏工具属性，能够提供给用户的价值有限。在之后的发展中，淘粉吧就逐渐向为用户提供内容的媒体转变。刘俊希望在未来，淘粉吧能够成为一个多场景、多形态的大型导购平台，给用户提供更多服务。而返利仅仅是导购中的一个维度，只有丰富维度之后，用户的使用黏性才会增加。

在互联网发展的初期，消费者对于网上支付还存在较高的警惕，但是随着互联网行业的发展，市场教育日渐成熟，网上支付安全隐患减少，消费者已经把网购看成是一件再自然不过的事，供消费者选择的导购平台也日渐增多。消费者除了对品牌和习惯还有些忠诚度之外，对平台的忠诚度普遍不高。这个时候，如何增加用户黏性就成了各大平台需要思考的问题。但是，淘粉吧不但黏性高，用户转化率也是一般电商平台的两到三倍。对此，淘粉吧的发展之道是抓住两大核心：第一是怎样帮助用户找到更好的商品；第二是怎样用最低的成本触动用户。刘俊认为这两点是返利行业的核心。

面对竞争日趋白热化的导购行业，刘俊始终不看好"烧钱"模式，在他看来通过资本力量实现的发展只可能是暂时的，要想实现长远发展，必须"拼创新力"，而"多维度"就是体现创新力的最好方式。只有将多重运用场景在同一个平台上进行叠加，才能给用户提供更好的体验。

2013年底到2014年期间，国内用户的消费习惯发生了翻天覆地的转变。智能手机的到来，让用户大规模地从PC端转向移动端。在无线研发领域有着扎实背景的刘俊敏锐地搭上了这阵"迁徙潮"，用最快的速度将用户从PC端转移到了移动端，而处在同时期的其他平台却没能对此次用户迁徙做出迅速的响应。这致使淘粉吧在随后的发展中迅速拉大了和同行之间的距离。

此外，淘粉吧对用户需求的敏锐捕捉还体现在"先行垫付"的返利机制和购物分享社区"真实拍"上。

"先行垫付"指的是，每位消费者都可以在第一时间获得返利，而不再是坐等商户返利。这种返利机制虽能极大提升用户体验，但是需要上千万元的现金流做基础。为此，刘俊曾利用自己在朋友圈建立起的良好信誉度筹集到了一千万元的资金。有孤注一掷的勇气，才有绝处逢生的运气，这一着险棋，刘俊带着淘粉吧"大胜"。

"真实拍"是返利与用户互动相结合产生的分享社区。在研发之前，

22 差异化竞争，以小博大

刘俊发现很多用户都有购买商品后"秀"一下的欲望，而很多消费者在购买物品之初都会想要看一下其他人用是什么效果。这对解决用户决策非常有帮助。但是，在"真实拍"推出一段时间之后，刘俊却遇上了新的困惑：尽管用户的需求是真实存在的，但是实际运转起来却需要庞大的数据做支撑，而数据的获取十分困难。要想从用户服务上获利也绝非易事。至于如何实现转型，刘俊目前还在探索中。

三、应对竞争——发挥差异化

目前，淘粉吧最大的竞争对手是返利网。如何在竞争中发挥自己的优势，刘俊有着清醒的认识。

淘粉吧和返利网最大的区别体现在路线的选择上。首先是策略。双方都在通过"增大覆盖面"的方式抢夺市场，返利网主要的发展策略是将"返利"玩透，因此在进行线上返利的同时，还将往线下返利的方向发展，但淘粉吧的定位是以"导购"为主，因此在兼顾线上返利的同时，刘俊将重点放在了如何为用户创建多维度的运用场景上；其次是目标市场。返利网目前主要面向国外市场，而淘粉吧则在创建之初就将目标锁定在了国内市场。

就目前而言，淘粉吧和返利网的发展正势均力敌，刘俊表示并不会出现合并的局面。

刘俊认为导购返利市场的风险其实并不大，最重要的是如何把一个平台做得更大更丰富，从而形成用户流量入口。基于此，刘俊的经验之谈可以总结为四点：第一是产品体验要好；第二是产品要好，对用户有吸引力；第三是运营要做得好，让用户能经常活跃在平台上；第四是获取用户的成本必须控制在一定限度之内，确保商业模式能够运转起来，形成一个正循环的造血机制。

四、未来展望——混合业态

2015年12月淘粉吧正式挂牌新三板，成为电商导购登陆资本市场的第一股，国内首家上市的导购返利公司。于创业公司而言，这无疑是对成功的最佳标榜。对于淘粉吧未来的发展，刘俊已经以积极的心态，做好了下一步规划。

刘俊认为在未来，当导购行业发展到一定程度时，必将呈现混合业态。对此，在接下来的发展中，淘粉吧将主要面向中端网络用户群，基于导购服务平台之上，开拓更多的垂直业务，例如，海淘业务的拓展和理财市场的延伸。

在对市场进行分析时，刘俊发现，就目前的消费环境而言，其实大多数消费者手里都有"盈余"，但是面对开放性尚待改善的海外市场，却不知道从何入手。这时候，就给海淘的发展带来了契机。在接下来的发展中，海淘主要的发展模式为代购，通过海淘的平台把全球的电商平台都连接起来，使产品得到极大的丰富。伴随着跨境物流和跨境支付的发展，消费者坐在家中，就能买到来自全球的海量商品。

此外，在长期的发展过程中，刘俊发现"赚钱和花钱是孪生子"——在多数家庭中，花钱和负责日常理财的都是女生。因此，基于导购这个大的平台，淘粉吧将上线理财频道，推出互联网理财产品。但是，刘俊并不会将理财这一块放在淘粉吧发展的首要位置，而是希望通过合伙的形式来完成这件事。

22 差异化竞争，以小博大

创业，喜忧参半

回顾一路走来的创业之路，刘俊对曾经经历过的挫折和惊喜都已经能够泰然处之。

在电子商务领域，刘俊最欣赏的人是马云。他认为马云的思维模式特别好，既开放又有高度，总能给他新的启发。另外，马云身上最打动他的特质是真诚。

真诚、公平、公正也是刘俊管理团队时奉行的原则。他认为作为一个管理者如果能做到这三点，就一定能获得团队成员的信任，只有彼此信任了，团队的心才会齐，只有这样管理者才能像打游戏一样带着团队往前冲，创造收益。发展至今，团队稳定、团队成员归属感强也是刘俊最欣慰的事。

再睿智果敢的创业者在前进的过程中也难免会走弯路。走弯路，是刘俊在创业中最遗憾的事。由于决策方面的误判，淘粉吧曾经开发过一些"没用"的产品，这些产品不但没有取得较好的市场效果，反而浪费了大量的物力和人力。除此之外，刘俊最遗憾的事情是，没有在最合适的时间节点上，做出最合适的规划。淘粉吧的核心团队在无线领域有着扎实的技术功底，但是2013年底至2014年，当用户从PC端大规模迁移至移动端时，刘俊对整个行业的估计还是较为保守，这导致淘粉吧没有在节骨眼上投入足够的成本，去争取更大的发展空间。

创业之路，总是喜忧参半，最难能可贵的是，初心不改，抱定坚持走下去的决心。刘俊认为创业最重要的还是要走对路，这样才能因事聚人，当一件事情一直在往好的方向发展的时候，就不断地会有人聚集过来，离"事成"也就不远了。

在未来，刘俊希望带领淘粉吧全体员工围绕着"多维度，多场景"的服务，在用户数量上实现亿万级的规模。

阿里创业军团

23
服务中产阶层，践行"三杯茶"理论

阿里创业军团

特购社的雏形：京城最贵的送肉大叔

跟其他阿里系创业者相比，黄若的个人经历更加吸引眼球。黄若被尊称为中国零售界和电商界骨灰级领军人物，有过近20年的线下大型连锁业态管理经验，领导过几家知名的国内外零售业企业，其中包括易初莲花、麦德龙、北京华联等大型企业。在2006年，他从线下转到线上，进入互联网行业，出任阿里集团副总裁，分管淘宝运营，主导创办淘宝商城，也就是今天的天猫。黄若是天猫商城的首任总经理，一手开辟了平台式B2C的全新模式。今天在业界非常盛行的旗舰店、专卖店、卖家资质评估、品牌授权、按不同商品类别制定扣点比例、7天无理由退换货等规则，绝大多数都出自于黄若之手。离开阿里以后，黄若加盟当当网，带领当当网完成从图书向跨门类的百货经营的转型，并使其成功登陆美国纽交所。2011年离开当当以后，黄若加盟美国华平投资集团，任EIR职务，参与了包括58同城、口袋购物等项目的投资和辅导。

2013年，黄若结束了在美国华平投资集团的工作。但时常有朋友找

23 服务中产阶层，践行"三杯茶"理论

到他，请他帮忙："嘿，老黄，我们想吃一些好的牛羊肉，一些没有受污染的纯净海鲜，能不能帮我们找一些好商品。"他的朋友知道他有多年的零售业背景，也知道他对商品的挑选有很苛刻的要求。应朋友之邀，黄若就找到供应商。这些供应商大多是以前他在零售行业打过交道的，知根知底，他可以直接到对方的库房里看商品。黄若的选品原则也很有特色，他从不让供应商主动送样品过来，而是直接到人家的库房，挑选他认为合适的，直接给钱买几袋样品，回来试用，合适了，再和供应商谈价格，谈供货条件，随后介绍给其朋友圈。

虽然在很多人看来，这多多少少有一点玩票的味道，但黄若做得很认真。那个时候只是他一个人经营，利用微信、短信渠道，接单送货。如果朋友有需要，给他发一条短信——"我要两斤美国牛小排"、"我要三斤北冰洋的北极甜虾"、"我要两盒日本的仙贝"、"麻烦你帮我送到×××"。于是乎这位五十岁的中年男人就用他自己的奥迪车在北京的四九城到处去送货，因此有了一个外号——"京城最贵的送肉大叔"，他的送货半径北边从首都机场的中央别墅区到中关村，南边到丰台、亦庄，基本上覆盖了北京城的各个方位。因为选品比较严格，加上都是他自己送货，所以获得了很好的口碑，销售量节节攀升。那个时候，黄若还没有开始创业，但是黄若做的事情其实已经可以看到特购社的一个雏形。

生活不仅仅是对财富的追求

相较于其他年轻创业者，黄若更在意的是创业的经历和追求理想所带来的充实与成就感。对于像他这样居于高级管理顶层的人才来说，几

239

乎每周都有顶尖猎头探查，可以很轻易地获得千万元级别年薪的管理位置，但是用他自己的话来讲，他已经做了很多年的"代孕中心"，帮助数家大型企业实现业务模式的拓展、转型和升级，如今他希望在自己退休之前，亲手抚养一名属于自己的"孩子"。"哪怕再艰难，再多坎坷，甚至可能失败，这都是一份经历。"他认为自己做了近30年的零售和电商管理，如果仅仅沿着旧轨道再干5年，虽然风险很小，名气较大，但只是"30+5"，而转换轨道投身创业，那则是"1+1"，两者是完全不同的人生。

但真正到决定创业的时刻，黄若身边几乎所有的朋友、同事和熟人都持反对意见。用他们的话来讲就是："老黄，你也这把岁数了，你现在也算衣食无忧，财务自由了，如果你还想干，你大可以去一些大公司做一些顾问和董事，何必这么辛苦地去过一种接近地下室的生活？每天去撅着屁股在那边一点一点干，这样值得吗？"

黄若本人决定做特购社这个项目之前，他用了整整一年的时间，把其商业模式、机会、壁垒、挑战、发展节奏、可能遇到的困难、挫折都来回想了若干遍，最终才决定全职投入这个项目。就在他决定启动的时候，恰好接到了全世界排名前三位的跨国公司邀请他出任中国区老大的offer，对方开出的这个职务的薪资和股权报酬3年累计数千万元。黄若犹豫了，创业要面临的困难要远比做一位高管多得多。

在犹豫过程中，他给在美国读书的儿子打了一个电话，想听听儿子的想法。黄若跟他的孩子们一直保持着一种朋友式的交流和探讨问题的习惯。电话那头，儿子听老爸叙述了心中的这份犹豫和困惑之后，很坚决地说了一句："Dad,life is not just about money.（爸爸，生活不只关乎金钱）"黄若瞬间就释然了。黄若很感谢17岁儿子的这份劝告。生活不

23 服务中产阶层，践行"三杯茶"理论

仅仅是一份对财富的追求，它有更多富有使命感的内容需要去体会和探索，黄若觉得自己需要做的就是义无反顾，轻装前行。

下定决心后，黄若很快就成立了特购社，产品在2015年3月正式上线。让黄若意想不到的事情是，8个月后特购社就完成1亿元的A轮融资。

归零需要一份坦然

黄若曾经领导过数万人的团队，曾经管理过全世界500强的知名企业，曾经帮助阿里缔造天猫模式，但从他披上创业的战袍的那刻起，这些经历就都成为过去式了。他所要面对的是如何去获得第一位用户，如何去组织好第一波宣传，如何去和月工资只有几千元的90后同事一起共事。这个时候他不再是一位管理着几位副总裁、几十位高级总监的知名大公司高管，而是一名屈身在200平方米的简陋办公室里，和三四十位年轻员工每周周末起早摸黑的创业战士。

黄若时刻提醒自己，自己跟其他所有年轻的创业者同仁们一样，都是从零开始，大家都在同一个起跑线上。这个时候要拼的是自己的意志，自己的全身心投入，自己团队的凝聚力，以及对用户的服务。所以从每一件选品，每一个页面的设计，到每一个包装流程的讨论，每一次促销的安排，一点一滴，黄若都丝毫不敢懈怠。

当黄若去拜访供应商的时候，由于新企业没有名气，只能跟对方的销售代表，或者销售经理一点一点地谈起。特购社有一次找到一款商品，销售不错，后来黄若想要加大订货量，但特购社当时规模有限，所谓加大订货量，也不过是几百份的订单，黄若打电话给对方，想邀请他们过

来商讨一些合作细节，对方的销售经理说："让我到你们那边去可以，不过你们那里太远了，除非你们给我报销出租车费，否则我去不了。"这在黄若以前管理大公司的时候根本是不可想象的，但如今，黄若就必须要面对，还要以一种平和的心态跟对方说："好，只要把今天的事情谈成了，那么出租车费我来出。"如果说创业者在心态这一关迈不过去，那就无法沉下心来创业。现在黄若跟所有的创业者一样，在简陋的办公室里办公，出门住快捷酒店。

在员工管理上，黄若的心态也很轻松。他60后的来管理一批90后的年轻小伙伴，反而觉得自己有一种父辈的宽容。特购社的员工工作热情都非常高昂，黄若对员工从来不做过多的约束、限制和控制，因为他本人就不是一个喜欢控制别人的人，他提倡的是让每个人觉得自己要做这件事，而不是公司要他做这个事。有不少员工也直言批评黄若慈不掌兵。他反而觉得创业伙伴们聚在一起，共同的出发点就是，大家理解创业的使命并愿意为之奋斗。然而使命必达的具体落实，是需要大家去发挥自己的主观能动性，而不是靠几个条条框框来约束推进的。

创业需要相对纯净的创业环境

创业路上怕的不是艰苦，也不是那些挫折，而是缺乏一个相对纯净的环境。

黄若认为过去几年互联网电商行业"烧钱"太多，很多创业者显得很浮躁，不少人忘记初衷，只会玩"烧钱"的游戏。以至于电梯里的广告、城市公共汽车的车厢，地铁里的出站站台等铺天盖地的高成本宣传大多

23 服务中产阶层，践行"三杯茶"理论

和电商有关。从最早期京东的广告、淘宝的广告，到几年前团购的广告，以及近两年O2O的广告，几近泛滥。在他的书中，他很形象地把这种"烧钱"的游戏比喻为一只大马力的水泵往一个不断漏水的水桶里注水。这里所说的水泵就是风险投资注入的资金，而漏水的水桶是指在持续"烧钱"的这种市场格局下大家拼命地拼流量、拼价格、拼广告，而忽视对网站自身特点的坚持以及对经营细节的优化，导致的结果就是水泵不断地往桶里注水，桶却一直装不满。

一些创业者为了追求短期效益，拿到钱之后，就急忙四处登广告，去马路边发宣传单页，搞"首单一元体验"、"买100元送300元"，甚至存在刷单作假的行为。从长远发展来看，这些几乎毫无价值的疯狂"烧钱"行为，污染了电商行业的创业环境。

如今黄若自己创办特购社，他和团队特别关注服务的细节，特别在意顾客的存留率，他们希望通过自身严格的商品筛选、实惠的价格、会员制的贴身服务，能够让尽可能多的用户长期使用特购社。黄若更在意于做一个分子的生意，而不仅仅是追求分母的无限大。他认为从长远看，这是电商行业以及所有零售行业胜出的关键所在，毕竟跑马圈地只能是暂时的，市场的红利期在逐渐减弱。特购社采用会员制模式，用户需要交纳一定金额的年费，才能成为特购社的购买用户。在特购社的推广初期，他们采取免收年费、邀请用户体验的方式来降低用户进入特购社的门槛。其次特购社所销售的商品100%原装进口，他们只经营通过自己在海外的选品团队与当地品牌商制造商合作，直接采购引进到中国的商品，即所有商品都要经过海关和商检部门的检验检疫，缴税完毕再进入到特购社的仓库，销售给消费者，从而保证其售卖的商品具有可靠的溯源性，这

就是行话所说的正贸（正常进出口贸易）商品。再者，特购社主营日常快消品：米面粮油、休闲食品、冲调饮料、冻肉海鲜和洗涤日化以及厨房用品，他们期望把特购社打造成国内领先的优质会员式进口超市电商，从而满足越来越多的注重品质生活的国内消费者日渐增长的消费需求。

在进口电商版块，风头最热的当属跨境电商，包括海淘，以及各地大量的保税仓模式。但跨境电商并不是特购社的重点，黄若期望特购社能给用户提供一个可持续，品质稳定有保证的进口日常消费品购买渠道，而跨境电商基本上是单品作战，主打爆品，更多集中在婴儿的尿布、奶粉、化妆品等产品上。毋庸置疑，跨境贸易提供了一个性价比更高的商品购买渠道，但在黄若看来，这个模式其实无法解决顾客日常生活的基本需求，例如消费者需要买两支牙膏，买一瓶酱油，买两袋米，这种超市类的消费需求更多需要的是持续性，要求网站能保证常年性的用户服务能力和持续的购物体验，同时食品安全的特殊性，也使得通过正贸渠道进来的进口食品，在货源追溯、商品质量上有更好的保证。所以特购社坚持以正贸销售为主，他们所销售的每一款商品都需要供应商提供完整的报关、清关、检验检疫资质证明。

以一位资深电商老兵的身份从事电商创业，黄若认为，中国的电商和线下零售类似，必然会走向从泛品类经营到市场区隔化的历程。第一阶段，大家都在拼流量、拼规模，这时候综合性的卖场脱颖而出，在市场上占据先导地位。这就好比线下的沃尔玛、家乐福，线上的天猫、淘宝、京东。随着消费者逐渐成熟，网上的消费也会和线下零售一样逐渐走向分层化，就好比线下会出现各种各样的品类杀手店、品牌专卖店，线上也会逐渐诞生以商品类别区分或者以消费者的族群区分的垂直性的电商网站。特购社所抓住的，正是这样的细分市场机会。

特购社的目标是要用几年的时间成为中国最有影响力的线上进口超市，即使它还处于早期阶段，但是从顾客分布可以明显地看出，进口商品的消费受到跨区域人群的广泛关注和欢迎。目前北京地区的订单大约只占特购社所有订单的30%，另外70%的订单来自中国其他二十几个省市，而且这一成果都是在没有做市场推广和投入的前提下，靠的是用户的口碑营销得来。这侧面验证了黄若的基本商业判断：提供优质的进口商品，为追求生活品质的中国消费者服务，这样的需求并不仅仅局限于北上广等一线城市，越来越多的二三线城市的消费者也有这方面的购物需求和消费能力。

融资没有想象中那么难

对于几乎所有创业企业都要面临的融资问题，黄若有自己独特的看法。在他看来，一个企业的创始人，更多的精力应花在企业日常经营上面，特别是在初始阶段，而不是一上来就拿来几张PPT到处求见投资人，着急找钱。他对于那种把自己的创业项目群发给几乎所有风险投资机构的做法更是不以为然。在黄若看来，投资人和被投资企业的关系就像一场漫长的恋爱，双方需要有化学反应，需要很多共识和共鸣，而不仅仅是谁给的价格高，企业就跟着谁走。特购社在A轮融资过程中，并没有接触太多风投，也没有借助FA去四处撒网，黄若有针对性地去寻找对于从事进口商品垂直商业模式感兴趣并且愿意跟着公司长期走下去的投资企业。黄若十分反对一些创业公司为了盲目追求投资到位和较高估值，忽视一些基本的条款保护，从而使企业一开始就在一个缺乏长远计划的环境下运作。例如很多风投一上来就谈赎回条款和对赌协议，这本身就给创业者套了一条短线操作的绳索。

有过投资经历的黄若分享了他曾经在私募企业评估电商项目的三个基本标准，他称之为三杯茶理论：一看商业模式，二看运营效率，三看用户存留率。这也是他管理特购社最在意的三个重要环节。

特购社把自己定位为致力于长期发展，服务中产阶级的垂直电商，在寻找投资机构的时候，黄若和他的伙伴们特别在意投资方能够对他们的商业模式以及企业的发展节奏有充分的信心、支持和理解。特购社A轮融资的领投来自美国硅谷，黄若跟投资方只通了40分钟的电话，对方就确定要投他们的项目。两个礼拜以后，双方约好在上海见面，一个小时的谈话中，其中有40分钟是大家相互交流对于行业发展的判断和看法，至于对特购社投资的估值、定价，双方只用了20分钟的时间，甚至都没有相互讨价还价。双方基于共识，合作自然就变得容易。

在创业路上，黄若觉得自己还处于创业早期，和其他创业团队一样，都会碰到不同的困难和挫折。但创业本就是一件"苦差事"，他在创业之前就做好了吃苦的准备。在曲折迂回的创业路上，黄若不敢保证一定会成功，但他一定不会半途而废。

阿里创业军团

24
互联网+二次元,玩的是开心

生命里所有的转弯都是必然

"用独特的方式来玩出生活",这句个性而洒脱的言语,是蚂蚁为自己写下的注脚。回顾这些年,一路走来,他所有的决定都是出自内心最本真的感受,而这都源于二次元世界给予他的力量。

在蚂蚁心里,有这样一段时光,它纯粹到只剩下"心"和"阳光",即使现在回忆起来,依旧让他一心向往。

2005年,从浙江树人大学电子商务专业毕业后的蚂蚁从事过很多工作,还曾在阿里奋战过一年。原本以为生活将这样按着常规的轨迹一路向前,但是,让他始料不及的是,2011年,感情生活的变故,让他的人生跌入谷底。"想走,逃去一个清净的地方,安静地待会儿"成了他当时抑制不住的冲动。拿定主意之后,蚂蚁辞去了阿里的工作,放下手头所有的事情,背上行囊和几个朋友一道"出逃"。

他们从上海乘飞机抵达了成都,随后一路搭车进入西藏。巧的是,当他们抵达拉萨之后,竟无意间得知有家小客栈正准备转手。一瞬间,

24 互联网+二次元，玩的是开心

留下来开个小客栈的想法在蚂蚁心里萌生。在和朋友商量过后，他们决定把客栈买下来，整修一番后，开张营业！

忙过刚开业那段时间之后，蚂蚁的生活就彻底慢了下来。每天他都有大把的时间去做自己喜欢的事情，并且从不会被干扰。客栈里没事的时候，他就喜欢一个人跑到大昭寺门口仰着头晒太阳。有时候还会带着东西过去，学着当地藏民的样子，简简单单摆个地摊，做生意，精打细算着怎么赚外地游客的钱。赚多赚少无所谓，他图的是开心。没什么生意的时候，他就挤在藏民堆里，和他们一起扯扯生活，聊聊天。

远离了世俗的喧嚣之后，人的情感也会变得更加纯粹。在拉萨的一年里，蚂蚁认识了很多志同道合的朋友，也经历了很多有意思又温暖人心的事。

有天晚上，在一个小酒吧里，昏暗的光线下，坐在吧台边的人，让蚂蚁觉得很是面熟，他走上前仔细一看，居然是百合网创始人慕岩，两个人一聊，立马熟络起来。从酒吧出来后，蚂蚁还特地带着慕岩和他的妻子去购买当地的藏饰。从那之后，蚂蚁和慕岩成了好朋友。

拉萨轻松自在的日子并没有一直延续下去，远方外婆的一通电话，让蚂蚁的生活迎来了"大转弯"。

那天蚂蚁像往常一样，正忙着打理客栈生意，他兜里的手机突然响了起来，他刚一划开接听键，就听到外婆在电话那端说："外婆要搬祖宅了，要是你不在，我会不开心。"在老一辈人心里，搬祖宅可是家里一等一的大事，人的年龄越大，越渴望儿孙常绕膝下的天伦之乐。

简单的一句话，却瞬间让蚂蚁的内心变得五味杂陈，对远方家人的牵挂瞬间涌上心头。没有过多犹豫，蚂蚁立马买了机票，恨不得立马出现在家人面前。

但是，当飞机离开拉萨地面的一瞬间，他的内心却陷入了无尽的纠结中——就这样回去了？之后还回拉萨吗？蚂蚁内心激烈的"拔河赛"胜负难分。但是，当他一走进家门，见到家人的一瞬间，内心安稳和踏实的感觉，让他的心终于有了答案——留下来，陪在家人身边。

即使很舍不得拉萨那种天天晒太阳、发呆的日子，但是人最后都是要回归到世俗的生活里，去过正常的生活。

尽管迎来人生的又一个十字路口，但是蚂蚁却始终深信，生活总是沿着一条早已确定好的轨迹，一直走下去，虽然中间可能会出现转弯，但都是注定好的。

会玩是一种心态，一种技能，它不会受到时间和地域的束缚。即使放弃了慵懒纯净的拉萨慢时光，蚂蚁依然走在"用独特的方式玩出生活"这条洒脱的路上。

重新回归生活的蚂蚁，开始筹划着继续找工作。但是拉萨的时光已经让他再难回到被束缚的工作状态里，于是，他心一横——要做，那就干脆做自己喜欢的事情。

2014年，出于对兴趣的追随和对自由的向往，"会玩"的蚂蚁把自己对二次元的钟爱，放进了职业生涯里，开始创业。

二次元是一种信仰

在蚂蚁心里，二次元不是一个爱好，而是一种信仰。

从小就喜欢看动画片的蚂蚁，对二次元的喜欢源于先天，在二次元的世界里，他感觉一切都是神秘又刺激的，在那样一个世界里，他能感受到源源不断的激情和新鲜的活力，这让他一直很快乐。

蚂蚁始终坚信，每个喜欢二次元的人心里，都住着一个长不大的孩子。他能让一个人始终用有趣的眼光去打量生活中的一切，而当一个人开始嫌弃儿时的幼稚时，衰老才真正开始。

二次元和其他次元相隔的不只是一个次元的差距，而是平行时空里的另一个世界。用当下流行的热词来说，二次元的人"脑洞"都很大——他们相信在平行的时空里，存在着另外一个真实的世界。那里虽然天马行空，但同样有血有肉，有着那个世界独一无二的法则。

二次元，有它独有的语言体系、价值观和世界观，蚂蚁解释说，二次元是通过动漫展、cosplay秀等形式来将信仰意识形态化。

"爱"是二次元铁杆粉丝们常说起的一个字，它不等同于爱情，却更为纯粹。而"纯净"是蚂蚁给二次元铁杆粉丝的评价。

于蚂蚁而言，二次元不仅是二次元铁杆粉丝的心灵归属，还是促使一个国家科技快速发展的"强心剂"。

当一个国家的经济处于下行的时候，文化行业反而会兴起。蚂蚁分析历史发现，20世纪30年代，《美国队长》出现的时候恰好是美国经济"大萧条"时期，而《美国队长》的出现给了社会一剂强心剂，并且慢慢成了一种主流文化；相似的，日本"二战"结束之后，整个社会都处于低迷状态，《机器猫》《科学怪博士》一类作品横空出世，极大地鼓舞了人们对未来的憧憬和渴望，而这使得日本在那一时期的科技获得了突飞猛进的发展，让动漫里的很多东西成了现实。结合历史来看，目前中国的传统行业也正处于"困难"时期，在这样的大背景下，人们对文化的热情会骤然增长，渴望找到一种精神上的寄托，这就给了文化产业急速发展的可能。

蚂蚁认定，二次元不仅是一种爱好，对于二次元粉丝们来说，它更是一种生活方式。每次去日本，蚂蚁总能感受到浓浓的二次元氛围。无论走到哪儿，他都能看到二次元的元素。有次他一个人急急忙忙去赶地铁，刚坐下来，就看到自己对面有位八十多岁的老人，正低着头聚精会神地看漫画。那一幕，对蚂蚁触动很大——把二次元变成一种生活方式，就是对二次元世界最虔诚的信仰。

但是，让蚂蚁无法接受的是，前些年在国内，当二次元文化还只是一种小众文化的时候，有很多人在利用二次元的名头贴标签，做很多不伦不类的事情，在他看来这是对二次元的一种亵渎。他立誓，要改变这样的局面。

如今，随着互联网时代的到来，人们的生活发生了天翻地覆的变化，信息的便捷通畅，让二次元这种原本隐秘的文化，一瞬间被越来越多的人知道，就像"脑洞"、"然并卵"、"大大"这些网络词语能迅速成为热词一样，蚂蚁认为"布道"的时机已经成熟——他要让更多的人知道二次元，了解二次元的世界是什么样的。

既然有了"布道"的决心，那该选择怎样的方式去践行？

为此，蚂蚁从自身的经历出发，他发现每个二次元的铁杆粉丝都有表达的欲望，只是这种欲望在代沟中被一点点压制下去，无奈之下，二次元中的很多人选择画漫画、写小说这样的方式来表达。与此同时，蚂蚁还发现，针对二次元人群的 APP 越来越多，但大部分都只是提供讯息和内容，二次元社交圈仍相对封闭，而二次元的用户大多都散落在微博、

24 互联网＋二次元，玩的是开心

贴吧等大众社交环境下，没有一个真正可以让二次元粉丝们互相之间了解和沟通的平台——这就好比有了虔诚的基督徒，有了圣经，但是却缺少一个教堂。

蚂蚁转念一想，何不借着互联网的力量，去搭建一个平台，让散落在世界不同角落里的二次元迷们能够相互"抱团"找到归属感，并在这样一个组织里让二次元成为一种主流文化。

互联网＋二次元，玩的是开心

在创业这件事上，蚂蚁延续了他说走就走的作风，拉合伙人、找投资人，每一步都顺当快速。

在和朋友的一次偶然交谈中，大家提出想要做一个通过标签来推荐用户喜好内容的APP，几个人商量过后觉得可行，于是就决心去做。初步想法敲定下来后，蚂蚁创业的激情被彻底激发了出来，浑身都充满了能量，他知道，自己正在做一件能让所有二次元粉丝为之一振的事。

回到上海后，蚂蚁当即就在宾馆里写下了长达七八页的创业计划书。第二天，他就趁热打铁，拿着这份计划书敲响了投资人的门。巧的是，投资人也是二次元粉丝，两人一见面就打开了话匣子，很多想法一拍即合，聊了没多久就基本上敲定下了投资方案。

2014年7月，杭州巨聚网络技术有限公司成立，并重磅推出了第一款产品——"JUJU"。"JUJU"是一款二次元社交软件，专门为二次元的用户提供更加快捷方便的线上专属服务。"JUJU"这一名字的来源也颇有意思——在取名之初，蚂蚁把二次元里有意思的词句都搜索了一遍。他突然想到,在二次元的世界里,有"大大"、"巨巨"、"查查"三种对玩家的称呼法,厉害级别逐渐升高。蚂蚁一想,要是取名叫"查查",似乎有几分狂妄的味道在里面,那就干脆叫"巨巨"吧。蚂蚁突然灵光一现——"巨巨"不正是"聚聚"的谐音!它寓意让所有钟爱二次元的伙伴都能通过这个平台聚在一起,于是"JUJU"这个名字由此而生。

点开"JUJU"的淡蓝色APP,轻轻滑动屏幕,手机会蹦出"bang"的俏皮声,在"筛选"的界面上,能任意挑选"线上"、"线下",包括"聚会"、"LIVE"、"招募"、"见面会"、"发布会"等多种形式在内的活动,选择好中意的活动,只要点击"加入队伍"就能参与到其中。在这个汇聚所有二次元元素的地方,每个用户都有一个专属的标签,用户在其间的每一次浏览,都能成为自己在这个二次元世界中的轨迹。

蚂蚁每周都会在"JUJU"上推出几十个活动,"让二次元的铁杆粉丝们永远都能在'JUJU'上找到和自己处在同一个频率的人"是蚂蚁创业的初衷。

公司成立至今,"JUJU"的用户数量一直保持迅猛的增长势头,2015年刚刚内测的时候,用户量就轻轻松松突破七万人。在蚂蚁看来,对二次元的钟爱并没有年龄的门槛,现在95后成为用户主力军,并不是他们把二次元文化看成一种主流文化,而是二次元文化通过互联网这个平台快速传播给了他们,恰好符合了他们心里的很多臆想。如今,互联网给二次元文化的快速传播插上了翅膀——目前二次元热衷人群在3000万人左右,泛人群则超过6000万人。

继"JUJU"之后,以"吐槽"为文化起点的弹幕视频网站"TUTU",以"遇见"心爱作品为出发点的画手圈"YUYU",以"入手"二次元产品为主的电商平台"RURU"也将陆续上线，由此组成巨聚网络二次元产业链，为二次元粉丝们提供垂直服务。

对二次元市场的未来，蚂蚁有着前所未有的自信——95后是二次元市场的主力军，相较80后，他们更为感性，也更容易为了自己钟爱的物品"一掷千金"。

2015年火极一时的《大圣归来》在上映之前曾受到多方压制，二次元群体迅速"抱团"做出回应，无数画手通过一幅幅作品来进行回击，为《大圣归来》争取空间，当一张张画有了故事之后，就会有直击灵魂的力量。在多方的共同努力之下，《大圣归来》终于得以如期上映，而在影片上映当天，巨聚网络迅速在全国召开了10场观影会，并邀请到了影片导演、美编出席。

《大圣归来》其实就是一种二次元文化，它受到压制时，挑起的是所有二次元粉丝的情绪。通过这样一个事件，蚂蚁看到的是二次元群体的力量。

"JUJU"的成功，除了一大批二次元铁杆粉丝的追捧，还有蚂蚁身后那个"靠谱给力"的团队。在巨聚，工作氛围很特别，造型不一的GK随处可见。一个宽敞的"发呆区"占了一楼办公室近乎四分之一的空间，而所有的办公空间都是开放的，并没有CEO办公室、总经理办公室的位次划分，每个人都像是快速旋转的陀螺，忙碌得自觉而快乐。

巨聚团队里的所有人都是二次元的铁杆粉丝，他们大多都是出于对二次元的热爱才加入巨聚。没有具体的上下班时间，每个人的工作时间自己弹性支配；没有上级下级的等级划分，相处起来融洽而随心；没有员工守则一类的束缚，每个人却都为了工作甘愿拼尽全力。

2015年10月,巨聚在上海举办动漫展,没有任务安排的人也争着要去,于是,巨聚所有人"哄"地一下子全都挤到了上海。作为巨聚网络的 CEO,蚂蚁心里却没有员工这一说法,在二次元的世界里,所有人都是平等的,大家都是为了爱在工作。

二次元真正的力量,是对传统文化的致敬

随着文化的推陈出新,京剧、粤剧等一系列经典文化反而被年轻一代逐渐冷落,他们普遍认为这是一些已经过时的文化。但是,二次元文化的兴起,却让这些"过时"的文化有了新的活力,并实现了角色反转,得到越来越多年轻人的青睐。

在二次元群体里,95 后的新兴一代是中国古风文化的"发烧友",灵动的画风,别出心裁的情境,是他们的最爱。当二次元文化发展到一定程度之后,人们关注的就不仅是欧美文化、日本文化,渐渐地人们会把更多的目光拉回到中国文化上。二次元与中国经典文学作品相结合再创作的《长歌行》是蚂蚁最喜欢的作品之一,他坚信这一系列作品,通过二次元文化的渗透,能迅速抓住二次元粉丝们的眼球,并得到最有力的支持。

二次元文化都是在消费的过程中传播的,而二次元文化的形成都是基于故事的不断产出。任何一个故事都能延伸出一套完整的价值体系,这会使每位受众在看故事的同时,无形中受到其价值体系的影响,从而使文化得以传播。

在蚂蚁看来,二次元文化的真正力量,是对中国传统文化的致敬。

24 互联网+二次元，玩的是开心

2015年，曾有一部二次元作品在网上火了起来，而当它被精心编排，作为舞台剧搬上舞台之后，粤剧元素的巧妙融入，不仅毫无违和感，反而让未曾深入了解过粤剧文化的95后二次元粉丝们眼前一亮，全国巡演的过程中，场场爆满。谁都不曾预料到，一个传统的戏剧一经改变，能突然间如此之火。该舞台剧的主演表演完，走下舞台之后曾泪流满面——在他30多年的从业生涯里，他从来没有想过，有一天自己会受到这么多年轻人的欢迎，之前来看他表演的都是一帮老年人，但是现在台下坐的都是年轻人，演出完还有人追着他要签名，从来没有受到过如此追捧的他，在一大把年纪之时，反而有了当明星的感觉。蚂蚁坚信，这就是二次元文化的力量，这在别的文化里几乎是感受不到的。

当把传统文化放进二次元粉丝们喜欢的IP里，用戏剧文化将它表现出来，当各个情境都渗透着二次元的世界观时，能让二次元粉丝们眼前一亮，感觉新颖而刺激，由此衍生开的文化传播才是强而有力的。

阿里创业军团

25
1000个客户，1000次面谈

阿里创业军团

不想做记者的运营商不是好老板

一点开"想去"APP，"买得起的好设计"这行小字立马呈现在纯白色的界面上。简简单单，却成了设计师和买家之间，最温暖的连接。"取悦自己"、"最长情的记忆"、"套住你的温度"、"木头不甘老去"……这一串串温暖的字和时尚感十足的清新封面，让人忍不住要点击进去一探究竟。

想去网是一个设计师商品社会化导购网站,定位是"淘设计"而非"淘便宜"，它瞄准的是那些因为欣赏商品的设计感，而愿意多掏钱的中高端消费者。

打开想去网，简洁的页面设计，导航条中将设计师商品分为"女人广场"、"男人广场"、"生活家广场"等七大类，涉及的商品包括了服饰箱包、手工艺品、家居家装等众多品类。除首页外，其他栏目均采用了Pinterest瀑布流的表现形式。用户注册后，可看到类似微博的主页，评论、分享商品，或直接点击购买链接，进入淘宝页面。

在想去网，设计师们实现了自己的设计梦，买家们找到了独一无二的意义。

"设计是一种精神满足，在日本、中国台湾，年轻人对原创设计十分拥戴。随着物质生活的丰富，目前中国大陆的消费者对设计类产品的需求也越来越旺，尤其当80、90后成为网购的主体人群后，个性化产品的需求正急速增加。想去网，代表的是我想过我要的生活，我想做我自己的观念。作为一个女孩子，却老爱折腾，兜兜转转这么久，我终于知道自己最想要的是什么。想去，是我事业梦的最好归宿。"

不想做记者的运营商不是好老板，一个"变"字，是对倩小兮职业生涯最恰当的总结。

从记者到管培生，摸着石头过河

做记者，是倩小兮从小到大的梦，但是，这个梦却在她22岁那年突然夭折了。

倩小兮出生在一个普通家庭,学着把书籍成话筒，追着身边的人"做采访"是她整个童年最深的记忆。当身边的小伙伴普遍把"长大要做科学家"挂在嘴边时，"做记者"的梦却在她的心里悄然发了芽。虽然对记者这个职业还没有具体的概念，但是，倩小兮觉得，做了记者就能每天都听到不同的故事，接触到不同的人，多酷！

高考结束后，倩小兮顺利地考取了浙江工业大学新闻学专业，终于离梦想近了一大步。而大二那年的一场讲座，让她追梦的心更加坚定。

"战地玫瑰"闾丘露薇一直是倩小兮的偶像，大二的一天，偶然间，

261

倩小兮得知，间丘露薇居然要来浙江工业大学开讲座。她当时一听，先是一愣，然后整个人被巨大的欣喜填满。开讲座那天，她早早就到报告厅等着，激动地想着一会儿兴许还能跟偶像说上一两句话呢。偶像来了，话虽没说上，但是，在短短两个小时的接触里，倩小兮发现原来榜样也是普通人，并不是遥不可及的，自己努力之后也可以做到。于是，从那时起，"记者"这个职业在倩小兮心里就"接了地气"，她也更加知道，自己该从哪些方面努力去实现这个梦想。大四那年，当多数同学还在被论文搞得焦头烂额的时候，"爱折腾"的倩小兮已经顺利争取到了进入报社的机会，做起了实习记者。

只是，让她始料不及的是，这个从小到大的梦，在终于将实现的时候，却夭折了。

一改、二改、三改，当搜肠刮肚写出的稿子一遍遍被主编否定的时候，倩小兮猛然意识到了自己的短板——在媒体环境里，传统纸媒主要以深度报道为主，二十刚出头的她，没有积累，对事物的认知尚不成熟，怎么可能写出让人眼前一亮的专业报道？极大的现实落差，让倩小兮内心陷入循环往复的挣扎。她开始反思自己是否真的能够承受得起"无冕之王"这个光环的重量。经过一段时间的磨合，倩小兮对记者这个行业的认知逐渐清晰起来。它并不像自己潜意识里想象的那样"酷"。能接触到不同的人、不同的事虽不假，但是要想做一位出色的记者，必须让自己时刻保持极强的求知欲，去不断地发现。而写稿是一场一个人的战斗，必须有持久的坚守力，不断经受来自内心的煎熬。另外，记者必须有随时应对各种状况的应变力。在不断的剖析中，倩小兮猛然发现，自己并不适合这个职业。

25 1000个客户，1000次面谈

从小笃定了一定要从事的职业，到头来却发现不适合。就如同一直指引着自己往前跑的那盏灯，突然间熄灭了。倩小兮慌了，她不知道自己接下来该怎么办，但是她已经清晰地意识到，记者这条路，她走不通。

经过一段时间的深思熟虑之后，倩小兮决定辞去报社的工作，放弃她坚守了22年的记者梦。

放弃，意味着另一个开始。在关上一扇门之后，另一扇窗打开了。

辞去报社工作的倩小兮，虽然不知道自己想要什么，但是却不敢让自己就这样停在原地。

巧的是，倩小兮刚好赶上了法国第二大零售业集团——"欧尚"在杭州招聘员工。抱着试一试的心态，倩小兮投了简历，没想到居然轻轻松松就过了面试，顺利应聘上了管理培训生的岗位。虽然不确定适不适合，但倩小兮一想，再怎么说也是大企业，既然面试过了那就去试试，先做做看。

可是入职第一天，倩小兮就着实犯了难——一个部门里，基本上都是比自己年长很多岁的阿姨，她们在思维、文化水平、行为模式各方面都和倩小兮有着巨大的差别。管理，该从哪里着手？

庆幸的是，适应能力和学习能力都超强的倩小兮慢慢摸到了门道。在入职半年后，就已经能够独立给部门开例会。可是当一切逐渐上手之后，她却陷入了不安之中：自己还年轻，难道就甘愿在这样的环境里待一辈子？

正当倩小兮在徘徊的时候，一次无意中的谈话，促成了她做出离开"欧尚"的决定。

在和部门主管聊天的时候，她突然开口问：

"小兮，你喜欢什么样的品牌？"

倩小兮一听，一瞬间竟然有些错愕。她努力在脑子里搜索了一圈，还是没想到。

"我觉得质量好就好了。"倩小兮憋了一会儿，慢吞吞地回答道。话说出口的瞬间，倩小兮发现自己对品牌是完全没有概念的。

一个简单的问题，却让她开始重新审视自己的处境。当时的她是在服装部门，对于"欧尚"这样的大型零售集团，服装部门显然不是主导。而自己难道就要这样一直在一个卖场里待着了？

不甘心就这样耗尽年轻热情的倩小兮，开始寻找其他出路。

扎根阿里八年，修炼成老江湖

2007年4月，倩小兮正式加入阿里，意气风发地开启全新的征程。

只是，她没想到的是，淘宝，和自己之前预想的完全不一样。

"前三天，你就是去网站上看商品，不要来和我谈业务。"这是入职第一天，倩小兮的师傅甩给她的第一句话。

"看商品？看什么呢？"倩小兮很彷徨。

虽然还摸不清楚方向，倩小兮也只能按师傅说的做。可是，第一天刚过，她就实在撑不住了——周围的人都忙得像陀螺，只有她像个没事人一样，压抑、不安、惶恐，各种负面情绪，把她折磨得焦躁不安。第三天刚过，倩小兮就立马跑去找师傅，"师傅，你安排点事情给我做吧！"

一个月之后，倩小兮碰上了入职以来最大的一个挑战——举办男装线上活动。

25 1000个客户，1000次面谈

接到任务后的倩小兮有点不知所措——主题是什么，不知道！展示地点在哪里，不知道！要面对哪些人，还是不知道！倩小兮急得像热锅上的蚂蚁，无奈之下，她只好死马当做活马医，按着自己之前在"欧尚"积累的经验，前后折腾了一个多月，她居然闯过了这一关。从那时候起，倩小兮才深刻地意识到，在淘宝，永远不会有人告诉你，你该做什么，而是你去告诉老板，你要做什么。

一段时间磕磕绊绊的磨合之后，倩小兮终于适应了淘宝"自下而上"的工作方式和完全开放的工作氛围。

只是，即使一直在主动求变的她也没有预料到的是，自己居然碰上了淘宝商城最大的一次人事调动。

2008年，为了促进线下和线上更好地大融合，阿里自上而下对80%的员工进行了岗位调整。原本做男装已经驾轻就熟的倩小兮，被平移到了刚刚从淘宝独立出去的淘宝商城。

刚到部门的第一天，她就被巨大的现实落差给撞了个满怀。

见倩小兮到部门报到，主管立马兴冲冲地跑过来对她说：

"小兮啊，别担心，哥已经帮你做得差不多了，一天33万元呐。"

倩小兮一听，当时心里"咯噔"一下就凉了。调动前，在淘宝男装部门，倩小兮每天能做到1000万元的成交额，现在居然只有33万元，一时间，倩小兮被满满的失望折磨着。

后来，随着品牌商家陆续入驻，淘宝商城渐渐有了起色，只是，当一切都向着更好更稳的方向走的时候，倩小兮突然想走了。

离开的原因，和倩小兮的性格有关。

无论是天猫还是聚划算，倩小兮都完成了从0到1的开拓，但是，

当一切渐渐上了轨道，开始按部就班运行的时候，渴望变化的倩小兮却开始害怕了。在倩小兮的意识里，变化，意味着事物在往前走，是鲜活的。但是，当一切都是周而复始地运转的时候，倩小兮就会开始陷入恐慌里，想要去主动做出改变。

倩小兮始终坚信，当一个人已经意识到要做出改变，那么当下就是做出这个决定最适宜的时候。

2014年，在阿里拼斗了8年的倩小兮，选择了离开。

终于知道自己想要什么

2014年10月，离职后的倩小兮，正式从淘宝前员工左炜（化名"一笑"）手中接过设计品导购网站想去网，一心开始创业。

在日常生活中，倩小兮发现中国从来不缺好的设计，缺的是让人们认识好设计的渠道。而她希望通过想去网，去做成这件事。

接过想去网后，倩小兮做的第一件事就是"去导购化"——搭建交易系统，把原先纯粹做设计师导购的网站转为提供交易服务的购物分享平台。

扎根阿里多年的经验告诉她，要是做导购网站，那面临的窘境是：用户和资源都无法由自己把控，根本无法做深做细。要做好只能依托大品牌，所以必须改走交易这条路。

但，这条路走得并不顺畅，甚至成了倩小兮创业以来遇到的最大阻碍。线下的实体店为了装修调整，关闭店面一个月也不会有太大的风险，但是互联网不一样——"互联网一天，人间十年"，网站一旦停下运营，来

25 1000个客户，1000次面谈

做调整，那必定被淘汰。但是如果调整过快，后台交易系统跟不上，同样将面临被淘汰的风险。

调整太慢或太快都存在不可控的风险，强烈的危机感让倩小兮内心尝尽煎熬。

在努力完成交易闭环的同时，想去网还在朝其他方向努力完善——提供从购买到售后到退货退款的一站式服务；搭建移动端产品，拓展销售渠道；设立线下手工业课程，增强设计师与消费者的互动；创建公众号，挖掘和推送设计师背后的故事……

一步一步努力之后，倩小兮终于带着她的团队闯过了这道难关。

2015年5月，以"买得起的好设计"为口号的想去网终于完成蜕变，并在短短几个月就"俘获"了近百万粉丝的心，4000多位设计师抢着要入驻。而公司规模也由最初的8个人，迅速扩充到40人。

对于怎样找到合适的人才，倩小兮有自己坚持的原则——招人必须从公司的实际情况出发，花大代价招来的人是留不久的，因为真正愿意和公司一起成长的人，是不会太在意薪酬的。

公司的迅速壮大和市场的迅速扩张，还源自于倩小兮对C2C模式的取舍和准确的融资模式。

倩小兮坚信不疑的是，做长尾市场，最好的方式是C2C，这样能保证商品的不可替代性。C2C是发散型的，在某一个拐点，总会迎来爆发。至于融资，想去网采用的模式是流量对设计师免费，收取成交佣金。

倩小兮渴望通过想去网实现的，不仅是做设计师产品的交易平台，更是消费升级的平台。而消费升级都是从某一个角度垂直切入进去，做精做细。

目前，想去网的切入点是设计师、手工艺人和艺术品。挖掘一批手艺了得、人格魅力满格的设计师，借助他们的影响力，迅速聚集起一群对"小而美"的设计品情有独钟的用户。一般而言，这样的用户都拥有极高消费能力。当用户数达到一定量之后，通过精细的服务垂直切入进去，将会获得巨大的市场空间。2015年12月底，想去网的用户数量已经实现百万级。为了增强想去网的用户黏性，倩小兮在产品定位上花了好一番功夫。和满足日常需求不同的是，想去网要实现的是，满足小众人群对文化认知和精神滋养方面的需求。为此，想去网的每位运营师都有着深厚的设计学或美学背景。而有的员工在进入想去网前自身就是想去网的忠实粉丝，出于对想去网的喜爱，才到想去网工作。正因如此，想去网的每个界面和每段文字，都能触动用户的内心。

倩小兮充分抓住用户"重情怀，追求独一无二"的心理特点，创建"人—商品—交易"的模式，以想去网APP和想去网为平台，和每位设计师共同合作，当设计师拥有了自己的粉丝和影响力之后，都能产生很大的流量。此外，和其他交易平台不同的是，想去网还赋予每件商品不同的文化寓意，让"到想去网买的不是商品，而是情怀"成为用户的普遍心理。

为了更好地维护用户和设计师之间的感情，传播设计理念，想去网还在线下开设了"想去网研究所"和"想去网设计师沙龙"，在那里注册的用户将享受到设计师现场免费教学做手工设计的福利，而设计师们则可以借助"沙龙"的平台，相互交流探讨。通过这种常态化的线下形式，延伸想去网这一平台的附加值。

中国目前有1200万名设计师，好设计从来都不缺，缺的是让用户知道好设计的渠道。倩小兮希望想去网这个平台能够给中国的草根设计师

25 1000个客户，1000次面谈

们一个新的展露才华的机会，在这里让他们接触到更多的用户，展现他们独一无二的设计才华。

在创业的初期，由于尚未树立起口碑，在寻找合适的设计师时，倩小兮耗费了好大一番功夫，她需要一对一地去邀约设计师入驻想去网，半年时间，才完成了1000位设计师的入驻规模。但是随着想去网的品牌度逐渐提升，实现自由运转之后，主动申请入驻的设计师也随之多了起来，仅半年时间，设计师的数量就从1000位迅速增加到4000位。

在想去网，每位设计师都拥有同等的权利，倩小兮从不去"包装"某位设计师，也从不刻意去主推某一产品。她始终坚持想去网搭台，设计师"唱戏"的原则——作为社区电商，想去网要做的并不是成为流量的集控中心，而是让每位设计师都能在这个平台上成为流量中心，造就自己的品牌和影响力。

俞伯牙遇上钟子期的美好，在想去网，每天都在发生。

2015年7月，想去网将情怀凝聚成一股力量，稳稳保住了两万多块花砖。在想去网上，有位名叫"旧物君"的花砖发烧友，一边在民间搜罗各式花砖，一边在想去网上售卖。但是，2015年7月，房东却突然告诉他，储藏花砖的那个仓库，不租了。这样一来，两万多块花砖，该怎么办？倩小兮得知之后，便立马在想去网微信公众号上推了"旧物君"的故事，呼吁大家一起来保护一座城市的记忆。结果，文章刚推出去没几天，阅读量就迅速突破了30万，并轻松帮"旧物君"众筹到了100多万元的资金，开了一个以"花砖"为主题的咖啡吧。"花砖"保住了，"花砖"文化也传播了出去。

事情虽小，但倩小兮却觉得它有着特别的意义。透过事情本身，她

感受到了这背后温暖而坚实的力量,这让她的内心丰盛而充盈。

接下来,想去网将在提升用户体验上,做出更大的努力,"做艺术版的知乎",是倩小兮的目标。她始终坚信,保护一种文化最好的方式就是将它市场化。在想去网这个平台上,每个用户都能通过商品,发现它背后蕴含着的文化价值。商品有价,但文化无价。当好设计的渠道被慢慢打开,越来越多的草根设计师被人们熟知时,中国的设计也将迎来峰回路转的惊喜。这也是想去网真正的价值所在。

阿里创业军团

26
免费是最锐利的"武器"

阿里创业军团

从老师到程序员，没有什么能够阻挡前进的力量

马国良本科就读于东北师范大学，但他的理想并不是成为一名教师。五年十年甚至三十年去干一件重复的事情，马国良觉得自己肯定受不了。于是，进入校门后的第一天，他就跑到书店买了一堆与计算机相关的书籍，大二时他还辅修了计算机专业，成了一名准程序员。2003年，电商的号角已经吹响，马国良觉得这是一个有意思并且有前景的行业。当时，淘宝网已经发展起来，易贝网、当当网在国内也很有名气。于是在大三时，马国良和自己的三四个校友就模仿当当网，创办了东北第一家电子商务网站，站内主要卖书籍和工艺品。马国良的第一次创业举动在当时很前卫，但条件和设施配套都不成熟，业务发展很艰难。那时，快递还没有发展起来，寄送东西都是靠中铁快运和邮政，退换货不方便，运输成本高。支付体系也不完善，靠的是邮政汇款，没有任何信用担保，因此，网站运营也不顺利。加上临近毕业，马国良的"合伙人"都开始有了自己的发展方向，而马国良本人也觉得自己也还需要一些沉淀，这样的状态和

能力很难再养活一帮人。所以，首次创业正式画上了句点，马国良毕业后进入了人人网做运营。

马国良之所以能够进入当时火热的人人网，还是靠他当时在圈内的"知名度"。DoNews作为当时比较活跃的IT类写作社区，拥有很多知名的人物。很多互联网先驱的大牛，最早都在那个平台上写东西。马国良是DoNews东北版的版主，经常组织一些版内活动。人人网的高管通过DoNews认识了马国良，问他愿不愿意去武汉做人人网的创始产品经理。马国良一听觉得很有意思，毕业之后就去了人人网。

人与人之间的缘分就是这样，奇妙又不可思议。

刚进人人网时，马国良觉得一切都很新鲜。从创业到就业，那份热情没有变。随着对人人网的进一步了解与磨合，马国良渐渐地觉得在人人网找不到归属感，加上当时人人网的产品运营部要从武汉迁至北京，让他下定决心离开人人网。2007年，马国良正式从人人网离职。

辞职之后，回到杭州的马国良开始四处投放简历，凭借自己在互联网领域的工作经验，他很快就收到了阿里和腾讯两家互联网公司的offer。当时，腾讯在互联网行业的发展及影响力是优于阿里的，但是马国良最终选择了阿里，这源自于他对电商行业的"情怀"，他相信这是一个很有前景与社会影响力的行业。他觉得阿里把电商变得大众化，而且搭建了一个完整的诚信、支付、物流体系，对整个电子商务行业的推动与贡献是有目共睹的。之后，马国良进入了阿里，从实质上接触到了他感兴趣的电商行业。

273

阿里创业军团

抓住机会点，从卖家培训转型到电商宝

马国良在阿里一做就是 5 年，这 5 年时间里马国良学到最多的就是"坚持"。作为一个创业者，内心都是不安分的，马国良在大学做过很多网站，工作后写过两本书，想法很多，但很难静下心来把一件事做好。在阿里，马国良最大的收获就是对其价值观的影响：不忘初心，方得始终。想要做好一件事，一定要保持专注。换言之，就是要有匠心精神。

虽然马国良在阿里收获很多，他认为这是一家非常好的公司，但他仍然觉得自己的一些想法很难在公司里实现，而外面的世界则是更为精彩，充满无限可能。加上阿里已经渐渐打造出一个电商生态圈，围绕这个生态圈可以尝试的东西有很多，于是马国良再次动了创业的心。2012 年，马国良放弃阿里将近千万元的股票，毅然选择了创业。

胜败不在一时，得失不在一事。创业者时刻面临着诱惑，而舍得放弃现在的人，往往笃定要创造未来。

马国良曾经在淘宝的盈收核心——客户营销部任职。平时工作接触最多的就是商家，因此他对卖家的需求比较敏感。创业伊始，马国良选择了做电商培训。他跟几个合伙人在一个几十平方米的地方为实现自己的创业梦打拼着。2012 年，恰逢《中国好声音》栏目创办第一年，很多人对杨坤的 32 场演唱会记忆犹新，而马国良则被戏称为电商圈的"三十二郎"。创业初期，马国良几乎每周都组织在线培训，平均每月做一两场数百人的线下培训，一年下来远远超过 32 场，累计培训了 5 万人次。在给卖家做培训交流时，马国良了解到大家最重视的是营销环节。而在他看来，站在卖家的角度，营销培训属于刚性需求，商家关注的往往是怎么

26 免费是最锐利的"武器"

样能让发展的步伐更快一点,因而对经营细节想得较少。因此,企业的经营管理培训时常被卖家所忽视。从淘宝核心用户——卖家的角度来看,他们最关心的是如何提升店铺流量,所以打折促销吸引流量能够直接满足卖家的需求。但马国良认为,从长远来看,打折促销对卖家是不利的。牺牲产品的品质和利润,用价格战的方式抢占市场,会让整个电商圈变得畸形,这违背了电商行业的初衷。电商平台的卖家本应拿出更多的精力去关注店铺经营层面的东西,譬如视觉、产品、供应链、数据化管理以及财务利润数据分析等。于是马国良在做培训的同时,也尝试着做一些小软件给卖家用。结合之前的工作经验以及自己的专业知识,马国良意识到做电商财务软件可能是一个发展机会。

在做出决定之前,马国良和几个合伙人正式进行了一次探讨。因为起步较早,马国良做培训的营收已足以养活团队,而转型做软件一方面是基于市场的需求,另一方面是因为一开始他们给自己创业的定位就是做一家科技型的公司,现在好不容易有这样的市场需求,自己也有能力去做,马国良不想错过。于是,他和几个合伙人商量之后,决定把80%的精力放在做软件上。

转型是一个极具挑战性的决定。它在某种程度上,意味着团队的"瓦解"。在公司决定未来走向的内部会议上,多数服从少数,公司业务正式从培训转型做电商软件。一些人认为公司转型做软件,已经违背了自己的初衷。于是,不认同的人选择了离开,留下的人开始了新的征程。

2013年底,马国良开始主攻电商财务软件,推出了"电商宝"。

马国良把客户比作一个金字塔,上面是销售额达到上千万元的大卖家,大卖家跟中小卖家的需求不太一样。几千万元甚至上亿元的卖家,对仓储和物流要求都很高。ERP（Enterprise Resource Planning）给大卖家解决的核心部分就是仓储管理，怎样发货快，怎样管理仓储合理，怎样响应速度是敏捷的等等，很少把焦点放在财务这块。而中小卖家的需求没有那么复杂，ERP并不能解决中小卖家的实际问题。因此，马国良把自己的客户主要定位在中小卖家。

2013年初，多平台运营已经成为趋势。截至目前，已有36家类似于淘宝的线上交易平台。互联网为商户提供了更多的电商平台，越来越多的卖家开始尝试，但其中很多都没有系统地学习过财务系统。多平台经营，商家会发现日常的数据错综复杂，经营管理会更加麻烦，要去核对每个平台的财务情况，而且每个平台的商业模式还不一样。马国良走访了很多中小卖家，他们算账做财务还是用很基础的Excel表格。财务管理成了他们要面对的一道难题。马国良抓住这一痛点，开发了专门为商家提供财务管理的系统"电商宝"来解决商家的困难。

用数据驱动电商经营财务变革

丰富的培训经验为马国良的团队打造电商宝软件奠定了雄厚的基础。就在电商宝发展得如火如荼的时候，马国良选择"低调"一年，迅速开展"秘密武器"计划。他希望凭借对卖家需求的了解，将培训经验沉淀下来，通过电商宝软件对经营数据的分析，更好地帮助卖家提升经营决策的效率。

马国良把电商宝定义为"最懂电商卖家的运营策划＋最早构建SaaS平台的技术专家＋国内最早接触大数据的产品经理"。它的职能跟传统财

26 免费是最锐利的"武器"

务软件类似，包括收益表、商品成本、配件成本、平台佣金、赠品等等。不同点在于，电商宝为卖家提供的是一个更加精细化的运营财务平台，通过财务分析＋成本核算＋订单管理＋任务管理＋打单发货＋多店铺管理，精确分析每笔订单、每件商品的成本利润，批量打印／批量发货／快递单模板，自动化生成财务报表，实现店铺数据化财务管理。通过云财务，商家可以进行扁平化的财务管理，清晰明了，简单易操作。即便用户是个财务"菜鸟"也可以轻松管理。此外，电商宝的安全系数高，为用户提供与支付宝一样安全级别的聚石塔云安全存储技术，16项数据安全私密传递，将成本结构量化也是电商宝吸引人的原因。商家在日常的店铺经营中调整价格、发放赠品、邮寄地址变动等都会让成本产生变动，而商家只需根据软件所提供的模板填写一下就好，后续的数据统计电商宝会帮助商家完成。不管商家有多少店，只要他们把平台绑定在电商宝上，那么每个平台的财务状况都会被电商宝自动核算。交易平台的规则一旦发生变动，后台也会在第一时间自动响应。

目前，电商宝已覆盖淘宝、天猫、京东、贝贝网、蘑菇街、唯品会、卷皮等十多个主流电商平台，是国内首家支持全渠道多店铺财务ERP管理的平台。SaaS模式，拥有商家用户超过30万家，日处理千万级订单量，亿级订单金额。

电商宝针对用户不同层面的需要，提供了基础版和高级版。基础版适合中小企业与个人，满足其店铺打单、简易财务利润管理等日常经营的基础需求，很多在淘宝、蘑菇街、贝贝网、微店等平台上开店的商家会选择基础版；而高级版更加适合中等及以上的电商企业商家，这类商家更重视企业的经营财务指标，因而很多在当当、天猫、京东、唯品会等平台上开店的商家会选择电商宝高级版。

电商宝除了提供财务管理的服务之外,也会组织用户进行线下培训,邀请阿里内部的优秀专家为大家做分享。不管你是刚刚入行零基础的"菜鸟"卖家,还是行业专家,都可以通过电商宝轻松地对自己的店铺进行财务管理。目前,几十万个卖家选择使用电商宝,巨大的用户群体证明了它的品质,也为它赢得了很好的口碑,吸引了更多的卖家使用电商宝。

虽然目前电商宝已有30多万个用户,但在初期推广时,用户的数量可谓是寥寥无几。在公司把未来的发展方向调整为财务管理软件后相当长的一段时间,马国良靠公司自己造血,并没有进行融资。电商宝初期进行推广时是付费软件。要知道新产品本来就没有用户基础,很难站稳脚跟,在付费的情况下获取用户更是难上加难。电商宝的用户从0个到100个,花了两个月的时间,而且这100个用户里面,有很多是马国良做培训时积累下来的用户。付费模式的电商宝推行了一段时间之后,马国良意识到用户数量的重要性,2014年8月,电商宝推出免费软件。

随着"免费"这一做法的实行,马国良在市场推广上也开始双管齐下,线上线下同步进行。线上推广效率高,覆盖率一次可达上千人。而线下活动会产生较好的影响力,用户对品牌的认知度会大大提升。马国良线上结合微博头条、微信、淘宝等渠道进行推广,线下他凭借之前的培训经验,在全国举行大型交流活动,以此发展更多潜在用户,让电商宝在用户心中产生认知。

但是要想提升用户的转化率,光靠市场推广还不够,要从本质上吸引用户,势必要满足他们的需求,让他们用得"爽",真正帮助他们解决问题。随着交易平台的不断增加,马国良开始接入更多的平台,让用户

26 免费是最锐利的"武器"

通过电商宝即可同步多个平台的数据。果然,随着产品的更新迭代与不断优化,用户数量呈递增趋势,每个月新增用户的数量都会过万。

收集"七颗龙珠",每一颗都会带来不一样的东西

童心会给工作带来快乐。童心也会让一个平时一本正经工作的男人,看上去更加有趣,更加有味道。

马国良的办公桌上放了很多《七龙珠》的动漫玩偶。《七龙珠》是他最喜欢的动漫。想当初,在那个还流行租借录像带的年代,马国良曾为及时借还录像带不惜骑几个小时的自行车。

这部动漫最打动他的地方在于,每收集一颗龙珠,都会有未知的事情发生,而自己又特别渴望知道最终的结果。收集的过程,充满期待,同时会在无形中激发他的想象力。

"当时特别期待吃方便面,每次一打开,就会先把里面的玩具掏出来。吃第二袋的时候,发现玩具又跟第一袋不一样。不断可以发现新东西,这让我很享受。我看这部动画片的时候也会有这种感觉,不断地有惊喜产生。整个过程很有意思,跟创业的感觉是一样的。你渴望达成最终的美好,但你会因为当中的不确定性而兴奋。"

在创业的过程中,马国良确实遇到很多未知的事情。刚决定做电商宝时,团队人数只有十几个,那时候马国良没想着融资,想通过自己造血来养活团队,所以资金就成了他创业的最大挑战。当时电商宝上线没多久,产品还处于探索阶段,马国良没钱给员工发工资。对创业者而言,资金短缺几乎是很多人遇到的难题,能够迎难而上的人却是少数,马国

良就是那少数之一。为了解决这个问题，补上资金缺口，马国良东拼西凑，和合伙人拿出了一百多万元自有资金，同时一边做代运营，一边做电商宝，用代运营的钱贴补电商宝公司的费用支出。然而时间与成效是成正比的，马国良花了时间做代运营，对电商宝的发展自然关注得就少了。当马国良回过头来才发现，原来初露头角的产品已然变得一塌糊涂。

马国良突然觉得自己是"捡了芝麻丢了西瓜"。于是，他在短期利益与长期发展之间做了权衡。他开始放下代运营，认真打磨电商宝，梳理商业模式，研究产品开发。他清晰地认识到，做任何事情，要想做好，一定要聚焦，经得住诱惑。

马国良在管理团队上也遇到过很多未知的事情。刚创业的那段时间，个人的团队管理能力还比较欠缺，他很在意团队员工的离职。有一次一个员工想要辞职，马国良知道后立刻找他谈话，试图挽留他。一个星期之后，那位员工还是坚持辞职。这曾经一度让马国良很沮丧。加上公司业务发展中遇到了不少难题，马国良不知道自己坚持的到底是对还是错，于是他开始否定一些东西，以前坚定的东西也开始有所动摇。他觉得自己在下一盘很臭的棋。但物极必反，这种状态积累到一定程度的时候，有一天，他又豁然开朗，发现"臭棋"也可以变成"好棋"。在这个过程中，创业者的心理承受能力受到考验，马国良觉得内心需要重建，当有一点点犹豫的时候要赶紧把状态调整过来，去相信自己的选择。哪怕是阿里这样一家成功的公司，内部的人都会有无数否定和不认可的地方。所以创业过程中，作为老板一定要相信自己，有自我驱动、自燃的能力。

随着公司的发展，马国良越来越重视公司中层的管理。他从最初所有人都要向他汇报，慢慢地开始培养中层，让中层去带领基层员工。专业人做专业的事,有了中层,马国良的时间得以释放,他可以做更重要的事。"自己再能干,当你的思维里同时存在三四件事情的时候,你也肯定做不好。"马国良感慨道。

创业的过程充满荆棘,很多人会放弃,也有很多人会选择坚持。苦练七十二变,才能笑对八十一难。马国良觉得,当你遇到困难的时候,不要逃避,不要抱怨,要抱着积极的心态去面对它,解决它。否则,生命中还会有类似的功课考验你,直到你通过为止。

内心的强大,归根结底就是敢于直面现实,能做到遇事全力以赴,但又因识得天命而又有所节制。

神笔马良,童真的心态

与阿里类似,在电商宝,每个人也都有自己的化名,这些名字大都来自于动漫人物。马国良的化名是"神笔"。

"每个人小时候都有梦想,尤其在幼儿园的时候,老师时常会问:你长大后想做什么?懵懂的时候,内心当中会有一个模糊的指引。但随着人慢慢长大,想象力反而变得有限,觉得自己可以养家糊口就可以了。人是一种精神动物,思路决定出路。很多事情先不看能不能成,先看你敢不敢想。这就是想象的魅力。"马国良如是说。

在这种童话般的办公环境下,马国良追求的是一种童真的心态。马国良内心崇尚自由,不喜欢循规蹈矩,不喜欢严肃压抑的感觉,他希望公司的员工能够在充满想象的空间里工作。

童真很宝贵,童真的那份真诚更可贵。马国良觉得公司跟客户之间应该保持一种真诚，你能不能给客户创造价值，能不能帮助到客户，你有没有用你的技术科技去帮助客户降低成本，提高效率，这是最重要的。马国良了解到国外的一些公司，比如谷歌、脸书、亚马逊，它们估值很高，虽然收益并没有想象中那么惊人。在他看来，他们看东西比较长远，重视创新，他们会看你对这个社会以及行业有没有推动，从而给你一个相应的估值。在经济飞速发展的今天，大多数国人心中都有些浮躁与焦虑，把赚钱放在第一位。然而真正做一件对特定群体有帮助的事情，反而显得难能可贵。保持童真，保持真诚，保持进步，这是马国良过往最大的坚持。

　　创业就是要"相信相信"。有些人说要站得高才能看得远。实际上，每个人都有"远见"的能力，不在于高，而在于静。真正的成长，向外探索宇宙，向内探索自己的内心。每次角色蜕变的过程，都会收获关于自己内心的一份力量和坚定。而作为创业者，最好的祝福莫过于你成就的不光是企业，而是自己的生命。

阿里创业军团

27
用流动的智慧打造自己的 DNA

阿里创业军团

"变态"销售员，创造销售神话

2002年，互联网行业正以迅猛的势头急速发展。正处在找工作关卡处的赵理辉决定抱着试试看的心态，到互联网这片"大海"里闯一闯。在综合考量了自身的优势之后，赵理辉把有挑战性的销售岗位定为了首选目标。结果简历刚一投出去，他便收到了好几个不错的offer，其中就有阿里。赵理辉一看，每个月800元的工资还包吃包住，福利实在太好。于是，冲着这"好福利"，赵理辉加入了阿里。

2002年4月，在历经一个月的培训之后，赵理辉拿着自己的两盒名片直奔义乌，开始"跑市场"。让赵理辉意外的是，他的满腔热情没持续多久就被浇灭了。应用电子专业出身的他，在进入阿里之前从来没有接触过销售工作，这导致他努力尝试了很久，还是没找到门道。眼看3个月的考核期马上就到了，自己居然还业绩挂零，一个单子都没有签下来。赵理辉实在坐不住了，内心的焦虑让他备受煎熬。就在这个时候，部门举行了一次盛大的外出游玩，组织员工到千岛湖游玩。

27 用流动的智慧打造自己的 DNA

让赵理辉惊讶的是，短短几个月时间，原本 50 多人的团队就只剩下 20 多人——多数人都受不了销售的工作强度而选择了离开。这对身处其中的赵理辉触动很大，他开始反思自己留在阿里的意义——进入阿里已经快 3 个月，业务上没做出任何成绩，工作环境也适应不了。几度考虑之后，赵理辉萌生了离开阿里的念头。但是，他转念一想，都来了快 3 个月了，却"没混出个名堂"，如果就这样离开，有些不甘心，思来想去，他决定签下一个单再走。

承受得住压力，才能迎来柳暗花明的雀跃。

就在最后 5 天，赵理辉看到了转机——终于签下了他进入阿里的第一单。赵理辉原本就要被浇灭的热情瞬间又被激发出来，他突然之间觉得"人生还是充满无限可能的"。于是，他决定给自己一个机会，去迎接这个挑战，暂时留下来，继续好好奋战。

2005 年，赵理辉被晋升为销售主管。一时间，他所有的激情都被激发了出来，他感觉自己每天都热血沸腾。到年底的时候，为了完成计划中的业绩，赵理辉更是使出了"必杀技"。他直接一个人跑到园区里，看到哪家窗户的灯亮着就去敲哪家的门。当时正接近农历春节，园区里的人已经很少，而且大多数园区的地理位置都很偏僻。赵理辉这么一"闹腾"，园区反而热闹起来。有一天天色已晚，他"砰砰砰"敲响了门，把正在屋里埋头数钱的老板吓了一大跳，还以为遇到了"上门打劫的"。老板刚一把门打开，赵理辉就直接问："做不做我供应商？"老板一听有点蒙，但是他也很好奇，究竟是什么让眼前这个年轻人这么拼命，大晚上的竟然还上门找生意。于是，老板答应让赵理辉进屋谈，给他一个展示自己的机会。之后，赵理辉如他所愿，签下了这一单。

类似的例子还有很多。赵理辉就是靠着这股"蛮劲儿"，签下了不少客户。而他自己也打心眼儿里喜欢这种"征服"的快感。

有时候，要是赵理辉白天与客户的沟通出现问题，他一定会利用下班后的时间补救回来。下班之后，赵理辉理清思路，拿出纸和笔，洋洋洒洒地写一封信，少则几百字，多则上千字。在信里，赵理辉会告诉客户为什么做供应商，以及怎样做好供应商。第二天，很多客户看到这样一封亲笔信，内心五味杂陈，在惊讶于赵理辉动真格的认真时，也会被他这玩命的工作劲头所打动。

2006年，在赵理辉担任主管一职的第四个月，当月的业绩达到362万元。当时所有团队的业绩加起来也才一百来万元。十个人做了360多万元，一个人的业绩顶上一个团队。而且这些人以前就是被淘汰的"虾兵蟹将"。这怎么可能呢？但赵理辉的团队做到了。

"一旦决定目标就酣畅淋漓地去战斗。"这是赵理辉一直坚守的信条。

人生"清盘"，选择从头再来

2010年，赵理辉晋升为销售经理。8年时间，他从一个小小的基层销售晋升为销售经理，正当所有人羡慕他时，他却做了一个让所有人吃惊的举动：从销售经理转岗到淘宝天下做电话销售员。

这一决定他没有跟任何人商量，也没有利用自己的职位之便，而是跟淘宝天下的人打了声招呼就直接去了。

赵理辉觉得自己应该去"战斗"，人生应该有激情。

做了8年的B2B，赵理辉觉得这个行业缺乏想象力，没有激情了。

27 用流动的智慧打造自己的 DNA

电话销售自己没干过，应该是一个有挑战的工作。

赵理辉在电话销售这方面没经验，必须从最底层做起。当时的应届毕业生竟然当起了他师傅。让人尴尬的还不止这一点，那段时间赵理辉最怕碰到熟人。以前的老同事都做到了总经理，见面打招呼的时候会问："赵理辉你现在在干吗？""我现在在做电话销售。"当时淘宝天下的经理是他以前做主管时，他自己助理手下的一个销售的助手。赵理辉觉得好没面子，无形中压力朝着赵理辉袭来。最让赵理辉受不了的是，在电话销售这一块没有做出业绩。这让他开始怀疑当初的决定。

庆幸的是，赵理辉很快发现了电话销售的门路。以前做销售都是求别人，而如今变成了淘宝商家求着你。如果你姿态越高，商家反而越会付钱。渐入佳境的赵理辉慢慢地找到感觉，业绩越来越好，连升几级，做到经理，没过多久就当上了销售总监。

有了这样一段经历，赵理辉觉得自己在心态上有了很好的历练。在人生最风光的时候选择华丽转身。虽然选择的过程避免不了纠结，但只要经历过，认定了就不后悔，不管对与错。

也许对于创业者而言，每做一个选择都要想清楚：你是谁，你想做什么，你需要放弃什么。

当上销售总监后，赵理辉的工作越做越顺。慢慢地，他对总监这个位置失去了兴趣。于是，他再次做了一个让人吃惊的决定：放弃现在的安逸，辞职创业。

从 0 到 1，行动起来

"我觉得在这样一个时代，自己要干自己喜欢的事情，不甘平庸，充满激情去战斗。以客户为中心，把产品体验进行极致的追求，这就是我记忆深处最好的商业。"赵理辉无时无刻不把自己置身于"战斗"之中。

开始创业时，赵理辉的想法是做一个给电商用的平台。根据自己过往在电商行业的经历，他发现电商卖家是一个需要帮助的群体。很多时候他们很无助，碰到刷单、下架、爆仓时，并不知道找谁来解决这些问题。"三人行，必有我师焉"，这时候智慧就显得格外重要。任何一个时代都有做咨询的，而互联网时代，赵理辉想做一个平台把很多牛人聚集在一起，用他们的智慧帮助电商从业者。

靠我，即CallMe，用户有困惑，可通过图文或者语音，甚至是电话预约的方式，一键联通行业智客，花小钱就能快速、高效地获得私人定制式的专业解答。靠我平台的搭建要靠牛人来支撑。找第一批牛人的时候，赵理辉秉承的是"兔子先吃窝边草"的原则，从身边的人下手。因为之前在阿里工作的关系，赵理辉很快找到了第一批人入驻。就这样，他通过身边人的支持把平台做了起来。

渐渐地，赵理辉陷入了痛苦，觉得这个东西做着做着，没有想象力了。平台上就这么几个牛人，想要服务更多的群体显然还不够。那么突破点在哪里，其余牛人该怎么发展呢？

赵理辉坐不住了。他开始到处跑，让自己动起来。这种忙碌起来的充实感让他很是欣慰。赵理辉相信，觉得到极限的时候就让自己动起来，如果一直坐着不动，只是焦虑，那么问题永远解决不了。

27 用流动的智慧打造自己的 DNA

解决问题的最好方式，永远都是面对问题。

为了扩大影响力，赵理辉做的第一件事是肖像展。2015年10月，靠我联合摄影师李旺发起了"靠我智客图腾行动"。这次肖像展记录报道的是100位A轮融资以上的CEO、100位投资合伙人以及100位知名媒体人，运用肖像+文字的形式，以他们的脸谱、思想、行动来展现这个时代的脉络，记录下这个时代最鲜活、最敏锐的声音。确定杭州为第一站之后，他立刻跟西溪湿地博物馆沟通，想要举办一个肖像展。博物馆的负责人一听，觉得这是一个共同见证"互联网+"时代的机会，表示可以免费给他们做。

从0开始很难，赵理辉没做过，不知道该拍谁。没有知名度，大佬凭什么配合你做这件事？在没有太多资源的情况下，往往最练就人的创造力。没有太多资源，相应地也就没有太多限制，给你无限的可能性，创造力就容易被激发出来。正如乔布斯所言，"和优秀的人共事很简单，告诉他要做什么事，要什么效果，他就会想办法搞定，不需讲究条件。因为经过无数次经验的积累，他本人就成了成事最大的'条件'，缺了他，这事就搞不定。所以，越是出色的人，越善于在缺乏条件的状态下把事做好；越是平庸的人，越对做事的条件挑三拣四。"

他一点点进入，从做视频开始，慢慢打开思路。在连续拍摄了一百位智客之后，他发现后面还有更多可以延续的故事。正如老子的《道德经》所言，"道生一，一生二，二生三，三生万物"，基于一个点不断向外辐射，会发现更多别有洞天的机会。没想到小小的一次肖像展，竟然征服了很多人。更让人惊喜的是，很快就有豪车品牌开始联系赵理辉。

通过一件事情的平行发展，赵理辉又有了新的思路。

赵理辉通过靠我对平台上的智客进行资源整合。智客被联合起来之后，靠我的身份就可以被定义为"管家"，管理他们的碎片时间，回馈他们更多其他资源。对这些智客而言，他们缺的也许并不是钱，但他们总有需要的东西。当靠我平台带给他们的价值超过他在平台所需要花费的时间成本时，牛人自然会被吸引进来。

回归到商业本质，它就是一个金字塔结构，物以类聚，每一层都有一个生态链，每一个人都是一颗珍珠，靠我就用智慧把它们连在一起，从生活到创业把它们形成一个圈。赵理辉的设想很简单，让智慧在生态圈中横向流动，电商里面有最牛的大咖，他就好比处在这个生态链的顶端。作为生态圈最顶尖的人，他往往会有种"独孤求败"的感觉，在自我突破上缺少一种想象力。而如果产品缺少了发展空间，这个平台的生命周期也就可想而知。靠我自我突破的方法之一就是让生态链顶端的牛人也变成C，给自己重新定位，去探索未知的赛道。

同一生态圈的智慧流通可以称之为横向交流，靠我在纵向流通上把智慧变成钱或者资源。横向流通的时候不需要其他费用，因为本来就一个层面，只是缺少一种交集。而纵向就是拍卖牛人的时间，靠我提供给C端用户这样一个机会，打通一个通道，至于用户能买牛人多少时间，要看双方的共识。

靠我上线不久，平台上的智客就达到了数百人，日成交量也远在他们期望之上。靠我的盈利模式也很简单，通过抽取佣金方式获取利润，它收取费用的对象是B端的用户。在盈利模式上，赵理辉也在不断探索，寻求最优。

赵理辉坚信，"遇到困难的时候千万不要怀疑它，不要停下脚步，勇敢地往前走一步，用行动来证明一件事情，这样所有资源都会向你靠拢。"

27 用流动的智慧打造自己的 DNA

创业要有自己的 DNA

商机总是稍纵即逝，抓住了商机并不意味着创业就能成功，共享经济之下，竞争对手的存在也不容忽视。互联网江湖奉行"强者生存"的规则，在未来互联网经济的发展中，"被淘汰"、"被收购"是许多创业公司不可避免的。这时候，创业者要做的不是"依附"，而是要有自己的 DNA。

靠我的 DNA 就是价值。和其他智慧分享平台不一样的是，靠我把牛人的价值不仅仅体现在金钱上，更多的是体现在资源的价值互换上。在智慧的横向流通中，靠我把牛人形成一个圈子，自己充当桥梁的角色，把这些人连接起来。同一个生态圈的人，钱并不是最缺的，缺的往往是机会。牛人获得价值才愿意留下来，平台也才会稳定。靠我不仅仅重视 C 端的用户，对于 B 端用户也兼而顾之。

靠我根据牛人在平台上贡献时间的多少，邀请他们参加一些线下慈善活动。他服务多少，就帮他打通多少资源。举个例子，比如一个牛人想在学校设立一项奖学金，凭借个人的力量很难做到，而靠我利用平台上的资源支持他发起，达到这个目标就没那么难。

靠我上牛人的价值是互通的，这体现在牛人的影响力上。靠我在前期进行品牌推广、扩大影响力的时候，一方面自己做一些宣传，另一方面则靠牛人的"价值"——影响力。这些牛人就像微博的大 V 或者时下最流行的网红一样，他们本身就自带粉丝，当他们入驻靠我，他们的朋友和粉丝随着这些牛人的宣传，自然而然会知道靠我这个平台的存在。而这些牛人的圈子里有很多互通的人，他们又可以影响更多牛人来入驻。

靠我通过入驻的牛人来撬动他们背后的资源并为己所用，这样的做法无疑是最省钱而又有效的。

随着靠我的不断发展，现在用户在平台上已不仅仅能看到电商类的牛人，同时也能看到其他生活类的牛人。这一转变也是靠我的特色之一。靠我一开始集中解决电商从业者的困惑，慢慢地赵理辉发现，平台上的牛人不仅精通电商，在投资领域和互联网＋领域也都有涉猎。与此同时，C 端用户的需求也不仅仅局限于电商领域。赵理辉觉得类目拓展的机会来了，现在靠我平台上沉淀的资源种类更加丰富，也就更容易让资源对接后发生裂变。

平台的扩张不仅仅像表面上看到的那么简单，背后需要案例作支撑。赵理辉了解到用户心理之后，针对用户的反馈进行了调研。创业者在产品迭代的过程中，除了考虑用户的反馈之外，团队的反应速度也很重要。产品更新迭代，运营团队往往要快速根据市场需求对相应的市场战略进行推广调整。

创业也是一种艺术

谈到公司的未来发展，赵理辉有自己的部署。他计划在 2017 年之前，把中国电商行业的智客打穿，把顶尖的人都汇集在上面。2018 年，打向国外市场。打通国内的这个圈子，靠我就可以平行发展，紧接着英国、美国又是一个圈子，资源也就流动了起来。

赵理辉只要看到一丝曙光，就会像飞蛾扑火一样，纵情去燃烧。这也很符合他的"血性"情怀。他认为创业最重要的是"铁血柔情"，"铁

27 用流动的智慧打造自己的DNA

血"就是永不言败,"柔"就是像海绵一样去吸收创新,"情"有两个含义:一个是像家人一样团结互助,另外一个是阳光的心态。赵理辉以同样的文化内涵赋予靠我。他希望团队成员永远充满斗志与创造力,并时刻保持乐观的心态。

当然,人都是不完美的。赵理辉也有自己的短板——跟人打交道。他觉得现在创业跟以前做销售最大的不同是,销售是带着目的把对方征服,而现在做社交则是另一种玩法。但是赵理辉尽力做好社交,"当你把短板玩得淋漓尽致的时候,这就是一种自我认定。最难的都能搞定,那我还有什么搞不定呢?未来成功与否都不重要,重要的是,我已经上了一个新台阶。"

在你成为管理者之前,成长只与自己有关。在你成为管理者之后,成长与他人有关。赵理辉很重视团队成员的管理,在这一点上他也很有自己的一套。他的做法是,把公司变成大家的,通过期权分配的方式激励团队人员,培养员工的主人翁意识。

创业以来,赵理辉发现,之前的困难都不是困难,现在的困难是之前的N倍,但这正意味着人在走上坡路。最重要的是,眼界打开了,以一个不同的身份去看事情,结论自然不一样。创业是一场行为艺术,走上一条不知道终点在哪儿的路,但沿途的风景却别样精彩。正如罗永浩所言,通往成功的路上,风景差得让人只想说脏话,但创业者在意的是远方。

诗与远方不在别处。远方再远,走走总是能到达。

阿里创业军团

28
没有清晰的盈利模式就是要流氓

为了养好身体，换一种生活方式

在进入阿里之前，俞朝翎在伟业网络有限公司做销售，卖网络传真，主要跟外贸企业打交道。2000年，阿里将伟业网络有限公司收购，俞朝翎正式加入还处在成长期的阿里。在阿里，他做的也是销售，针对农村乡镇客户卖网站建设。这在当时是比较超前的项目，正因为超前，所以不好卖，而且对象又在网络知识普及并不深入的农村，被拒绝是常有的事儿。

光被拒绝倒还好，俞朝翎做销售早就习惯了，最害怕的是被老乡养的狗赶，农村的狗大多凶恶，石头是他们销售团队的标配，进门之前先扔一块，没狗叫才敢敲门。

好在阿里发展迅速，品牌逐渐打响，被狗赶的日子并没有持续多久，俞朝翎也因为业绩突出被提拔。他在阿里集团历任中小企业重镇浙江、江苏、中西部等地的区域经理、大区省长及全国直销总经理，B2B资深总监等职务，也主管过后台运营及人力资源，成为阿里管理团队的核心

28 没有清晰的盈利模式就是耍流氓

成员。

看似风光的职业生涯并不是一帆风顺,有过种种曲折、委屈,俞朝翎也无数次想要放弃,他甚至一度认为自己不适合干销售。俞朝翎坦言那时候最怕接到深夜来电,这意味着工作出现偏差,也意味着白天他的管理出现了问题。睡不好觉是家常便饭。但他一直坚信痛苦的时候,就是成长的时候,也是进步最大的时候。的确,在阿里的13年,俞朝翎从小俞成长为俞头,从被狗赶的业务员成长为B2B资深总监。阿里无疑在他身上打下深深的烙印,他也一直将阿里的"六脉神剑"——客户第一、拥抱变化、团队合作、诚信、激情、敬业,当作做人做事的价值观。

2012年,阿里掀起了一股离职潮。跟其他为了攀登事业更高峰的离职高管不同,俞朝翎离开阿里,是源于一份体检报告。

体检报告上各种不正常的指标,让俞头着实捏了一把汗。身体的不适使他决定歇一歇,离开阿里过一种不同的生活。但就在这时,阿里发生了"中国供应商黑名单"事件,俞头选择和公司共渡难关,于是辞职的事儿又拖了一年。2013年,一份更严重的体检报告摆在他面前,身体的毛病越来越多,自己当时带的团队也稳定下来,俞头觉得是时候功成身退了。

促使俞头离开阿里的另一个原因,就是他想到外面去看一看,去学习新的东西,换一种生活方式。在公司的时候,天天开会,天天去想怎么创新,想不出来,好像这世界就只能这一条道走下去了。能休息一段时间,走出来到外面跑一跑,看看有没有别的路径,对俞头来说,未尝不是一个好选择。

睡到自然醒一直是俞头的一个小梦想,阿里工作强度大、节奏快是众所周知的，能睡到自然醒确实是天大的幸福。离开阿里的第一个月，他能睡到早上十二点。第二个月，提前到十点半。第三个月，老早就醒了，等到实在不愿意躺了才起来。幸福的自然醒变得越来越无聊，越来越痛苦。

三个月过后，身体变好了，俞头也渐渐待不住了。男人和女人不一样，女人照顾家庭、孩子，烧饭，买衣服，做美容，每天都有忙不完的事。但是男人需要的东西太多了，他认为男人要找点事做，尤其是现在年纪不大，总是赋闲在家过退休生活，家里人看到也要讨厌。他先是在一家公司做顾问，接着搞电商，然后又在北京开了一家投后服务管理公司，主要帮助创业者做人、财、物三方面的服务。在做服务管理的时候俞头发现，企业端会产生很多延伸的业务出来，比如基金方面的服务。但是要想做基金，必须有项目来源，而孵化器恰恰是项目来源的聚集地。正是这家公司在运作中产生的衍生业务让俞头萌生了做孵化器的念头。后来经人介绍跟B12楼的项建标接触后，两人一拍即合，良仓孵化器开始酝酿。

做创业者的"酵母"与"大树"

酵母在面粉里面起到发酵的作用。俞头将他现在的事业称作"创业酵母"，就是希望能对创业项目产生这种化学反应。良仓孵化器不是简单地做物理的"1+1=2"模式，而是能够让创业企业全方位发生变化。俞头认为，创业者就像面团，你得揉、捏，捏成一定的形状以后让它发起来，变得越来越庞大。

较之以前，现在的创业者门槛低，创业容易很多。创业园区、孵化器、

28 没有清晰的盈利模式就是耍流氓

众创空间逐渐兴起。一般的创业园体量很大，里面入驻很多企业，政府会对这些企业予以"照顾"，减免一部分税收或者租金。孵化器和众创空间两者没有本质上的区别，迭代也都是经过从第一代只提供场地到现在第四代提供服务内容的过程。良仓孵化器2014年2月开始筹划立项，6月份入驻杭州未来科技城梦想小镇。虽然只短短运行了几个月，但俞头对良仓的未来充满信心。

俞头对良仓的规划是创造一个生态圈，让企业以良仓为核心在这个生态圈里自行循环。他认为，创业者更重要的是自我学习能力。良仓并不是要强塞给他们知识与经验，因为这没用。他们只有自己面临问题，真心想去学的时候才能达到最佳效果。良仓就是创造了这么一个环境，让创业者在需要的时候相互寻找，相互学习，相互取暖。良仓每月开一次公开课，课上将企业当中普遍会存在的一些问题通过大课的形式向创业者传播。创业者在创业过程中存在的技术上、底层架构上的一些问题随时都可以提问。

除了公开课，良仓还提供了一项切实的服务："良仓三人行。"这个项目每周举行一次，选出一些企业来帮助他们分析所处行业的背景以及发展前景，打磨一个合理的商业模式出来。因为创业的每个阶段都会碰到不同程度的问题，所以每一家企业都需要具体对待。他认为一个公司的发展和创始人有很大关系，"良仓三人行"首先要分析的就是创始人的背景。销售端出来的创始人，他最大的瓶颈可能是在技术和产品上，反过来技术创始人可能在销售和运营端有问题。良仓孵化器通过一些实际的案例，为创业者答疑解惑。

俞头心目中的良仓孵化器就像是一棵大树。"我们只是在旁边庇护着，你需要我的时候,我就出现在你身边,你不需要我的时候,我就远远躲着你。"

没有清晰的盈利模式就是耍流氓

俞头很早之前就实现了财富自由,自己本身也会投资一些项目。良仓孵化器里的项目俞头自己也会参与。"一早一晚"是他的投资喜好。"晚"指的是项目发展成熟后再进行投资,这样的情况下投资会比较保险。"早"就是在项目发展早期,这关键要看投资人的眼光。撇开这两项,项目只要符合一个条件就可以:有清晰的盈利模式。

有很多项目的盈利模式在初期很难看出,这种情况下,俞头觉得项目一定要有模型。有一些社交类的产品,前期是不赚钱的,后期发展起来之后会出现转机。一些O2O模式的产品和社交类的产品,前期不赚钱后期也很难赚到,原因在于它的盈利模式不够清晰。例如一些O2O模式的产品通过"烧钱"的行为来获取用户,但是一些服务从商业本质上看是不需要的。100元钱的服务产品通过补贴,最后用户只需要花10元钱就可以享受到。但是补贴一旦停止,一些用户就不愿意再去购买。原因很简单,一个月薪三千块到五千块的人很少去享受这样的产品,所以用户就很难留存。反观现在的一些外卖平台的用户补贴行为,用户之所以不去吃15元钱的饭菜而选择线上25元钱的饭菜,主要是因为有10元钱补贴。两个15元钱相比,前者是到店里才能享受,后者则是坐着就可以享受得到,用户当然会去选择后者。但是补贴一旦停止,用户就不愿意再埋单。此时,商家也会变得不忠诚,开始的时候他们可以拿到四倍到

28　没有清晰的盈利模式就是要流氓

七倍的补贴,一个月能赚三五万元,但是后期给他们 1.3 的补贴的时候他们就会显得不情愿。

俞头认为,一个项目没有清晰的盈利模式可以容忍它一年到三年不赚钱,但是不能容忍它四年、五年还不赚钱,任何一个契机都是有年限的。良仓的盈利模式也是在探索阶段。良仓的第一批用户基本上是靠熟人介绍进来,但是到现在为止已经有 40 多家进驻,国内孵化器要想长期发展下去还必须往商业化方向发展,而良仓在模式上靠服务取胜。

良仓孵化器内部设置跟传统办公的不同在于,它是全开放式的。创业者之间的交流就变得相对容易,在 2015 年下半年进入资本寒冬,很多创业者备受打击的情况下,创业者之间的相互帮助相互取暖就很有必要。但是作为孵化器,只有入驻企业孵化成功,孵化器的作用才能得到真正的发挥。除了"良仓三人行"和良仓公开课的两项服务之外,良仓孵化器还和一些自媒体合作,扩大项目的影响力,比如在 B 座 12 楼这样的自媒体上投放企业信息,为项目融资助力。

良仓孵化器接下来的发展战略是做一个线上的孵化器,走 O2O 模式。目前,孵化器更加侧重于线下,但是线下的活动毕竟不能每天做,覆盖人群有限。俞朝翎想把线上的部分也做起来,扩大影响力。纵观国内,俞头还没有发现线上线下相结合的孵化器,良仓想要做第一家。

创业圈:不同的圈子,学不同的东西

俞朝翎自己创业很大程度上是为了体验另一种生活,一开始就抱着"玩"的心态。创业之后,他发现他可以在与自己"频率不一致"的人身上学到很多东西，他们各有各的"玩法"。

跟成功的人混在一起，自己也不会差到哪里去。俞朝翎认为每个人背后都有值得学习的东西，不一定成功的人才是学习的榜样。俞朝翎在与一些上市公司的老板聊天时，发现这些 CEO 能从不同的维度看待一件事情，而他们在阐述一件事情的本质时也会从不同的方面诠释。和他们交流过之后，俞朝翎就会有一种醍醐灌顶的感觉。

跟一些初创期的创业者聊天，俞朝翎又能得到另外一种收获。俞朝翎的良仓孵化器里有很多创业者，在跟他们进行交流时，他发现这些创业者脚踏实地地"趴"在地上干活儿的创业热情着实让人感动，而且他们对于细节的掌控一点都不比一些成功人士差。

在创业圈子里，让俞朝翎思想碰撞最大的是跟 90 后的创业者交流。俞朝翎发现，90 后创业者对于商业模式以及人性的把握远远超出他的想象。俞朝翎之前和一位 90 后创业者聊过一个专门针对女性服务的项目。女性用户通过这个产品发出自己的照片，邀请其他人一起吃饭、看电影，或者约到自己家里一起煮饭。俞朝翎觉得这样的项目安全性没有保障，用户的认可度不会太高。但是令俞朝翎惊讶的是，90 后群体对这个产品的接受度很高，他们会觉得有趣、够劲，这与 70 后或者是 80 后群体的想法可谓是大相径庭。想法不同，做事情的方式也会不同，俞朝翎在他们身上看到更多的是创意。

神奇的 Topsales（顶级推销员）论和顺人性论

从阿里到良仓，俞头作为一个管理者也有十多个年头了，经过多年

28 没有清晰的盈利模式就是耍流氓

摸索，他的管理自成一派，既有制度也有温度。

主管销售的时候，俞头碰到的比较棘手的就是"野狗"问题。阿里重视人才，对人才有一套独特的评价机制，将所有的员工分成了三种类型：有业绩没团队合作精神的，是"野狗"；和事佬、老好人，没有业绩的，是"小白兔"；有业绩也有团队精神的，则是"猎犬"。在初期，俞头很难下决心开掉"野狗"，非常舍不得。因为业绩的一半来源于这些人，剩下的所有人可能才做到业绩的另一半。销售都是靠业绩吃饭的，公司指定的任务完不成无法交差。在平衡各种利益关系之后，俞头还是忍痛把团队中的"野狗"开掉了。

这时俞头发现了神奇的"Topsales"论——在"野狗"被清出去以后，你团队当中一定有一个人能够顶上他的位置。之前每个人都需要仰望Topsales，并不觉得自己有机会取代他。但人就是很奇妙，当Topsales不在时，每个人都觉得自己有可能取而代之。虽然业务主力走掉了，但是公司的业绩却没有受影响，反而提升了一个档次。开掉"野狗"等于是给团队树立了标杆，团队氛围也变得越来越健康。

俞派管理的另一个关键词是"人性"，"尊重人性"是俞头时常挂在嘴边的词。做管理十多年，俞头见过形形色色的人，特别是现在团队越来越年轻，现在的创业大军之中有很多都是90后，有一批极具个性的90后活跃在良仓。面对成员的变化，俞头并不觉得难管，他认为90后是一个很有趣的群体。他们对社会安全认同感很强，在社交上放得开。但是人都是一样的，不管你什么年龄，只要尊重人性即可。做项目要顺人性，管理更要顺人性。这也就需要建立好符合大家的共同目标的制度。

俞头比较讲究主人翁意识，要跳出KPI做KPI以外的事。给员工股份，

303

让员工成为股东，让员工从潜意识中就把自己看作企业的主人翁，让企业成为"我"的企业，而不是老板的企业。大家劲往一处使的时候，它就是符合人性的。目标一致，管理起来也就容易得多。

从跑业务的一线销售，到财务自由的阿里高管，再到为创业者筑梦的"创业酵母"，俞朝翎的每一次转变，都透露着随性与情怀。对困难一笑而过，把真性情放在心中。多年的积累和磨炼，使俞朝翎练就了独到的眼光以及包容的胸怀，促使他在恰当的时候从容转换角色，选择更适合的生活方式。

阿里创业军团

29
"私人订制"的代运营业务

阿里创业军团

高起点职业经理人的养成

杭州碧橙网络技术有限公司（简称：碧橙网络）成立于2013年，CEO杜鹏2007年毕业于浙江大学。因为对金融投资业的浓厚兴趣和热爱，毕业后即往香港进入投行工作，后又在泰国及巴黎从事相关行业两年，积累了金融投资行业的经验，并初步建立了自己的行业认知体系。

然而，像所有初入行并踏上异乡土地的人一样，落地巴黎的杜鹏同样感受到了极大的不适应。巴黎的工作环境与国内差别很大，让他印象最深刻的是工作时间必须西装革履，即便夏天也是如此，工作时穿短袖衬衫都要被罚款以示警告。这对喜欢自由、不受束缚的杜鹏来说，确实是个不小的挑战，每天都觉得像是被通勤装绑起来的木乃伊般僵硬与古板。不过虽然感觉不是很舒坦，但抱怨更解决不了问题。

正如我们会想怎么把梳子卖给和尚一样，杜鹏的上司给他的第一个任务是怎么把卫生巾卖给男人。接到指令时，他的第一反应是这怎么可能？然而不服输与勇于破解高难度谜题的杜鹏并未过多迟疑，而是立即

29 "私人订制"的代运营业务

着手策划方案。但几个方案似乎都无法得到真正满意的结果。在遇到瓶颈不得要领时，上天一定会眷顾努力的人，一位台湾客户的到访与无心的抱怨，给了杜鹏解决问题的契机。客户提到巴黎天气太闷热，"光脚穿皮鞋不仅不舒服还会出汗"，听到这句话杜鹏突然有了灵感。卫生巾柔软、吸水性强，用在鞋子里，其他人不会看到，而即使看到，也会觉得很新奇，如果将卫生巾推荐给这样一群每天七、八个小时都只能穿皮鞋、在外奔波的男性商务人员不是很好的办法吗！他当场向台湾客户提出这样的建议，没想到客户真的接受了！上司交给的任务顺利完成。杜鹏从中领会到，凡事总有解决的办法，有心、用心，就一定能破译密码。

就在一切都在往好的方面发展时，2008 年全球金融危机爆发，而此时国内的电商却正经历最初的辉煌与红火，用如日中天来形容也不为过。于是杜鹏决定回国，发展他一直在关注的电商产业。当时的阿里是国内一家独大、代表着国内电商最高水准的领头羊企业。优秀的企业与优秀的人才，一定存在着某种程度上的最大契合。机缘巧合之下，杜鹏即正式入职阿里，成为中国电商旗舰团队的一员。

初入阿里的杜鹏就显示出在国际投行磨砺过的过人眼光、做事高度与细节量化及职业性，这些也使得他在阿里的 3 年时间，发展得无比顺利。

用心和专业自然更能打动客户

杜鹏在阿里供职 3 年后，又分别在唯品会、乐淘担任过顾问。

2011 年，杜鹏在乐淘网担任顾问，那时的乐淘堪称行业最知名的鞋类 B2C，而乐淘的理念——"打造鞋子类别的全能搜索引擎"短期内取得了快速发展，但却忽视了针对中国女性消费市场必须通过更多的图片和产品详情才能激起她们的购买欲望。当时乐淘正处于第三轮融资的钱"烧"完，第四轮融资还未拿到的窘境，无法及时进行产业转型，那么就必须在现有模式上寻求突破。杜鹏为此做了很大的努力——基于中国女性用户的购买习惯与人群画像，他领导改版了乐淘首页，将首页打造成以品类、季节性为主线的分类匹配模式，并针对不同客户群定制专属活动，由此形成品类与客群的精准对位。风格的全新改变及多样性活动的定制营销策略执行，吸引了更多消费者的关注，并形成持久的聚焦热度，增强了客户黏性，在资本缓冲期，保证了乐淘的业绩产出。

与此同时，乐淘联合淘宝商家制作"乐淘抵用券"，整合多家淘宝C店分发与传播，借此获取短期内的大量曝光，并引发流量效应。低价销售抵用券，不仅对消费者转让了福利，也同期做大了乐淘官方宣传和收益。通过这一系列的组合拳，两个月的时间里乐淘在基本停止广告营销的情况下，硬是将销售额提升了30%。杜鹏的战略执行力与营销才华也由此得到业界关注。之后在短暂进入其他代运营公司期间，杜鹏发现当下的代运营公司普遍存在的弊端，于是萌生了自己创业的念头。于是，他选定仍未成熟的B2C代运营作为创业的切入点，开始了他的创业生涯。

丰富的从业经历与国外投行的工作经验，使得杜鹏在看企业的商业模式时自动开启高视角，并能运用行业分析理论精准判断市场趋势和潜力。他清楚地洞察到，在国外，投行的运作会经过多个周期，而中国的互联网行业有的甚至一个周期都没走过，这中间，仍有值得深耕的领域与新的商业模式的机遇。于是，他将这一投行理念灵活地运用到了碧橙的品牌立项与合作搭建中，确立了"专注于为高价值品牌提供电商整体

29 "私人订制"的代运营业务

解决方案"的企业经营理念。创建了属于自己企业的品牌合作打分表。从多元维度考量一个品牌的合作潜力，并建立双方的共赢机制模型。

由此，碧橙在初创期拿到的客户就是西门子这样的国际大品牌。这样一个初出茅庐的公司竟能得到如此青睐，这引起了其他同业公司的质疑。

针对这些质疑杜鹏一点都不奇怪，他确信碧橙有这样的能力。因为在一开始公司就有着很强的危机意识及很好的管理规范性，这是一般代运营公司在运作初期都不会着重关注的两个方面。其他代运营公司和企业谈业务，更多阐述的是他们公司会尽自己的努力做到多好，承诺可以帮助企业做出多少的销售业绩。而碧橙首先做的不是直接给企业做出承诺，而是首先对要合作的企业做一个完整的市场调研，包括品牌、产品的深度特性挖掘、竞品分析等，以数据为一切电商策略落地的依据。之后再围绕品牌的电商诉求制订出专属于该企业的营销路径，进而再与意向企业谈合作，这样一来，碧橙的用心和专业自然更能打动客户。杜鹏一度将这样的方案及合作孵化称作"管家式服务"，这也使得碧橙在短期内即签约超过五个世界500强客户，企业价值直线上升。

选择代运营作为自己的创业方向主要有两方面的原因：第一，每个企业的背后都有它自己难以复制的故事，做代运营可以了解不同类型企业的故事，这是一件很有意义也很好玩的事情；第二，一个品牌做电商，最多只能开个位数的店铺，单个店铺从前期规划、实操、开业以及运营到一定的阶段的目标实现都是一个过程；3~5家店最多把这些过程重复几遍，而做代运营这样一个行业，可以重复这样的一个过程超过100次，对于其本身的发展和收获来讲，将获得更高密度的经验。

2014年，杜鹏意识到碧橙不能只是纯粹的"代孕中心"，它需要转型成为电商精细化运营公司。因此，企业文化建设与团队管理是最应先行的部分。他带领团队用一个下午的时间，在黑板上密密麻麻写下三四百条公司管理意见，并结合阿里的管理模式，最终确立了碧橙公司的核心价值观，再借鉴阿里的季度打分制，制订出了符合自己公司特性的月度打分制，根据五分制来评定员工的绩效奖金与奖惩。

碧橙还拥有自己的"三国文化"，员工有自己的化名，每个月每个部门有一次营销PK，在这样的一个竞争环境下，员工的积极性和自我驱动能力得到了很大的提升。在"三国文化"中，杜鹏笑称自己是一个妖道——"左慈"，因为把自己定位成刘备或者诸葛亮就会显得没有新意，而选择左慈是因为他在"三国杀"中是一个身怀独门绝技的人物：能根据不同的环境自由变换角色，杜鹏也希望在公司可以做好服务工作，在各个岗位最需要自己的时候挺身而出，并借此影响团队的热血青年，用才华、热情与勤奋成为适应电商瞬息变幻格局的全才。

"1+5+N+n"理论

中国在未来五年内将会成为全球最大的消费市场，到2020年将有5亿的新中产阶级出现，因此跨境、海淘顺势而生。碧橙现有的品牌架构主要有四类：家电、母婴、健康、时尚，合作品牌包括西门子、松下、好孩子、杰克仕、欧姆龙等，通过对这些品牌的服务累积，现今碧橙为客户提供的解决方案已从代运营转型为基于大数据的全链路电商服务，覆盖从前期品牌电商战略规划、定位到后期运营、推广及传播全程。碧

29 "私人订制"的代运营业务

橙战略化转型为高价值品牌互联网管理专家。

从2013年只做天猫品牌旗舰店的纯托管服务到2014年的品牌互联网管理转型,碧橙不只是"代孕中心",而是与更多品牌合作;不只是运营一家店铺,更多的是开始对京东、天猫等渠道进行整体的资源整合、管理和托盘。对此杜鹏有一整套"1+5+N+n"理论,即一个核心的天猫旗舰店,5个核心专卖店,其他经销商供货政策和其他分销商的整合推进。2015年碧橙战略转型中的两个核心裂变,是从单一的电商转型到互联网品牌管理并拿下国际品牌大中华区的独家总代,以此掌控上游资源,做到渠道的下沉,实现碧橙电商全链路服务的核心价值。

做代运营虽然具有一定的偶然性,但是在中国电子商务的快速发展下,做代运营又是必然的。因为在这样的大环境下,很多人想创业但是对这一行业并不熟悉,代运营这一产业就必定会出现。随着这一行业的普及,电商类的人才也随之饱和,这时候就需要有先行者企业出现,去提供真正具有核心价值、核心竞争力的服务,再基于行业的变化,不断调整业务方向。正如碧橙在经营林内淘系业务(日本著名燃热品牌)时创下的"奇迹"——销售额2014年上半年同比2013年上半年增长1700%,也因此被天猫授予"天猫最快成长奖"。

在创业的道路上,不能只有一成不变的经营理念,还要有顺时应变的洞察力。初创公司要发展,就必须根据时态不断变化自己的发展定位,根据定位转换自己的经营理念,这也是杜鹏从一开始只想做代运营到如今做高价值品牌互联网管理专家的转型诱因。那么,初创的碧橙为何可以受到大品牌的青睐,转型后的碧橙又是怎样体现"高价值"的呢?

一个刚成立的小公司,一下子可以打动西门子、好孩子、欧姆龙等知名品牌，杜鹏将其成功归结于两点：第一，品牌更看重市场份额，每个品牌都会有触动点，要在市场上营销，必定在某些方面会有某个推广欠缺，杜鹏会根据这些欠缺的方面制定出配套解决方案，体现了公司的专业性和对电商行业的深刻理解，这样的经营理念必定会引起各大知名品牌的兴趣；第二，要懂行，即要懂行业的市场格局和价值，了解并利用这两点去分析每个企业的内部需求、市场格局、行业消费者的声音以及其他行业的判断等，对一系列的信息都要有一个很好的把控。

针对"高价值"，它主要定位在公司客户和商品的高价值上。在客户的选择上，杜鹏有着很高的要求，他只做世界500强或者在各行业中排名前三的品牌，若是其他品牌，就算给再多的利润空间杜鹏也会婉拒合作，因为在品牌的选择上他一直秉承着选择"金字塔塔尖"的执念。

商品的高价值即顾客的满意度和购买率，就如天猫卖西门子冰箱，卖价值2000元的冰箱，天猫的详情页只需做2米，详情页太长反而会引起消费者视觉疲劳；卖价值5000元的冰箱，详情页就要做3米，这是为消除消费者心中更大的疑问；卖价值10000元的冰箱，详情页就要做8~10米，由此可见顾客的决策和客单价是成正比的，详情页的长度也是为了迎合消费者的心理需要，为消费者排除更多的疑问，从而提升商品的价值和出售率。

最核心的产品——"造人"

近乎洁癖的品牌选择评估表仅是碧橙的竞争优势之一，"造人技术"才是核心。

29 "私人订制"的代运营业务

碧橙不仅对品牌精细化管理，对人一样是精细化管理。公司员工的等级划分明确，同时公司有非常特色化的机制——导师机制。每个人入职后都会配备导师，导师会给成员制定每个月的学习成长计划和读书计划。所有2013年的在职员工，即使是当时的客服，现在也已经是一个五六千万元项目的店长，由此可见碧橙培养人的能力和对员工的管理能力是相当强的。

碧橙对人员管理的定位尽量匹配现阶段互联网管理机制，对员工采用阿米巴式管理。一个年轻人要创业，他可能没有那么多的资金也找不到合适的品牌，所以杜鹏对公司的定位是将公司打造成一个大平台，每个项目都是在平台上的独立业务单元，公司会帮助一个项目的负责人找好的品牌加盟，找到人员并进行培养，与项目负责人约定好项目收益的机制。一个好的收益机制可以提升员工的工作热情和目标实现的积极性，就是这样的一套长效机制保证了员工个人能效产出的最大化。

碧橙公司员工的平均年龄在27岁，面对一大批90后，杜鹏的管理机制也在跟着改变，90后年轻人更加注重个性好玩，杜鹏就针对这一特性制定属于90后年轻人的管理体制，也正是杜鹏的个性化管理，公司在2015年11月底的GMV达到27亿多，全年能达30亿。在"双十一"当天，公司的12个品牌成交额达7个亿。

决战"双十一"期间，碧橙的游戏机制也是个性化到极点。比如当天他们会成立一个英雄部落联盟，联盟中的"英雄"主要是针对个人的奖项，包括个人贡献、后台评价等；"部落"则主要是以项目为节点，他们会进行项目的厮杀；"联盟"即公司的三个事业部，从业绩达成、大家在工作中的表现、设计、营销等方面设立维度打分。

每年的"双十一",碧橙都会举办不同的主题派对,2014年的主题是"睡衣趴",2015年的主题则是"面具",面具是员工自己绘画、设计的,因此"双十一"当晚的朋友圈都被碧橙的员工刷屏。今年"露脸"最多的当属"马董系","马董系"就是用马云的头像做基底进行修饰、创意,比如:梦露版马云、维多利亚版马云等。当天还会评选出最有创意、最奇葩、最搞笑等造型奖,这样一个轻松好玩的管理机制和奖惩机制,必定会受到年轻90后的热捧。

杜鹏凭借着独特的管理机制把碧橙越做越大,他希望公司人数可以从现阶段的200多人到2016年底增加到500人左右。

创意成就品牌

在创业的道路上杜鹏相对来说比较顺利,他将顺利的原因归结于之前对电商的运营了解得相对比较透彻,以及在阿里工作时结识了很多优秀的阿里人。阿里人聚在一起时会分享很多信息与资源,并相互推荐优质人才,使得好的资源快速在圈内流通,并实现快速配对。

但是在创业的过程中依然存在很多挑战——对员工的培养速度远远跟不上电商行业往往一夜间规则全变的需求。一方面是市面上成熟的电商人才太少,另一方面是碧橙对人员的要求比较严格。

一般懂电商有实践经验的人才基本上都是草根,和企业谈业务讲规划时欠缺良好的沟通能力,甚至office软件的灵活运用能力都不够,懂品牌的人员少,再要贴合碧橙的核心价值观,一系列的高要求让碧橙很难招聘到合适的人才。

29 "私人订制"的代运营业务

为此杜鹏意识到公司需要自己培养人才,"运营管理培训生计划"也因此展开,到现阶段已经开展到了第五期,对人才培养的目标是第一年胜任一个店铺店长的工作,两年的时间培养出一个合格的项目经理。

培养出的精英人才就成了碧橙做大的资源,他们的创意、思想影响着各大购物平台。

之后,杜鹏用"人民币美元1∶1"的创意在聚划算上为宁夏某羊绒大县策划了一次成功的品牌营销活动,4天时间获得2000万次的曝光,150万人的到店访问量,共实现销售额1080万元。

所谓"1∶1"即在国外卖399美元,在中国只要399元人民币的一个"人民币换美金"的概念创意活动,一模一样的品质,不一样的收获,成功地为品牌做了一次创意集合运营。

当然与某些大品牌的合作让杜鹏还是心存顾虑的,比如与Omron(欧姆龙)的合作。

因为Omron的渠道商主要是线下药店销售,线上运营可能会与线下销售产生冲突,且Omron有着品牌形象年轻化的要求。虽然全世界70%的血压计产自于Omron,但是品牌影响力在年轻人心目中却逐渐弱化,品牌形象亟待升级与全新客户心智打造。

为了规避渠道的冲突,在与Omron合作中杜鹏选择运作中高端的、在线下销量较小的产品,比如测脂仪、血糖仪等。虽然标价比线下高,但杜鹏成功地把销售额从市场占有率5%提升到30%。

为了最大化推出Omron的产品,杜鹏策划了一场极具创意的线下推广活动,邀请了16位知名青年画家,为Omron产品的包装盒及健康理念进行艺术化呈现,与品牌理念、产品特质与创意相结合的油画,在上海展出一个月，吸引了 300 多万人次到场观赏，成功重塑了 Omron 的品牌形象。

展会上每幅油画的旁边会放置产品照片、介绍，以及 Omron 旗舰店的二维码，扫二维码就能现场购买，将客户潜在购买意向及时转化为销量，这样的一场活动为 Omron 实现了 2800 万元的销售额。

能够支撑一个销售额的达成，背后一定有非常精细的专业努力，碧橙与其他企业不同的就是其以规范化的流程为基础打造的精细化管理。

杜鹏以店铺运营日报、周报、月报的数据形式、聚划算数据分析报告、"双十一"商品选品策略分析报告、竞品销售每日数据报告、淘系平台月度行业洞察分析报告等方式形成运营反馈机制，这样既是对自己运营成果的总结，也向客户展示了一个互联网品牌管理公司的专业高度与营销成果。

公司发展至今，杜鹏对互联网代运营行业的玩法早已了然于胸，接下来，他将带领碧橙在"互联网+"的浪潮里，创造出更多的精彩。

阿里创业军团

30
创业者的自我修养

做事情一定要有责任心

2012年底，天狐交接完手头最后一件工作后从阿里毕业。

从2008年开始，天狐做过很多工作。2008年，恰逢淘宝由一个整体的网站改造成分布式网站，即使天狐这样从华为出来的技术人才做的也是基础的技术工作。但是刚做了3个月，因其他部门技术需要天狐又被调到了另外一个部门。好不容易在技术上小有成就的天狐在3个月内不断被调换工作，但是让他欣慰的是，不管在哪个部门，大家都像兄弟一样，为了共同的目标奋战。在阿里，天狐感受最多的就是团队的协作。

从技术到产品，再到运营，4年工作下来，天狐爱操心的毛病还是没变。进入阿里之前天狐曾在华为待了3年。作为一名研究人员，他很想看见自己的研究成果能落地，真正改变周围人的生活。但当时华为很多技术都是被国外申请了核心专利，他的工作就是对这些专利进行小幅度"修改"，通过小微专利数量进行包围战术来换取市场，这让他很没有成就感。他认为自己要找点事情做，想在能体现自己价值的环境中工作。

进入阿里后，天狐会时不时地给自己找事儿干。做产品时，天狐往往想的会比较多，会从各个角度去思考，比如从用户角度和公司的发展角度去考量产品，但是也许直属领导真有自己的战略思考，也许是其他原因，天狐时不时会和主管发生意见冲突。在外人看来，天狐的做法无疑是越权，但他自己觉得，做事情一定要有一份责任在。爱操心的特点决定他不会只是一个员工。

从华为到阿里，天狐工作期间不断有朋友邀请他一起创业，但都被他一一拒绝。一方面是因为他想要专心工作，所以也就没工夫去考虑创业的问题，另一方面是朋友的一些创业项目他着实不感兴趣。

2012年，阿里和12306订票网站合作。天狐在和庞大的数据进行"搏斗"时，一位做新媒体的朋友找到天狐，想邀请他一起创业。对于新媒体行业，天狐表现出极大的兴趣，他自己有出色的数据处理能力和产品的运营能力，很早之前就想试一试了。2012年年底，春节订票的高潮过去之后，天狐交接完工作，正式辞职。

创业本身就是一件费心费力的事情，天狐正式开始他的创业之旅。

苗头不对，立即调整战略方向

天狐从阿里辞职之后，创业的公司叫皮皮精灵，主要业务是帮助品牌商家积累粉丝。

当时微博、微信等一些自媒体已经火了起来，传统的媒体传播逐渐被新生势力所淹没。和传统媒体相比较，自媒体的传播主体更加广泛，人人都是发布者。传播主体的不同也就影响了自媒体的传播方式。传统媒体大都是一对多的传播方式，自媒体则可以一对多，一对一，呈网状的传播方式。天狐判断，自媒体会成为未来信息传播的一大趋势。

从商业传播上来看，一些品牌商家需要扩大品牌知名度，积累粉丝，从而提高粉丝变现的转化率。当时商家品牌商品的获取还是主要依靠百度、淘宝这些互联网巨头来实现，他们急需积累自己的粉丝来降低搜索成本。

天狐和团队看到商机之后，决定做自媒体运营，通过自媒体带给品牌商家流量，帮助商家运营微博、微信，积累他们的用户粉丝。

公司有一支很强大的研发团队。天狐本就是技术出身，在华为和阿里的几年工作经验，更是练就了他一双"火眼金睛"，再加上团队的一半成员都是技术出身，没过多久，团队就克服了皮皮精灵的开发、内测等一系列技术上的难题，成功上线。

但是令人意想不到的是，即使在互联网的东风下，皮皮精灵上线之后却一直处于不温不火的状态。自媒体的传播已是大势所趋，商家对于品牌宣传的需求也确确实实存在，产品技术毋庸置疑，那么到底是哪里出了问题？

天狐深刻反思之后发现，问题出在了运营上。整个公司的技术积累很深，产品的基因也偏向技术，公司整个团队人员有三分之二都是技术型的，市场销售的人才相对较少。由于团队在销售方面的经验缺乏以及后续销售人才储备不足，即使产品在市场上有需求但却很难找到依托点，产品开始进入死循环。

天狐发现问题之后就开始着手解决，大力推广产品。但是新的问题也随之出现，产品推广的效果没有想象中理想。天狐决定亲自上阵。推广一段时间之后，他发现团队中自己卖的产品最多，这也就暴露出产品的另一个问题——产品太复杂，业务很难被普通销售员理解。但是产品从构思到设计再到成型，涉及的过程和业务可谓是纷繁复杂，即使公司技术人才多，在缺乏强力销售管理的团队中，这样的问题却不是一时半会能被解决的。

团队在困境中维持了两年，整个公司的士气很低沉。

2015年，转机出现了。在过去两年中天狐接到一个线下大型综合体"吸粉"的活动。他就利用当时的产品优势，帮助商家进行现场布置，充当了一次会务。商家反馈非常好，粉丝增加数远远超过预期。随后不断有用户来找他，使用相关模块组织类似的线下活动。"新大陆"的发现，天狐觉得线下是一个发展的突破口，既然大而全的自媒体运营不见起色，那就必须要调整战略方向，找到业务快速增长点把整个团队的士气也带动起来。

公司在战略调整之前，天狐也做了深入的思考。反思前两年的创业之路，他发现产品打磨得再深，如果没有亮点也很难推出去；业务范围再广，如果没有聚焦也很难深入。反思之后，天狐决定吸取教训，将业务深入到会务活动行业这样不受人关注的细分领域。

2015年7月公司转型，从自媒体运营平台转型做会务。天狐之所以决定做会务，一方面是因为相关模块持续的主动客户增长让他看到了希望，另一方面他认为如今线上的流量入口已经被抢占的所剩无几了，以当前的团队实力，和互联网巨头正面交锋争夺C端的流量的胜算可谓是微乎其微，但是线下的市场却是一块难啃却潜力巨大的大蛋糕，更有未来线上线下融合的趋势。会务行业看上去高大上，其实也是苦活累活，而这种苦活累活一般的大佬不会来做，这样，自己占领市场的机会也会大很多。再者，据2013年官方统计的数字显示，注册公司每年平均新增一千万家，而每一家企业都有活动、会议组织的需求，这也就意味着会务业务的发展空间很大，有估算称市场量级可以达到万亿级。

靠着前期的积累，皮皮精灵的会务产品很快进入市场。2015年7月到11月，与公司合作的主办方就有200多家，11月平均每月举办活动在200多场。

天狐吸取之前的工作经验，在业务推出时就打造产品的亮点。普通的会务组织都是集中在场地布置、会场接待上，皮皮精灵则运用自身的技术优势，通过研发产品，把会务报名、签到，大屏幕留言互动、抽奖等流程全部移动化。同时，产品还增加了打赏功能，帮助主办方增加营收。产品技术的接入，使得会务工作变得简单省力，流程化的操作给主办方节省了成本。过去产品技术的积累成了皮皮精灵的一大优势。

在业务推广上，天狐一开始不敢铺得太大，而是把它聚焦在自己所在的园区。他要做的第一步就是先要把身边的资源利用好。天狐最先盯着所在孵化器的一些品牌企业，这些企业大都是从传统行业转型而来，他之前做过培训讲师，和这些企业存在一些对接关系，所以其中的一些企业就成了他的第一批用户。身边的资源利用起来之后，天狐逐步把业务辐射出去，但是他聚焦的目标还是中小客户，继续实践老马"让天下没有难做的生意"的理念。

如今，有一些专门做会务的公司被皮皮精灵的技术吸引，想要跟天狐合作。天狐觉得会务公司手上有丰富的客户资源，把产品现场执行外包出去，既可以增加合作又可以打磨产品，何乐而不为？

产品销售是天狐目前的收入模式之一。产品给主办方带来营收之后，公司根据营收量进行分成，这也是天狐目前在探索的商业模式。在未来，天狐希望通过皮皮精灵的产品，一个主持人或者一个空台就可以完成一场会务。皮皮精灵成为举办会务便利品的同时也变成会务的必需品。

控制团队管理成本

在公司稳步发展的过程中，团队管理却成了公司发展的一项巨大隐形成本。

天狐一开始创业的公司地址设在深圳，但是核心研发人员却在安徽合肥。深圳作为经济发达的一线城市，在创始团队最初的设想里，资源和市场会更大，更加利于产品的推广，所以在选择发展区域时，深圳就成了首选城市。跟其他创业团队遇到的问题类似，创业者在创业初期，既没有钱也没有方向，还要到一个人生地不熟的地方办公，谁愿意跟着你一起干？出于这样的一个考虑，团队最后决定，老的资源团队继续在合肥发展，其余人员到深圳开疆拓土。

公司很多老部下都是合肥出身，不愿意离开合肥。天狐一心想把杭州的资源利用起来，于是就在杭州又设立了一个分公司，这无疑把公司的地域跨度再度拉大。天狐开始时设想，各个团队都会独立发展起来，各自撑起一片天。但是回归到具体的环境里面，天狐发现异地沟通成本太高。由于每个区域都缺少一个管理团队和业务推进的负责人，于是就有了工作效率低下、业务跟进困难的难题。以至于到最后异地管理成为公司发展的最大阻碍。

发现问题之后，公司做了很大的调整。团队最终决定先把技术团队整合在一起。于是，根据当时产品的各种状况，公司最后选择把技术人员全部整合到合肥。办公地点的改变，往往会牵涉到人才流失的问题。出于各种原因，公司创业初期的两个合伙人因为技术团队整合到合肥而选择离开。然而合肥和杭州两地办公，对于皮皮精灵的团队管理来说仍是一个巨大的挑战。但是根据公司的发展状况来看，两地合并仍是做不到。合肥的研发团队已经形成了一个相对闭环的小团队，尤其是技术团队在早期开发的时候，设计、前端、产品开发、测试，基本的岗位都有设定，他们自成体系。如果人才贸然被合并到杭州，那么造成的人才流失是皮皮精灵承担不起的。

也许等到这轮融资结束，公司运转起来之后，就把异地的团队搬到杭州来，长期的异地办公对公司的长期发展始终是个大隐患，一旦有资金，首先解决异地协同的问题。

大方向上的团队管理模式定下来之后，小团队的管理成本也是天狐不得不考虑的问题。

天狐大学一毕业就进入华为工作，之后又转战阿里，接触的都是精英式的文化。华为强调狼性文化，依靠军事化的管理机制让员工聚焦在一点，充分发挥员工价值。阿里更接近于"仁治"，没有严格的上下层级观念，充分发挥每个员工的创造力，使他们保持独立思考的能力。在这样的氛围下，天狐接触到的团队处理事情的效率和能力都很高。进入初创团队以后，天狐理所当然地把公司员工的能力归在了华为和阿里的员工能力范围之内。

但是慢慢地，天狐发现自己的期望值太高，员工的自我驱动力根本达不到阿里的水平，小公司也难以建立起来类似华为的管理体系。在这种情况下，CEO要做的就是把团队的目标统一起来，包括阶段目标的设定。几年的经验走下来，天狐觉得虽然在最初设定过大方向，但是没有一个阶段性的目标，导致公司在后期发展的时候找不到方向。目标的确定更能给员工信心。对于在业务一线的员工更加关注的是自己工资的事情，股票期权于他们而言没有太大意义，怎么做阶段性目标，比怎么讨论产品方向性的东西会更重要一点。

天狐在阿里时，深受其价值观的影响，认为员工有独立思考的能力是极其重要的。为了培训员工的独立思考能力，天狐不断尝试不同办法。比如他要求每位员工都要写周工作汇报。在周报里，员工不能单单列自己做了什么，还要把自己的"三点"写出来，即亮点，不足点，建议点，让大家思考上一周成长的地方，没有做好的地方，继而想出改进的办法是什么，通过周报强迫大家思考。遇到问题，天狐就会随机考问员工。这种培养方法确实有成效，比如员工在写文章，就会思考面向的用户群是什么，用什么样的办法会做得更好。天狐的要求就是随时随地问自己为什么。

创业者的自我修养

作为一名产品经理，天狐认为同理心、决断力、预见性是优秀产品经理必备的素质。有同理心，才能真正发现、解决用户的痛点；有预见性，能更好地发现更多的线索，规划产品的下一步发展；而有决断力，才能在纷繁复杂的各种线索、需求中，找到最值得投入的方案，以最小的代价快速试错。一位能高度关注用户价值的产品经理,也必然会是一名优秀的创业者。

独立思考是每一个创业者首先要具备的能力。天狐自己是一个独立思考能力很强的人,即使经过华为和阿里的"脱产"培训也没有把他那份"执拗"洗掉。遇到问题时,天狐认为一定要有自己的判断力,不要迷信权威,不要随意站队。即使聆听别人的意见,也要问自己是否认同。每个人的经验能力不同,观点也就不同,但并不是每个人的观点都是适合自己的,自己要有自己的判断力。

共同目标在创业者寻找合伙人的过程中显得尤为重要。天狐寻找合伙人不仅看重能力,更看重的是他的价值观。天狐希望他的合伙人首先要和团队的目标一致,把烦琐枯燥的事情真正地解决掉,并且创造社会价值。如果合伙人只是想要分一点期权,套个现,那么这样的合伙人注定走得不会长远。创业过程中,团队的发展相对快速一些,天狐希望皮皮精灵的合伙人也要有学习的能力,经验可以后期积累,但是一定要有肯学习的态度。

同理心,除了帮助产品经理找到用户真正的痛点以外,天狐还把它体现在选择投资人上。在寻找投资方上,天狐看的是除了钱以外还能给公司带来什么。首先投资人在自己的行业内要有自我思考的意识,不是简简单单的管理层,而是对未来的发展方向有所布局。双方在布局之中慢慢发挥才能,投资方起到的是一个拓展的作用。目前,已有多名投资人找到天狐,表现出强烈的兴趣。但是天狐认为投资人和创业者是一种互相选择的关系,和婚姻一样,要看缘分。特别是在创业者创业早期的时候,互相之间情投意合很重要。他能帮我,我能帮他,出于同理心的合作才能保持长久。

在创业路上,有的人倒下就再也没有起来,有的人尽管跌跌撞撞,但始终在前行。天狐觉得,作为创业者肯定会遇到各种各样的挑战,下一秒会发生什么谁都无法预料,路途虽然曲折,但是只要心中有灯塔,终会抵达目标。

阿里创业军团

31
降低产品成本，击破创业壁垒

有商机的地方就有创业

在为阿里做了两年的"外包"员工后，袁涌耀于 2008 年正式进入阿里。在外包公司工作时，虽然做的是阿里的工作，但他始终没有归属感。即使他做出一些成绩来也很难被公司肯定。但由于袁涌耀在阿里"外包"时间较长，公司的业务他都有接触，所以 2008 年，阿里正式聘用袁涌耀为正式员工。

成为阿里正式员工的第一天，袁涌耀就有幸参加了公司的第一次全员大会。因为当时阿里以批发和采购业务为核心的子公司——1688 网站的股票从 40 多元一下子跌到了 3 元多，马云通过视频为员工加油鼓劲。

之前袁涌耀一直作为外包员工在 1688 工作，他熟悉 1688 的运作模式、组织架构以及整个工作氛围，他相信即使股票跌了，肯定还会涨回去，阿里是个有潜力的公司。在进入阿里的那一刻他就决定，要么在这里终老，要么就出来创业，自己肯定不会进第二家公司。

五年后，袁涌耀选择了第二条路，离开阿里成为创业军团的一员。

31 降低产品成本，击破创业壁垒

在阿里做采购时，所有的产品都必须先经过袁涌耀的审核。对于不符合要求的，他会从商业角度解释这个产品为什么不能做。在这样的过程中，袁涌耀的产品理念在脑中逐渐清晰，自己想做一个产品的想法越来越清晰。

五年沉淀下来，袁涌耀看到一个产品就清晰地知道产品的商机在哪里，应该找什么样的投资人，在什么阶段投资以及如何运营会更有效。一整套的产品运营思路不时在袁涌耀的脑子里运转，他觉得自己有能力去操控一件产品。

有了这样的能力之后，袁涌耀想自己创业的愿望越来越强烈，2013年他终于下定决心辞职创业。

跟大多数从阿里出来的创业者不同，袁涌耀没有进入与电商有关的行业，而选择了偏重技术的行业——防伪。

多年的产品经验告诉袁涌耀，防伪行业是一片蓝海。腾讯之前做过一次调查报告，每一万人中，有93%的用户买到过假货，其中超过60%的人选择忍。维权的物质成本和心理成本巨大，检测费、服务费较高以及维权渠道的不畅通等都是广大消费者"忍受"假冒伪劣产品的原因。

传统防伪基本属于售后验伪，哪怕消费者验出来是假冒伪劣的也无力维权，鉴定费用还可能超过购买商品的费用。

袁涌耀看到巨大的市场潜力的同时，还看到了一种新的商业模式。

从企业角度来看，企业防伪的目的之一就是让消费者放心购物，保护品牌的价值，提升销量，而袁涌耀觉得验伪是一项非常好的导购技术。以验伪为切入点，帮助企业获得更多终端用户。选择验伪的消费者不会无缘无故地来做这件事情，一定是对这个商品有需求有兴趣。由此推测，这批消费者绝大多数属于追求品质的人，传统的验伪技术没有很好地把握这群人的信息。从商品角度来讲，企业需要建立起商品的生命管理周期。从生产的质量标准体系和物流的 ERP 系统来看，目前国内市场对于产品的管理基本完善。但商品和产品不同，它有流通的属性在里面。商品一旦进入市场，很容易失控。通过防伪技术，企业可以掌握商品在流通领域的具体细节，从而把握营销节奏。

如何控制产品成本

战略清晰之后，袁涌耀的创业之旅就开始了。

从阿里辞职后，袁涌耀并没有立即创建公司，他用了一年的时间研发自己的产品。2014 年，袁涌耀成立杭州沃朴物联科技有限公司，推出了旗下首款产品——电子标签，一款电子动态防伪标签。

电子标签克服了市场上防伪标签的弊端，它跟银行的 U 盾类似，标签上的 LED 灯通过闪烁传递一组与后台云端服务器同步运行的密码，以确保防伪码不可被仿制，不可被复制，如果标签从产品上拆除，标签将自毁，不能被回收利用。

产品的功能设计很完美，但落实到产品推广上，却困难重重。

成本的控制成了袁涌耀推广产品的一大壁垒。如何降低成本价格呢？降到多少合适呢？

袁涌耀找到一些商家询问这些事情，一些商家直接告诉他，自己的商品成本价是多少，出厂价多少，防伪成本不能超过商品成本的百分之零点几。有了成本目标，接着袁涌耀开始着手攻破技术层面。在降低成

31 降低产品成本，击破创业壁垒

本的同时又要保持产品的功能无疑是一个巨大的挑战。产品在技术上跨界很大，从硬件、化工材料、图像到安全都有涉及。当时国内的技术不成熟，行业的前列在一定程度上也等同于行业的"先烈"，这就意味着产品很可能成为"炮灰"。国外有一些考虑研发制作售前验伪技术的企业在考虑研发制作，但他们的售前验伪技术的图像识别技术比较差，手机APP调出二维码，然后用肉眼去比对，从本质上来讲，几乎没有一个验伪的标准。

袁涌耀的团队为新产品的研发日夜奋战。首先从外观上，他们决定放弃原来的产品外壳，采用二维码印刷。针对平面的二维码容易被复制的弊端，公司研发团队决定从材料入手，防伪码的图像都是团队内部人员自己调配测试的，生产线上的摄像头会提取每个图像的特征，这就意味着每个图像都是独一无二的。图像的生产涉及的工序非常多，精密性要求也是相当高，十几道工序全部靠自动化来完成，空间精确度到毫米级别。

这样的防伪技术，特别是涉及的图像识别技术在国内没有参考对象，全靠团队自主研发。目前沃朴物联科技有限公司已经有十几项专利。

成本的降低为袁涌耀推广产品打开了大门，目前有很多家企业通过朋友关系联系到袁涌耀，对新的防伪标签表示出很大的兴趣。

推广产品时，可以必要的"让利"

成本降低后，袁涌耀的订单也多了起来。他的第一批客户是通过朋友关系获得的。当时一家企业深受假冒产品的影响，给品牌信誉带来了极大的损害。袁涌耀联系了他们之后，对方对他们的理念很是欣赏。第一家企业用过他的产品之后，又介绍给其他人，慢慢地产品开始流通。

一、如何确立目标客户

想要增加客户量，光靠朋友之间的介绍是不够的。袁涌耀有自己的目标用户。目标用户的确立是很多企业在产品上线之前就应该考虑的问题，那么应该如何确立自己的目标用户群呢？

首先创业者应该明白自己产品解决的是哪些痛点，从而可以反推出目标用户群。正品控的目标群用户很明确——实体商品的品牌企业。现在的市场处在卖方市场转到买方市场的过程中，传统企业最看重的就是消费者，如何接触到消费者是传统企业的痛点。把企业、消费者、销售门店三者关联起来的正是商品，对于大多数传统企业来讲，他们没有大数据的概念，在商品的销售监管上基本处于失控状态。商品到了哪个渠道商手里，线上线下被哪个消费者购买，用什么样的手段消费的，这些问题传统企业都不知道。袁涌耀正是基于这样的痛点，从商品入手。如果要基于商品建立关系，那么商品需要一个独一无二的身份证。而这个身份证第一必须是唯一的，第二不能被复制，第三不能被撕掉。反观现在的商品，几乎所有的商品上都有条形码、二维码，显然这样的身份证不能保证唯一。袁涌耀做售前验伪，把码和手机结合起来，切入消费者的痛点，赢得了消费者也就赢得了企业的关注。目前一些线上的轻奢品牌也联系到袁涌耀，他的目标用户逐渐在扩展。

二、"共赢"的营销方案

有了目标用户，袁涌耀还有一套"共赢"的营销方案。

正品控的防伪标签价格是1元人民币，袁涌耀有时会低于这个价格卖出。对于品牌企业来说，产品一旦开始使用防伪标签，那么他所有商品都会使用，自己根本不用再花钱续签合约。以技术链切进交易环节，每个商品都有了防伪标签，门店导购员在推销商品的时候肯定会提到防伪标签，无形之中正品控就会被推广出去。

当消费者的复购率较高时，口碑效应会很快宣传开来。袁涌耀给传统企业提供的是防伪，防窜货、获取终端消费者的数据，长远来看，每个标签就是一个获取用户数据的入口，有了数据，一些企业会自动进来。对企业来说，防伪是一个切入点，承载着商品从出厂，使用到消亡的信息，能够很好地把握产品的生命周期。同时，企业通过后台数据，了解到商品的销售情况，可以清晰地看到消费者买到的产品种类，产品数量，从而掌握不同地区消费者的喜好。通过一系列的数据分析，商家可以提供精准的营销方案，提高商品的转化率。

不得不说的合伙人和投资人

袁涌耀是技术出身，但公司的技术并不由他全权负责，他负责的是最后的拍板。

沃朴物联有两个创始人，袁涌耀是其中之一，另一个是传统企业出身，他知根知底的好朋友。袁涌耀本人在阿里"浸泡"过五年，互联网思维深入骨髓。两人在一些事情的决策上会不可避免地发生分歧。创业之初，两个人就有了"君子之约"。

袁涌耀的合伙人是出身传统企业的技术人才，积累了很多的技术经验和人脉，主要负责公司的技术层面，这位合伙人为早期的图像处理出力不少。另一方面，公司的战略决策、方案方面的事情由在互联网行业多年的袁涌耀负责，双方互不干涉。

很多创业者在企业发展后期会出现股权分配不均的问题，所以在创业前期，创始人之间就要提前定好股权的分配。"攘外必先安内"，合伙人之间的信任感很重要。袁涌耀和自己的合伙人一开始就明确了股权的分配和管理的事情，避免了很多创业公司都会出现的问题。合伙人之间责任的分配以及股份的明确，可以减少很多不必要的误会。团队之间最怕的就是猜忌，明朗化之后，事情就可以迎刃而解。

现在，沃朴物联正准备第三轮的融资。第一轮融了 150 万元，第二轮融了 500 万元，就在前段时间，最新获得了 3000 万元投资。

袁涌耀觉得融资没有参考性，要看投资人的喜好。在投资热的阶段，互联网的投资大佬一般看重 B2C 的模式。袁涌耀这种 B2B 的模式相对于 B2C 来说，发展会慢一些，营收也会显得缓慢很多。对于那些在投资 6 个月后就想要见到成效，拿到收益的"热心"投资人来说，袁涌耀的商业模式显然没那么吸引人。袁涌耀认为，B2C 是靠运营，销售是能力成本，运营看策略，钱消耗得快，盈利也会快一些。B2B 是靠销售，看能力成本。袁涌耀决定先拿到用户的数据，最终肯定是要走 B2C 的模式。

袁涌耀的防伪项目，在如今的互联网行业来看有点偏冷门，懂这些的投资人不多，所以跟投资人交流的时候有些困难，大多数投资人会保

31 降低产品成本，击破创业壁垒

持谨慎的态度。"正品控"项目的第一轮融资是袁涌耀的朋友投的，第二轮时是他朋友的朋友投的。这种人脉衍生的投资增加了创业者和投资人之间的信任度，资金也有了保障。

袁涌耀并没有觉得融资困难，他认为好的产品模式最终会有市场。从防伪角度来说，防伪的产值是2000个亿，在互联网的背景下赚钱需要以技术为切入点，加上后期的运营。

有一点不得不提的是，创业者在融资之后很难把握扩张的节奏，他们往往容易陷在"自我膨胀"里，忽略对市场的认知以及把控能力，盲目扩张团队。随着公司业务的发展，袁涌耀也开始扩充团队。袁涌耀预测，现阶段公司很难做到收支平衡，沃朴物联目前的员工已有二十多位，但是作为技术型公司，他决定继续壮大公司研发团队，扩招技术研发人员。公司的很多技术人员是袁涌耀以前积累的人脉，有些是材料学方面的人才，以前是做航天材料的，用他自己的话来讲，这些人市面上是找不到的。

团队对于公司的重要性不言而喻，在团队管理上袁涌耀仍然以人治为主。从团队开始的几个人到现在30多个人的规模，袁涌耀越来越觉得CPO（Chief Process Officer）存在的重要性，团队的发展还是需要有人来推进。

很多创业者在创业时都会避开与BAT的直接竞争，这不仅仅是因为创业者考虑到自身竞争力的关系，更怕自己被收购。袁涌耀则不怕被收购。"正品控"的大多数用户都在天猫上，如果说阿里投资"正品控"，那么阿里会以绝对的优势进行控股。袁涌耀并不担心，作为一个验伪的第三方来看，阿里是不可能自己来做验伪的，他必须交由一个没有直接利益的企业来做，以保证公平性。所以对于目前很多企业面临的大鱼吃小鱼的危险，袁涌耀并不特别担心。

　　创业要保持初心，要有自己的使命感，外面诱惑太多了，很容易迷失。不是自己内心坚守的东西，很难影响到别人，跨过了壁垒，才能有机会向前发展。

阿里创业军团

32
从"技术人才"到"企业领导"的创业之路

阿里创业军团

两度从大公司辞职　放不下的创业梦

2004年获复旦大学计算机系硕士学位,同年,加入IBM全球化研究院,2006年加入美国一家创业公司,2009年加入阿里,2013年9月,离开阿里,创建杭州同盾科技有限公司。

简单而又精彩的职业简历,无不透露着蒋韬精准的人生定位。"把自己擅长的事做到极致"是蒋韬始终践行的职业准则。

2004年复旦大学计算机软件和理论研究生毕业的蒋韬选择加入IBM,担任上海全球化实验室的软件工程师。在跨国企业的工作帮助蒋韬建立了良好的工作方法和态度,但是这份工作有时候也有些枯燥和无味,一次机缘巧合之下,蒋韬选择加入一家美国创业公司,担起主力工程师的重担。从招聘、开发到做项目管理,蒋韬身兼数职,不过,最后这家公司没有能发展壮大,创业公司的这段经历让蒋韬经历了创业过程中的种种挫折和困难,也磨炼了蒋韬看淡困难的能力。

2009年加入阿里之后,蒋韬依旧干着他的老本行——技术。担任安全部技术总监的他，主要负责阿里集团风控平台、安全数据平台的研发和管理。"把擅长的事做到极致"是蒋韬一贯的原则，供职阿里不久，他就凭借着超强的科研能力，成了阿里集团风险控制和反欺诈基础服务平台及众多基础产品的创立者。

在阿里四年，蒋韬只做了一件事情，就是风控——在阿里，"变化"是一件再正常不过的事；而蒋韬在阿里四年，却没有选择变化，甚至四年里老板都是一个，因为蒋韬骨子里是不做则已，做了就要做到极致的性格。

尽管在阿里一切都顺风顺水，但蒋韬却在2013年9月做出了辞职的决定。辞职的原因也很简单——希望把风控这件事情做到极致，渴望更激烈的挑战和全新的机遇。

IBM、阿里，这都是大多数人可望而不可即的大公司，两度辞职，蒋韬却从未为此而惋惜过。于他而言，在每份工作中学到的知识，拥有的经历，都是最大的产出。而这些产出，都对他接下来的创业之路，起了很大的帮辅作用——IBM是一家全球化大公司，它的制度和流程都非常完善，对初创公司的管理有很好的借鉴意义；而"狼性十足"的阿里——严苛的考核机制，巨大的竞争力，也是一家公司快速规范成长的必备。不同的公司机制和文化氛围，给了蒋韬不一样的成长体验。

2013年，从阿里辞职的蒋韬和一帮前阿里及PayPal的反网络欺诈科学家、技术高管共同组建了创业团队。在经过充分准备之后，致力于帮助企业解决大数据风控问题的"同盾科技"由此而生。

创业第一道门槛，迈得很吃力

2015年11月20日，全球最具影响力的商业和创新媒体《红鲱鱼》发布了最新的全球100强榜单，凭借在反欺诈领域的影响力和突出贡献，同盾科技冲进了榜单。同盾是全中国也是全球唯一获得此殊荣的该领域企业，无疑，这是同盾科技在该领域绝对领先地位的最好佐证。

"在五年内成为最受尊敬的数据分析公司"是同盾科技的使命，在创业之初，蒋韬曾立下这样的目标——五年之内成为中国最优秀或是最受人尊敬的数据分析公司，如今，这一目标还在逐步实现的过程中。

但同盾科技成立之初，同样经历了一番坎坷。

2013年，致力于研究大数据风控的公司，在国外都还是少数，在国内则是一片空白。当时，中国还没有一套完整的监管、处罚、共享机制来应对网络诚信问题，很多企业对此都束手无策，受害者对此更是无能为力。部分骗子做了坏事，居然没有得到应有的惩罚，诚信记录也不会受到影响，这导致国内网络欺诈案频发，极其需要一项专门的反欺诈产品来对市场进行维护。而拥有多年工作经验的蒋韬，早已对网络反欺诈技术驾轻就熟——市场需求结合个人所长，于是，蒋韬决定，切入大数据风控这个空白的领域试试看！

愿景很丰满，现实却很骨感。

创业的第一道门槛，蒋韬迈得很吃力。而第一道门槛的难，来自于如何和客户建立起信任体系。

由于同盾科技的服务和产品比较特殊，在研究的过程中需要客户提供数据，毫无疑问，这些数据将牵涉到客户的隐私。对于一个初创公司，

32 从"技术人才"到"企业领导"的创业之路

无背景,无经验,凭什么得到客户的信任?

尽管当头就是一棒,但蒋韬意识到,这是一道门槛,无论是之后与之竞争的公司,还是同类模仿公司,都必须迈过这道门槛,要是迈不过去,那之后所有的规划都是"纸上谈兵"。

铆着一股劲儿,蒋韬调动了所有的挑战激情。他一边带着团队研究技术,一边做客户的工作。为了"养活公司",蒋韬在做主营业务的同时,还陆续接了一些小的技术项目,尽最大的可能让公司的收入与支出维持平衡,确保公司能"活"下去。

"熬"了五个半月之后,同盾科技终于迎来了转机——2014年3月,同盾科技终于有了第一个客户!

随后,在接下来的两三个月里,又陆续有了5至10家客户接入同盾科技。在这之后,客户数量便以越来越高的速率增长,截至2016年3月,同盾科技已经有3000余家客户。

在寻找战略合作伙伴方面,蒋韬同样下了好大一番功夫。

中国领先的消费金融供应商——捷信,如今也是同盾科技的合作伙伴之一。但这段合作关系在建立之初,却没少让蒋韬伤脑筋。

在和同盾科技初步达成合作意向之后,捷信却迟迟不肯签订正式协议。出于对同盾科技"水平"的考量,捷信花了整整10个月的时间来考验同盾科技——反复测试同盾科技的数据,并仔细甄别同盾科技能否真的给他们带去丰厚的回报。

10个月,300多天,尽管漫长,但同盾科技始终十分配合捷信的所有要求。在看到同盾科技的表现越来越优秀之后,捷信这才正式和同盾科技签订了战略合作协议。

做数据最大的不同就是，数据存在势能。一开始的时候，公司客户不多，数据也就不多，效果出不来。但是随着公司的发展，客户逐渐增多，数据也就随之庞大起来，就像滚雪球一样——山顶上原本很小的一个雪球，等滚到山脚的时候，体积将会翻上几十倍，而这一切都是自发的。

在和客户建立起信任机制之后，蒋韬终于尝到了"滚雪球"的甜头，研发力度也随之加大。

对于市场前景，蒋韬坚信，中国网络欺诈的问题有多大，同盾科技的市场就有多大。

跨平台合作让网络欺诈无处遁藏

解决网络风险和欺诈是同盾科技的主要职责所在——帮助企业内部进行风险控制，并稳妥解决账户安全、交易风险、支付风险、信贷风险等方面的问题。

目前常见的支付风险为盗卡、账户盗用、套利、套现、洗钱等，而卡和账户被盗用的风险最大。

电子银行口令卡、电子密码器、U盾、支付密码这些措施虽然也能在一定程度上遏制欺诈案件的发生，但是由于携带不便，操作麻烦，多数人并不乐意使用。此外，能坚持安装很多个安全控件的人实属少数。以前，如果要用一些具体方法在自己的 PC 和服务器上安装软件，安装成本是比较高的。很多网站都会有安装安全控件的要求，但即使安装了控件，仍旧存在安全风险。多数用户不知晓的是，即使关掉了浏览器，个人信息仍旧存在被"悄无声息"记录下来的风险。

32 从"技术人才"到"企业领导"的创业之路

蒋韬坚信,"用户体验"和"风险防护"是互联网行业非常重要的两个核心点,但国内"难用"且"低效"的反欺诈产品却难以与这一需求匹配。风控措施的核心是数据。根据数据进行风险控制规则,建立模型,同时关联这些风险数据。如果能做到既安全到位又不影响客户体验,那就真正达到了网络反欺诈产品的目的。

经过两年多的探索,"风险的精准识别"、"实时风险处理分析"、"快速找到应对最新欺诈的对策"、"不影响用户体验"、"实施成本低"是同盾科技显著的特色,而跨平台联防联控则是同盾科技的核心竞争力。

目前,同盾科技已经能实现"跨平台捕获"——同盾科技和所有客户共同建立起了大数据诚信系统,在这个系统里,欺诈分子的所有欺诈历史都会被记录下来。当他在一个地方犯下欺诈案,又逃窜到另外一个地方想继续作案时,他马上会被"识别"并提醒给客户。

除了平台关联,同盾科技还致力于信息关联方面的研发,以此实现多个机构的合作和信息共享,所有的合作都是建立在签订商务合同的基础之上。此外,为了更好地解决在线计算和在线风控的分析问题,"同盾科技"专门自建了一套自己的体系。目前,同盾科技在反欺诈领域,平均每天的客户请求量居全国第一。

作为管理者,拥有同理心很重要

从"技术人才"到"企业领导",这其间隔着极大的角色跨度,但蒋韬却能自如把控。

接触技术15年、技术管理10年,巨大的时间差异、经验沉淀、一旦发生转换，还是需要很大的适应力去磨合。于蒋韬而言，做技术最大的特点是，只需要把自己的事情做好就好，不断克服难点，寻求突破。但是作为一个管理者，肩上就得担起更多的职责，第一是要管好自己身边的团队，第二是要让团队里的每个人都能有责任心，能自发地去做一些事情。

多年下来，蒋韬摸索到的管理心得是"同理心"。

一个企业要想走得长远，关键还是得帮员工找到他们在公司里最合适的岗位，让"最合适的人，做最擅长的事"是蒋韬最看重的用人原则。

每位进入"同盾科技"的新人，蒋韬将给每个人做出相应的职业定位。"同盾科技"真正需要的是，能够和企业一起成长的员工。

除了有和企业一起成长的决心，"专注"是蒋韬最为看重的员工素养——能够在某一个领域有专长，专注地去做一件事。而"同盾科技"也会根据员工不同的专长，去帮助员工寻找到适合的岗位。

此外，"对事不对人"也是蒋韬一直践行的管理原则。把公司里的所有事情都细化到不同的规则里，按规则来评判，人归人，事归事，就不存在所谓的办公室政治，很多问题都会变得简单起来。

"只有舍得，才能长远"，这不仅是蒋韬创业路上的座右铭，也是他在团队管理中悟出的"要道"。在"同盾科技"，每个员工都能享受到"共享"的福利。在蒋韬看来，"共享"应该是每个团队领导者最需要做好的事情。股份、期权，在一个平台的成长性、荣誉感，都需要共享。一个团队共享的力度，决定了它能走的路的长度。

网络反欺诈任重而道远

　　创业是一条曲折的路，从迈出的第一步起，就注定与挑战为伍，和风险结伴。一路披荆斩棘走到今天，在经历过初探时的艰苦，起步时的煎熬之后，"同盾科技"终于化茧成蝶，而蒋韬也终于将自己的创业梦稳稳落地。即使如今早已收获赞誉无数，但是沉稳内敛的蒋韬依旧未改创业的初心，在经营"同盾科技"的同时，蒋韬还积极参加各大国际性大会，将自己的研究成果以"演讲"的形式和各行业领军人物分享，共同探讨"利用大数据风控"的技术革新方法。目前，蒋韬已经拥有六项技术发明专利，并主导或参与编写风控领域著作十余本。做一个在"大数据风控领域"的布道者和研究者，是蒋韬一直在力行的事。

　　"建立智能诚信网络，做互联网企业的守护者，让诚信生活更美好"——这是蒋韬创业的初衷。而面对"大数据风控"这片全新的蓝海，蒋韬定能带领着他的团队，闯出不一样的精彩。

阿里创业军团

33
你的才华可以套现

爱折腾的乖乖仔

喜欢折腾是笑空对自己的第一个评价。在别人都埋头苦读的高中时期,笑空就已经开始折腾起经济管理和日语了。课余时间看《松下幸之助》,早读时玩"片假名"。跟大多数优秀的学生一样,不务"正业"的同时,成绩也没落下,叛逆藏在心里,他依然是老师和家长心中的乖乖仔。

乖乖仔笑空以优异的成绩考进华中科技大学读广告学专业。没有了升学压力,大学的自由给了笑空更多折腾空间。他是"华大网络电视台"的骨干,拍视频,做直播,剪片子,通常一做就是通宵。因为兴趣,所以不觉得辛苦。后来又自学IT,用各种开源程序折腾过许多博客、论坛。笑空喜欢尝试各种新鲜的事物,折腾过很多后来并没有继续下去的事情。从折腾中笑空学到许多专业以外的知识,看到了人生的多种可能。除了折腾,笑空在大学期间干的最多的事儿就是读书,他经常泡图书馆，各种类型的书都有涉猎。创业的种子在折腾中和书本里慢慢萌芽。

大学毕业后，笑空并没有做广告，虽然他在广告方面天赋很高，得过许多有分量的奖牌，比如全国大学生广告大赛省二等奖和中国电信杯广告创意大赛一等奖。笑空认为广告是整个产业链当中的一环，但它是乙方，产品不在你手上，你只是帮人摇旗呐喊，而且人家想让你怎么改就得怎么改，干着有点儿憋屈。不过他也承认，学广告对他在品牌塑造上的感觉影响很深远，只是自己的性格不适合做广告。

去阿里看看到底有多牛

明确不想干广告后，笑空的第一份工作选择了一家互联网公司。先是做了一个资讯类的门户网站——中国华侨网，服务全球华侨，后来又模仿当时最火的网站脸书转型做了针对全球语言学习者的垂直类平台，叫语言交换。

笑空在这家公司待了四年，成了一名专业的产品经理，他在产品设计、团队沟通以及产品迭代方面的能力日趋成熟。为了能得到进一步提升，笑空选择进入当时已经成为行业巨头的阿里。笑空说，去阿里的初衷很简单，之前总听说，阿里的产品有多牛、用户的体验有多牛，当时就想去看一看到底阿里怎么牛，为什么这么牛，还有阿里的牛人到底是怎么干的。

笑空很顺利地进了淘宝的商家事业部，一直做卖家的后端产品，包括卖家中心，基本上所有与卖家相关的产品，他都有经手。笑空对自己要求很高，他觉得在阿里的三年做的东西很琐碎，对公司的贡献一般，而且他在产品经理方面的技能也没有多大的提升。但笑空并不后悔在阿里的三年，因为阿里给他的是比任何技能都更实用的本领——视野、格局以及平等沟通的管理文化。

笑空是个有心人，他会留意公司的各种管理制度，思考几万人的公司是如何运营，如何调动各种庞大资源的。笑空很推崇阿里平等沟通的管理文化，能越级和资深总监交流，在他看来是非常有效的管理方式。

从创业公司到阿里，笑空发现不管公司大小，有问题是常态，能做的就是积极解决问题。这时，他已经为创业做好了心理准备。

创业：换个方式成长

升职的压力，学习的欲望和改变自己的决心促使笑空决定换一种成长方式——创业。还在阿里期间，他就兼职跟之前的同事共同开发了内淘网。内淘网的灵感来源于阿里内网，就是内网淘宝。他希望通过验证机制提供一个诚信的资讯或者交易平台。将像阿里、百度、腾讯等这样大型公司的员工集中起来，在这个基于信任的平台上进行交流。内淘网的口号是：靠谱才有将来。

内淘网发展很快，慢慢有了一定的规模，笑空决定从阿里辞职，专注创业。当时他刚结婚生子，房子车子都还没着落，对于辞职创业，家里人也并没有过多干涉。家人的支持让笑空的创业更无后顾之忧，再加

33 你的才华可以套现

上创业大环境很好，无论是社会媒体还是政府的政策对创业者都非常包容。很快内淘网就拿到了第一笔融资，笑空意气风发。

但一个好的产品仅仅有好的创意和模式是远远不够的，团队起着关键性作用。笑空的内淘网团队有20个人，他们并不都是牛人，只是最适合的人。团队经验或者能力上的不足使得内淘网在发展上遇到了瓶颈。用户规模上不去，业务开拓不顺利，合伙人离开，资金不够，处处碰壁，看不到未来又无法突破现状，困难一个接一个，每个都让笑空喘不过气。

笑空很清楚地知道，如果这样继续下去，再过个半年、一年，公司可能就要死了，一定要改变。

在对市场进行分析的过程中，笑空发现付费去获取别人经验这件事情，只要价格合适就一定会有很大的前景。但是现在这个行业还属于早期，定价机制不是十分规范，等价格规范之后，付费获取经验这件事情就会变得和人们吃饭、打车一样成为一件再普通不过的事，也会有越来越多的人愿意加入进来。于是，笑空想要借着这个潜在的趋势，去完成这样一件事。

基于这样的考量，有牛诞生了。

有牛：让时间和经验更有价值

有牛是一个不仅能发现，还能一对一约见各领域牛人的经验交流平台。当你遇到无法解决的问题时，可以在这里找到一个有经验的行家，通过一对一面对面交谈，让他给你答疑解惑、出谋划策。有牛的行家都是某一领域的高手，拥有多年实践经验。成为有牛的行家，除了能帮助他人、获得收入，同时通过有牛的包装和传播，行家的影响力将发挥更大的作用。在有牛平台上所有人的时间和经验都变得更有价值。

有牛这一平台连接的是"行家端"和"学员端"。对于行家端而言，在加入有牛之前只有行业内特别有名的"大咖"才能把多年累积的工作经验延伸到自身的工作岗位之外，以演讲和经验分享的形式去帮助更多的人，并从中获取回报。但是在没有"大咖"光环，自身又有着"硬功夫"的人却只能局限在自己的工作岗位上发光发热。而有牛就是给了他们这样的一个平台，在这个平台上，只要你有"干货"，你就是"大咖"。每位行家在获得可观收入的同时，还能通过学员点赞提升自身的职场影响力，形成自我背书，让时间和经验能实现最大的价值。

对学员端而言，有牛就是一个集专业化和多样化于一体的"智囊站"。因为每个人在不同的阶段都会遇上不同的困惑和挑战。在面临困惑时，对多数人而言，第一反应就是上网查资料，在大多数情况下，人们会首选百度百科或是知乎。在百度百科上搜到的答案太简略，有时候甚至有些"不接地气"，知乎上虽然能搜到不少回答，但却零散呈碎片化。在找到答案的下一步，还要自己花很多的时间和大量的精力去梳理，效率很低。对于多数普通人而言，自己身边并没有"大咖"型人才，在网上虽也能寻找到，但是却很难建立连接，并让对方把所有经验毫无保留地告诉自己。这就让学习，成了一件有门槛的事。但是，有牛把这件事情变得很简单——只要付较少的费用，就能有一位专业的"大咖"在短时间内毫无保留地

33 你的才华可以套现

一对一答疑解惑，并建立起深度人脉。

让行家端和学员端把"教"与"学"的价值最大化，是有牛一直在做的事。

有牛的约见流程很电商化，学员付款并提交问题和背景，行家同意见面，由有牛邀请双方进入微信群确认时间地点，之后双方见面，结束后行家确认见过，学员评价会面过程，最后有牛打款给行家。

笑空对有牛的盈利模式有着清晰的把握。他算了一笔账：在1.5亿人的在职人群中，至少有300万人可以称之为行家，这些行家未来会成为有牛模式里的主力。而这些行家可以服务的不仅仅是1.5亿的职场人，他们还可以服务于上百万中小企业。人永远不会缺少困难和疑问，未来一定会有越来越多的人愿意通过有牛这样更省心的方式去解答自己的困惑、疑问。只要有需求，就有市场。最保守估计这300万行家每个月可以被约一次，一年是3600万次约见，平均一次约见是200到300元，乘起来就是108亿元。而有牛的盈利模式就是收10%的服务费，也就是10.8亿。

要拿到这10%，并不容易，必须先有规模才能盈利。有牛作为一个双边市场，要实现的核心指标主要有两个，一个是学员数量，另一个是行家数量。为了实现盈利，笑空的做法是"先上商品"，让行家数量实现稳定增长。在创业初期，为了扩充行家数量，笑空先对身边的"牛人"下手，铆足劲儿要把他们拉进有牛。当有牛产生了第一批典型案例之后，再拉入第二批人，就会容易很多。目前有牛寻找行家的方式主要以线上获取为主，在线上不断挖掘能找到牛人的渠道，再通过这些渠道去找到合适的人选，随后去和他谈合作。如今，有牛的运营已经步入正轨，笑空去拓展业务时，就变得很容易。在谈过合作意向之后，40%的行家都会愿意加入有牛，通过率非常高。目前，有牛一个月之内，便能新增一千多位行家。按照目前这样的速度发展，笑空预计在未来的两年时间里，有牛能实现10万人至20万人的行家规模。

笑空始终坚信，规模就是优势。在行家数量达到一定规模之后，有牛的订单数也会实现稳步增长，目前有牛每天的订单量在30个左右。在实现了规模的搭建之后，有牛的关注量和下载量也在逐渐增大。

与竞争对手相比，有牛的行家数量上升更快，发展更迅速，行家构成更亲民，更实用，也更平价。有牛的行家一定不是很难约到的"观赏性"专家，而是实实在在能为你解决问题的"牛"。由于做产品出身，笑空更加关注用户的感受。行家入驻有牛非常轻松，只需要10分钟即可。有牛的购买界面也很简洁，分类、导购很精准，便于买方选择与操作。目前有牛主要在微信生态里推广，包括公众号、微信群、朋友圈，走的是不"烧钱"的平民化路线。

笑空坚信当行家数量达到100万人至200万人的规模时，有牛就能实现长久的盈利。笑空预估目前整个行业能实现百亿元至千亿元的规模。基于这个市场规模，有牛向行家收取服务费的盈利模式趋于简单。但是笑空相信有牛是一个高质量人群汇聚的地方，随着现在的节奏发展下去，招聘一类的业务会自然而然地衍生出来，这样一来有牛就可以向企业、个人收取服务费，从而实现更大的盈利。

团队：像兄弟一样去相处

在创业初期，笑空的合伙团队只有3个人，随着业务的逐渐拓展，随后增加至4人。在选择合伙人方面，笑空有着自己的坚持：一看心态，二看信任度。笑空很清楚创业是件十分考验人的事情，每个合伙人在加入之前必须考虑清楚创业的最初目的是什么，是为了创业者的光环，为了套现，还是真的想要去把一件事做成。只有想清楚自己创业的初衷，抱定了打持久战的决心，才能以成熟的心态去应对创业路上遇到的诸多挑战。另外，为了在彼此间建立起较好的信任感，笑空更倾向于寻找身边较为熟悉的人合伙，因为他始终相信，只有熟悉之后，彼此间才能建立起信任感，在面临磨难的时候，才不至于产生分歧，能够一起承担。为了和合伙人间更好地合作，笑空还和合伙人间建立起了君子协定——公司的所有事务，都必须站在客观的角度去考量。

笑空知道，创业早期意味着要面临诸多的变化，所遇上的所有挑战可能都是全新的。因此在管理团队时，最重要的是去挖掘每个人的主动性和创造力，并培养他们的思考力。"对待员工像兄弟"是笑空的管理风格，在他看来，创业的初期，要找的不是员工，而是"战友"，因为随着公司的发展，公司里的每个人都会承担起越来越多的责任，跟着公司一起成长。所以，笑空会把员工都当兄弟看，去帮助他们找到归属感，认可公司所做的事情，并在潜意识里觉得那是自己的团队，自己的事。如今，有牛的团队成员都是90后，工作强度较大，但是每个员工依旧充满了斗志和激情，因为他们都能自发地感觉到有牛的事，就是自己的事。当然，员工的辛苦和付出，笑空都看在眼里，记在心里。在为此做出调整的同时，他会给予员工更多的期权，并以聊天的形式去帮助大家总结，让每位员工都感觉到自己的成长，感觉到自己在团队里的分量。

宫崎骏、叔本华和马云

宫崎骏、叔本华和马云是对笑空影响最深的三个人。在宫崎骏的作品里，笑空看到了善良、乐观。从叔本华那里，笑空懂得了自我反省。而从马云身上，笑空明白了价值、社会责任与底线。乐观、自省和底线构成了笑空富有魅力的人格。笑空坦言，他的团队成员大部分都是他"聊"出来的，所以他们绝对不是奔着钱来的，很多人都是看好这个项目，或者仅仅就是相信笑空这个人。

笑空的团队基本上都是想法多、个性强的90后，对于管理，他信奉"不管就是最好的管"。笑空最看重团队的向心力，心往一处想，劲儿往一处使，是他理想中的工作状态。对团队坦诚、做好利益分配和平等沟通，是笑空管理的三大法宝。事实证明，笑空的管理是有效的，即便公司经过多次调整，团队成员的流失率基本为零。

笑空要做的不是管理者，而是航向和灯塔，他会给团队讲清楚：我们要进行什么项目，通往项目的这条路，有沼泽还是有河我不知道，但我会跟你们一起前进，一定会给你们一个结果。笑空一定要让团队成员感受到，在创业过程当中无论遇到什么挫折、困难，我们都是有收获、

33　你的才华可以套现

有结果的。

　　对于有牛的未来，笑空充满了信心，在他心中有牛不仅仅是一个买卖经验的平台，它能做的还有很多，比如高端招聘。等到科技再发展，有牛也许就是一个人工智能平台，当然，前提还是行家数量要达到一定规模。笑空的想法很多，野心很大，但路也很长。不过他还年轻，有牛还年轻，有牛的团队也年轻，一切皆有可能。

后记：心存美好，一路向前

写这篇后记的时候，窗外银装素裹。这弥天盖地的雪，比无声更安静。

很多成长，很多绽放，很多爆发，也是从安静中开始的。正如本书中写到的阿里创业军团。在你认识他们之前，也许并没有太多感知。而当你知道他们时，他们已经做得很大了。

我也是众多阿里系创业者中的一员。

在我正式加入阿里之前，我是一名广播主持人。当时在华数数字电视传媒集团任职，独立开设了休闲音乐频道。每天最好的时光，就是坐在导播间，与音乐还有好心情在一起。之所以选择这份工作，是源于自己从小对音乐的喜爱以及对积极美好事物的分享诉求。

然而，生活不止要有诗，还要有远方。当时的媒体行业在我看来，一定要发生变革。于是，我选择了主动求变，加入了当时已经名气不小的阿里，从此与电商结缘。

选择阿里不是偶然。2006年，在我还上大学的时候，假期看了中央二套的《赢在中国》。那是我第一次正式了解马云，也开始对创业有了初步的概念。在我看来，马云是一位很有格局和影响力的商界领袖。我当时就想，如果有机会可以与他共事该多好。

我很庆幸自己有这个机会。我顺利地通过五轮面试，在滨江园区开

后记：心存美好，一路向前

始了我的梦想之旅。在阿里工作的日子，充满激情与挑战，饱含欢喜与泪水。我在阿里总共服务过两个事业部，一个是ICBU日文站的销售培训，一个是CBU直播中心的主持人。这两个岗位在日后看来，是巧合也是天意。"你现在所经历的将在你未来的生命中串联起来"，乔布斯的这句话放在我身上的最好诠释就是：从阿里毕业后，我经营了一家电商人才培训公司，同时带着一些媒体属性。

很多人会问，主持人那么光鲜，你为什么去创业？明明可以靠脸吃饭，为什么一定要拼实力？

对于这些善良的人们，我只能说：亲爱的，我明白你的善意。大家都希望自己以及身边的朋友活得幸福，找的工作也是"钱多活少离家近"。但是我相信一分耕耘一分收获，相信开拓一条道路虽然有风有雨有岁寒，但这其中的深意与丰盛，力量与坚定，又岂是安逸能够获得的？

选择创业，是内心所向。我要成为一个有价值的人，我要让自己的价值发挥到极致。

除了自己内心当中的不安分之外，选择创业还有一个原因——支持我的先生。作为一个连续创业者，经历那么多坎坷还能如此坚忍不拔，越挫越勇，我打心眼儿里钦佩他，同时也希望自己作为妻子，能够成为他最好的帮助者。

有些人说，夫妻最好不要一起创业。然而，经过这么多年的风雨患难，我对这句话有不同的理解。我认为如果两个人在这个过程中，能够保持长足的信任与欣赏，能够放下彼此的性格与不合理的期望，在理解中共处，多去修剪自己成就对方，享受那稀有的经历和生命的跨越，那么共同创业也可以变成婚姻保鲜剂。

每一次努力，都有来自未来的掌声。

创业之后的每一天都如履薄冰，似乎从未有过绝对的安宁，因为要操心与担负的事情实在是太多了。当然，保持适度的焦虑也许是创业者最好的状态。

生命中最让我难过的，是自己辜负了他人的信任。然而最让我有盼头的，是这只是暂时的。在我看来，人最珍贵的品质有两样：一个是热血，一个是纯粹。我多么愿意做一个温柔、积极、仁爱、正直的人，活出爱，让爱与相信成为我本身。

这本书是一份礼物，是我送给自己的 30 岁礼物，也是我送给所有读者成长之路上的智慧锦囊。我希望把自己和身边人最好的经验打包送给你。

所有伟大的作品都绽放着人性的光芒，商业也不例外。

文中所描写的主人公都是我面对面采访的，再将采访内容进行梳理、集结成文。这里面的故事有惊心动魄，也有稀疏平常，但它们都是真实动人的。这个中滋味不足为外人道，即便道尽也未必可以让局外人感同身受。在此，我深深地感谢每一位与我推心置腹的人，他们对我诉说了很多之前从未被提及之后也未必会再提起的人或事，感谢这份信任。

一个很有意思的现象是，我发现我在写书的过程中，所描写的主人公资料已经越来越难通过传统媒体渠道获取了——这意味着有很多资讯我是一手的，市场尚未被普及的，想获取势必要通过特殊的方式。

由此生发出我要做的另外一件事。2016 年，我要对当今真正有实力和干货的"新电商 100 人"做一个 360 度的深度报道，我要让大家可以透过他们了解商业本质，让大家通过我的报道进而对自己的创业之路

后记：心存美好，一路向前

有所借鉴。

理想和信念除了可以为我们带来财富与幸福，还能在我们遭遇痛苦与坎坷时，支撑我们更好地走下去。

人到三十，我希望自己的生命能够更有质感，更有意义。We were made for a misson。

在此，感谢所有支持我写这本书的创业者，感谢为本书作序的吴炯（John）和卫哲（David），感谢我的团队，感谢购买和阅读本书的各位读者。